D/2014/45/461 - ISBN 978 90 8223 460 2 - NUR 802

Vormgeving cover en binnenwerk: Ron Reuman (Compagnie Maandacht)
Sfeerbeelden: Koen Bauters

Uitgeverij LannooCampus maakt deel uit van Lannoo Uitgeverij,
de boeken- en multimediadivisie van Uitgeverij Lannoo nv.

Uitgeverij LannooCampus
Erasme Ruelensvest 179 bus 101
3001 Leuven
België
www.lannoocampus.be

Adfo Groep
Heemstedeveste, 5e etage
Poeldijkstraat 4
1059 VM Amsterdam

happy ***profit***

GA VOOR WINST EN WEES ER TROTS OP

voor Henri

hap
pi

HOE ANDERS KIJKEN
TOT DUURZAME
GROEI LEIDT

HERMAN TOCH

py
rofit

LANNOO CAMPUS | ADFO GROEP

inhoud

3. TRANSFORMEREN IS ANDERS LEREN KIJKEN

4. HET MERK IN ZIJN KRACHT ZETTEN

5. NEGEN HAPPY PROFIT HIGHWAYS

6. DOEN

BIBLIOGRAFIE

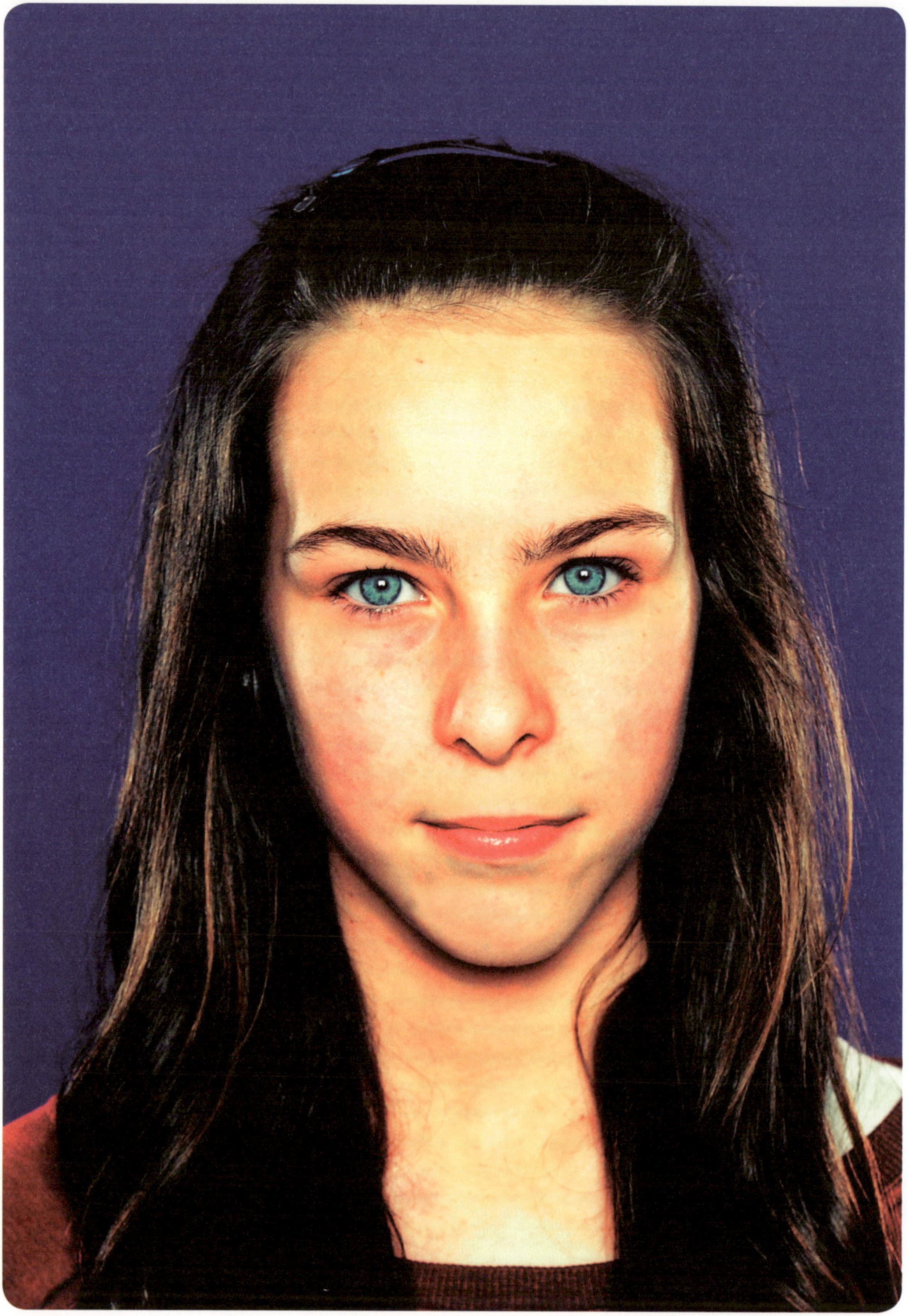

VOORWOORD DOOR JEF COLRUYT

'Happy Profit!', schrijft Herman.
'Ga voor winst en wees er trots op', daagt Herman uit.

Het roept in eerste instantie toch wel wat op in onze contreien en mogelijk dus ook bij de lezer. Zo veel onderliggende betekenissen en ladingen komen tot leven ...
'Voor winst gaan? Dat betekent toch ten koste van anderen!'
'Happy profit? Da's toch eerst bloed, zweet en tranen, afzien zeker!'
'Winst maken en er trots op zijn? Fier zijn dat je de ander gemanipuleerd hebt?'

Als je eenmaal over deze mentale en emotionele brug bent, komt er een 'nieuw' gevoel naar boven.
Feitelijk niet echt nieuw, eerder van onder het stof.

Bij het lezen wordt immers het innerlijke kind aangesproken. Een kind dat bijvoorbeeld vol overgave aan een tekening begint met de gedachte: ik ga iets moois maken, iets waar oma en opa blij mee zullen zijn.

Kan en mag ik als volwassene in de 'economische wereld' met de spontaneïteit, speelsheid en verwondering van een driejarig kind aan de slag gaan?

Het zou wel tof zijn om zo voluit te gaan voor het realiseren van je droom.
Maar het komt toch wel dicht bij je vel.

Maar kan dat wel? Mag dat wel? Lukt dat wel?

De economische realiteit is toch iets anders? Dat kan toch niet lukken in deze economische jungle van haaien, slangen, krokodillen en tijgers? Dat overleeft een bedrijf toch niet lang?
En toch, het kan. Dat is steeds meer mijn ervaring en overtuiging.

In momenten van twijfel is er voor mij de natuur. De natuur leert het ons elke dag. De appelbloesems zijn ook dit jaar weer getransformeerd in appeltjes die elke dag wat rijper worden.
Als vanzelf produceert de boom de vruchten volgens zijn genetische code, vol overgave, elke seconde van zijn bestaan. De appels zijn voor mij puur Happy Profit waar wij enkel dankbaar voor kunnen zijn.

Bedrijven kunnen we vergelijken met fruitbomen. Appels, peren, kersen, pruimen ... bedrijven moeten uitzoeken wie zij zijn. Wat is hun genetische code, hun oorsprong? Welke diepe innerlijke waarden houden ze er op na? Wat is hun identiteit?

En dan van daaruit de 'droom' formuleren: Welke vruchten willen wij aan de aarde en haar mensheid schenken? Wat willen wij qua verschil bijdragen?

Als we eenmaal die droom, dit beeld, scherp gevormd en gedeeld hebben, gaan we er gewoon voor. Samen dit droombeeld naar je toehalen, want ... *the future is already there!* Wat daarbij nodig is: *positief* naar jezelf en de wereld kijken, *actief* aan de slag gaan en *creatief* inspelen op hetgeen zich aandient.

Met de familiale aandeelhouders van Colruyt zijn we in 2001 begonnen aan zo'n leerproces. Wie zijn wij? Waarvoor staan wij? Wat willen we bijdragen aan deze wereld? Dezelfde oefening hebben wij in het bedrijf gedaan, als geheel, maar ook met elke afdeling.

In het proces werden we geconfronteerd met ons verleden, onze paradigma's, onze overtuigingen, onze twijfels, onze angsten, onze frustraties en ons verdriet, maar ook met onze eigenheid, onze waarden, onze wilskracht, onze moed en onze vreugde. We ontdekten ook 'de bijdrage die we wensen te leveren, de droom die we willen materialiseren'.

En nu gaan we elke dag, positief, actief en creatief aan de slag om die droom van welvarend welzijn (en vice versa) verder gestalte te geven.

The apple tree says:
I go for Happy Fruits.
It's my way to serve the world I stand on.

En als nu eens elke onderneming van mensen dit ook zegt en doet?
De opdracht is voor ons allemaal om de wereld te creëren waarin wij morgen willen leven .

Ik meen dat het boek van Herman Toch hier een goede gids voor is!

Jef Colruyt

INLEIDING

Er zit vandaag ontzettend veel spanning op het concept winst. Dat heb ik in de voorbije jaren gemerkt tijdens de vele presentaties die ik gaf. Mag je eigenlijk nog wel streven naar winstoptimalisatie? Is het maatschappelijk en ethisch nog verantwoord om als onderneming zeer uitdagende groeidoelstellingen te formuleren? Mag je als CEO of marketingdirecteur nog wel strakke kortetermijndoelen stellen? Kortom, er zit blijkbaar een vieze smaak rondom het idee van winstoptimalisatie.

Zo merkte ik bij mezelf dat ik steeds meer presentaties aanving met de mededeling dat ik voor winst was. Dat ik mijn verhaal kwam vertellen vanuit een gezonde marketingambitie om leidende en winnende merken te bouwen en dat we als maatschappij gezonde en winstgevende bedrijven nodig hebben om welvaart en welzijn duurzaam te maken. Het was een soort verdedigingsmechanisme geworden om te vermijden dat de toehoorders me naïef of een geitenwollen sok zouden vinden.

Zo is het idee van Happy Profit ontstaan. Happy Profit wil de negatieve spanning rondom winst en groei wegnemen. Happy Profit is niet tegen iets of iemand en draagt geen waardeoordeel in zich. Happy Profit is voornamelijk voor iets, voor een bepaalde manier van denken en naar de wereld kijken.

Happy Profit krijgt ten volle betekenis door het te kaderen binnen het huidige tijdsbeeld. De wereld is in volle transformatie. Het is ondertussen algemeen aanvaard dat het huidige systeem niet duurzaam is voor de mens, de maatschappij en het milieu. Dat we een ander systeem moeten bouwen, een duurzaam systeem. En dat is wat Happy Profit wil. Happy Profit ziet de uitdagingen van de wereld zoals mobiliteit, gezondheid, eenzaamheid, vergrijzing, milieu enzovoort als opportuniteiten voor succesvolle bedrijven en merken. Happy Profit ziet de evolutie in de richting van een gedecentraliseerde, bottom-up maatschappij als momentum voor een nieuw soort leiderschap dat een ander soort bedrijven en organisaties bouwt. Happy Profit wil een lans breken voor die CEO's en marketeers die van die issues opportuniteiten willen maken en die dromen van een positieve impact op de wereld.

Zo onderscheidt Happy Profit zich ook van Bad Profit en Good Profit. Bij Bad Profit streeft men naar winstmaximalisatie zonder rekening te houden met de impact op mens en milieu. Bij Good Profit streeft men naar winstmaximalisatie met respect voor mens en milieu. Bij Happy Profit is *societal value* en *business value* even belangrijk en ze versterken elkaar. Winst is een beloning en geen doel. Oplossingen creëren voor een betere wereld is het startpunt. De wereld een beetje beter achterlaten het pad.

Uiteraard is dit alles een zeer persoonlijke aangelegenheid en moet iedereen hier zijn eigen persoonlijk kompas gebruiken. Zo heb ik ook mijn Happy Profit-kompas ontwikkeld. Het bestaat uit vier woorden: Dromen, Impact, Trots en Relaties.

Ik geloof sterk in de kracht van dromen. Dromen zijn voedsel voor de ziel. Dromen genereren ontzettend veel positieve energie en innovatiekracht. Dromen hebben een sterk wervend potentieel. Dat is niet alleen bij mensen zo, maar ook bij bedrijven en organisaties. Ik kom te vaak bij bedrijven en organisaties die geen dromen meer hebben. Tenzij het gaat om verstikkende dromen die met geld en macht te maken hebben. Zelf wil ik me aansluiten bij mensen, bedrijven en organisaties die dromen van een betere wereld voor onze kinderen en die vanuit die invalshoek een aspirationele en wervende purpose en visie vooropstellen.

Dromen zonder realisatie zijn fantasie. Even belangrijk als de dromen is ook het doen, het waarmaken. Vandaar mijn tweede woord: impact. Ik wil graag impact hebben op de wereld waarin ik actief ben. Ik wil graag meehelpen aan het bouwen van bedrijven en merken die een positieve impact genereren door oplossingen te bieden voor de uitdagingen van deze en volgende generaties. Ik wil weg van de verhaaltjes van een fout soort marketing die enkel het verleiden van mensen als doel hebben. Ik wil weer merken en bedrijven die de ambitie hebben om ook daadwerkelijk het verschil te maken. Als je als bedrijf ook echt positieve impact hebt, dan ben ik ervan overtuigd dat alle stakeholders graag hun centen en hun medewerking aan jou zullen geven.

Het derde woord uit mijn Happy Profit kompas is trots. Ik wil trots zijn op wat ik doe en waarom ik de dingen doe die ik doe. Trots zijn helpt me om in flow te komen. De ervaring leert me dat het ontzettend veel kracht geeft om die dingen te doen waar je ook echt trots op bent. Trots vertrekt vanuit een sterke innerlijke motivatie en helpt om mijn purpose in life te vinden en te realiseren. Het is ongelooflijk hoeveel energie en voldoening ik haal uit het feit dat mijn werk elke dag bijdraagt aan de realisatie van mijn *purpose in life*.

Het laatste woord is relaties. Ik wil in een positieve verhouding staan tot de wereld om mij heen. Met álle stakeholders en niet alleen met de belangrijkste. Ik wil denken in termen van synergieën en niet in termen van trade-offs. Ik wil transformationele relaties bouwen die leiden tot groei van beide partijen. Zelf ben ik er rotsvast van overtuigd dat we in de wereld van morgen meer dan ooit moeten samenwerken. Samenwerken is het nieuwe concurrentieveld. Je kunt het niet meer alleen als individu of als bedrijf. Samenwerken met alle stakeholders wordt voor de meeste bedrijven de groeimotor van de komende jaren.

Tot slot richt ik me nog even tot degenen die mijn boek *Transformeren om te overleven* gelezen hebben. Zij zullen merken dat in dit boek sommige stukken tekst terugkomen. Ik heb dit gedaan om het Happy Profit-verhaal op zich te laten bestaan. Dit boek is gestructureerd rond de fasen van een Happy Profit-transformatieproces en daarbij zijn bepaalde inhouden die ook al in *Transformeren om te overleven* aan bod kwamen, onontbeerlijk om het verhaal te vertellen.

DANKWOORD

De voorbije jaren heb ik het privilege gekend om ontzettend fijne mensen te leren kennen tijdens mijn presentaties, seminaries en workshops. Het heeft een grote impact gehad op mezelf, mijn werk en mijn kijk op de wereld. Een dikke merci aan iedereen voor de discussies en de uitwisseling van meningen en overtuigingen. Ik voel me hierdoor een heel rijk en dankbaar mens.

Dank aan al mijn klanten. Dank voor jullie samenwerking en voor jullie openheid voor het transformatieverhaal. Onze samenwerking laat me toe om zingeving te vinden in mijn werk en om trots te zijn op wat ik doe. Het geeft me elke dag heel veel energie en zin om mijn professionele dromen na te streven.

Dank aan Jef Colruyt, Eric Van Zele, Geert Noels, Roel Van Neerbos en Frank Van Massenhove voor jullie visie op dit boek. Het is voor mij een hele eer om jullie naam aan dit boek te kunnen verbinden. Jullie bewijzen elke dag dat het mogelijk is om succesvolle bedrijven, merken en organisaties te bouwen die waarden en ethiek hoog in het vaandel dragen.

Dank aan Ron en Koen voor de voortreffelijke vormgeving. Dank ook aan de meisjes en de ouders voor de geweldige foto's.

Bijzondere dank ook aan Geert Wellens, professor Philippe Naert en Vincent Vliebergh voor de input bij het leggen van de fundamenten van het Happy Profit-verhaal.

Graag ook een dikke merci voor de vele proeflezers: Koen, Joris, Henk, Stefaan, Michaël, Dirk.

Dank ook aan Boy, Stefaan en Tom voor de excellente bijdrage in dit boek.

Graag ook een woord van waardering voor mensen die ik persoonlijk niet ken, maar wiens boeken me ongelooflijk geïnspireerd hebben: professor Paul de Blot, Jan Jonker, Jan Rotmans, Michel Bauwens, John Mackey en Chris Anderson.

Dank ook aan de ontzettend leuke teams bij uitgeverij LannooCampus en uitgeverij Adfo Groep. Het is een enorme boost om jullie steun te mogen genieten.

Speciale dank hierbij aan Peter Saerens. Peter, de humor en de diepgang van onze werkrelatie ligt me heel nauw aan het hart.

Absoluut bijzondere dank aan Bert Borggreve en Mariken Kimmels. Jullie bijdrage aan dit Happy Profit-boek is niet te onderschatten. Als professional, als mens en als supporter zijn jullie voor mij van onschatbare waarde.

Enorme dank ook aan mijn dagelijkse partners in crime: Diane, Annemie en Lien. Jullie zijn geweldige mensen met het hart op de juiste plaats. Jullie inzichtelijke kijk op mensen is enorm inspirerend en verrijkend. Het is weinigen gegeven om op een dergelijke manier verbinding te maken met diepe maatschappelijke gevoelens.

Graag wil ik ook mijn familie en vrienden bedanken. De voorbije maanden was ik er wat minder en emotioneel was ik niet altijd beschikbaar. Het is ontzettend fijn om te voelen dat jullie er toch altijd zijn.

Een heel bijzondere en liefdevolle dank aan Evy. Dank je voor de ontelbare voorbeelden en jouw nooit aflatende emotionele steun. Je hebt me veel geleerd de voorbije jaren. Niet in het minst de kunst om door de ogen van een passie keuzes te maken en overtuigd te zijn van een pad dat leidt langs de weg van principes.

Uiteraard zijn Fleur en Elle zeer dominant aanwezig in dit Happy Profit-verhaal. Wie weet kan dit boek een klein rimpeltje in het water veroorzaken waardoor de wereld die mijn generatie jullie nalaat toch alle perspectief biedt om jullie dromen waar te maken.

Tot slot wil ik me nog even richten tot mijn vader. Paps, je hebt een heel bijzondere plaats in mijn hart.

1. DREAMS4IMPACT®

Wat hebben Ricardo Semler, Richard Branson, Paul Polman, Gunter Pauli, Wholefoods, BMWi, Desso, Parktheater Eindhoven, Airbnb, Michel Bauwens, The B-team, the conscious capitalism movement, de deliveringhappiness.com movement van Tony Hsieh, Brandkarma.com met elkaar gemeen? Wel, het zijn mensen, bedrijven of organisaties die met succes de bedrijfswereld op een radicaal andere manier benaderen. Het zijn mensen, bedrijven of organisaties die op een fundamenteel andere manier kijken naar het bestaansrecht van een bedrijf of een merk. Het zijn inspirerende voorbeelden die ons de weg tonen richting een succesvolle, maar ook duurzame en zinvolle economie. We hebben als bedrijf, maar ook als individueel manager geen keuze meer willen we ons succes duurzaam maken in de tijd. We moeten onze bedrijven op een andere manier inrichten. De wereld is fundamenteel in transformatie. De consument of klant maakt op een andere, meer bewuste manier zijn keuzes.

We willen allemaal gelukkig en succesvol zijn. Zowel in ons privé- als in ons professioneel leven. Alleen moeten we er fundamenteel anders naar leren kijken, willen we die hogere vorm van succes en geluk ook bereiken. Alles wat ons de voorbije tien, twintig jaar succesvol heeft gemaakt, zal ons juist die komende tijd niet succesvol maken.

Winst maken met respect voor mens en milieu is uiteraard goed en noodzakelijk, maar is niet voldoende. We moeten als ondernemer de ambitie hebben om de wereld oplossingen aan te reiken om een betere wereld te creëren. Winst niet als doel, maar als beloning voor het nalaten van een betere wereld. Happy Profit gaat in essentie om twee dingen.

Dromen van bedrijven die de issues van de wereld als een inspiratiebron beschouwen om oplossingen te bedenken. Die succesvol zijn omdat ze een positief verschil maken voor de mensen en de wereld. Bedrijven die bewijzen dat ‘doing well’ en ‘doing good’ prima samen kunnen gaan. Dromen van bedrijven die iets nalaten voor toekomstige generaties.

En trots. Trots zijn niet alleen op wat we doen, maar voornamelijk op het waarom van de dingen die we doen. Trots zijn op de merken en bedrijven die we bouwen niet alleen vanwege de bottomline, maar voornamelijk vanwege datgene waar de merken voor staan.

Het is belangrijk dat ik hier vaststel dat Happy Profit niet tegen iets of iemand is en dat Happy Profit ook geen waardeoordeel in zich draagt. Happy Profit is voornamelijk *voor* iets, *voor* een bepaalde manier van denken en naar de wereld te kijken.

DE VISIE VAN RICARDO SEMLER

Volgens Ricardo Semler is het tijdperk van macht en controle definitief voorbij en gaat het in de toekomst om het kapitaliseren van zachte waarden als liefde, vertrouwen en openheid. Vrijheid en het nemen van eigen verantwoordelijkheid zijn de kernwaarden van Semco.
Zo kiezen de werknemers van Semco niet alleen hun eigen baas en salaris, maar ze beslissen ook mee over de productie, ze beslissen zelf hoe ze zich kleden en ze hebben volledige inzage in de financiële cijfers van het bedrijf. Het bedrijf heeft geen secretaresses, receptionistes of ander ondersteunend personeel. Semler: 'The purpose of work is not to make money. The purpose of work is to make the workers, whether working stiffs or top executives, feel good about life.'

• • •

1. OORLOG EN ROCK-'N-ROLL

We leven in een geweldig boeiende tijd. Enerzijds is dit tijdsgewricht ontzettend uitdagend, beangstigend zelfs. Het aantal crises lijkt de voorbije jaren soms oneindig te zijn en ze komen ook allemaal tegelijkertijd. De financiële crisis, de ecologische crisis, de normen- en waardecrisis, de vergrijzing, de mobiliteitscrisis enzovoort. Er is volop onzekerheid, gebrek aan vertrouwen en zelfs chaos in bepaalde sectoren van onze maatschappij. Er is een totale vertrouwenscrisis en die sluimert al jaren. Anderzijds dienen zich geweldige nieuwe technologische en energieontwikkelingen aan. De digitalisering, de hyperverbondenheid en de doorbraak van enkele exponentiële technologieën zorgen voor een overweldigende overvloed aan nieuwe innovaties die in een razend tempo op ons afkomen.

We voelen in onze eigen buik, maar ook in de onderbuik van de maatschappij dat er fundamentele veranderingen op komst zijn. We worden heen en weer geslingerd tussen angst en dromen. Tussen opportuniteiten en bedreigingen. We zijn de crisis beu en hebben behoefte aan perspectief en optimisme. Bepaalde delen van de wereld zijn op zoek naar nieuwe antwoorden en oplossingen, andere delen van de wereld 'boomen' als nooit tevoren. In bepaalde delen van de wereld staat de middenklasse ontzettend onder druk, elders ontstaat er juist een snel groter wordende middenklasse. Het is een wereldwijde maatschappij met verschillende snelheden. Het is duidelijk dat de wereld met zijn oude machtsstructuren onder druk staat en dat we onderweg zijn naar structureel nieuwe evenwichten.

Als we willen begrijpen wat er in de wereld gebeurt, moeten we de wereld dan nog altijd in stukken opdelen? Geldt er een totaal andere realiteit in de Verenigde Staten of Europa of Azië of Zuid-Amerika? Of moeten we net loskomen van een puur geografische segmentatie en eerder op een macro- en micromanier naar de wereld gaan kijken? Op *macroniveau* zorgt de digitalisering voor verbondenheid en transparantie. Straks zijn we met 3 miljard mensen online. Meer dan ooit hebben we het gevoel dat we deel uitmaken van één systeem. De drang naar 'totale' transparantie lijkt niet meer te stoppen en dat zorgt voor een ongekende kracht en energie die van onderop in de maatschappij vrijkomt. Zo staan we aan de vooravond van een transparantierevolutie, in realtime. Met bijbehorende privacy en trust issues. Are you trustworthy or not? Zo kun je je als bedrijf of als individu ook niet meer permitteren om een bepaald gedrag te tonen in een bepaald deel van de wereld en een totaal ander, tegenovergesteld gedrag in een ander deel van de wereld. In een mum van tijd word je dan ergens aan de schandpaal genageld en kom je ongenadig in de problemen. Alles wordt zichtbaar en transparant. Eén enkele uitspraak kan je zuur opbreken, van de ene dag op de andere. Op *microniveau* kunnen we mensen niet meer in segmenten stoppen. Uiteraard spelen cultuur en afkomst een bepalende rol, maar toch lijkt iedereen (met de nodige zin voor overdrijving) op zijn manier om te gaan met deze fundamentele veranderingen. We moeten mensen eerder op een meer individueel niveau trachten te begrijpen en nagaan hoe elk individu op zijn manier omgaat met die wereld in verandering, afhankelijk van zijn persoonlijke leefomstandigheden, (onbewuste) visie op het leven, mentale flexibiliteit en normen en waarden.

DISRUPTION OR NOT?

De toekomst is vandaag heel onzeker. Niemand weet wat ons de komende jaren te wachten staat. Dat is uiteraard altijd zo. Alleen wijzen heel wat analyses uit dat het nu toch niet alleen maar over veranderingen en ontwikkelingen gaat, maar dat er iets fundamenteels aan de hand is. De cruciale vraag luidt dan: gaat het over een disruptieve verandering of niet? Iedereen heeft hier uiteraard zijn mening over, maar die mening heeft een ontzettend grote impact op hoe je je eigen visie en gedrag vandaag al dan niet aanpast. Hoe je je al dan niet (mentaal) klaarmaakt voor een totaal andere realiteit of niet. Geloof je dat dit een periode is van 'normale' verandering of ontwikkeling, of geloof je dat dit een periode is van disruptieve verandering?

Mijn standpunt is dat de wereld op een tipping point staat. Dat een steeds groter aantal mensen op een fundamenteel andere manier naar de wereld, naar het leven en naar zichzelf kijkt. Ik stel de vraag graag in workshops en tijdens presentaties: stel dat de crisis daadwerkelijk voorbij is. Wat gaan we dan doen? Terug naar hoe het vroeger was (voor 2008)? Moeten we veranderen? Moeten we transformeren? Het verschil tussen veranderen en transformeren is dat bij transformeren totaal andere paradigma's ontstaan. Dat we onszelf en de maatschappij organiseren volgens een andere dominante logica. Veranderen vindt plaats binnen bestaande paradigma's, transformeren doen we aan de hand van totaal nieuwe paradigma's. Er zijn verschillende mensen die me inspireren bij dit transformatiedenken. Eén van hen is transitiespecialist professor Jan Rotmans. Hij stelt het duidelijk op basis van zijn onderzoek doorheen de geschiedenis: 'We do not live in an era of change, but in a change of era. We zitten in een systeemcrisis. Transitie als een fundamentele verandering in de structuur, cultuur en werkwijze van een maatschappelijk systeem. Een transitie is dus een omkering van ons denken, handelen en organiseren. We zitten vandaag op een kantelpunt. Het is een periode die wordt gekenmerkt door chaos, instabiliteit en turbulentie. Het is een kritieke periode waarop de ingezette veranderingen niet meer terug te draaien zijn. Trends, ontwikkelingen en gebeurtenissen op verschillende niveaus (op macro-, meso- en microschaal) wijzen in één en dezelfde richting.'

Het is vandaag rock-'n-roll omdat we collectief bezig zijn om 'een nieuw systeem' te bouwen. We zijn op zoek naar een nieuw 'groot menselijk verhaal'. Een duurzamer verhaal voor mens en planeet. Technologische en wetenschappelijke ontwikkelingen, nieuwe energiebronnen, the internet of things, fusie van culturen, noem maar op. Het zijn allemaal krachten die vandaag samen voor een nieuwe wereld van morgen zorgen. Meer dan waarschijnlijk zal het de komende jaren in heel wat gebieden in de wereld ontzettend onrustig zijn. Er is namelijk de voorbije jaren tijdens de crisis weinig structureels veranderd. We zijn veel met de symptomen bezig geweest, maar niet met de structurele oorzaken van de problemen. De druk van onderop zal op vele plaatsen alleen nog maar toenemen. En toch ontvouwt er zich vandaag ook een totaal andere wereld. Een wereld die werkt volgens een andere dominante logica, volgens andere normen en waarden, een wereld die zich afspeelt op een ander bewustzijnsniveau. Een van mijn favoriete uitspraken is: 'Als je het niet ziet, dan zie je het niet. Als je het eenmaal ziet, dan kun je het niet meer niet zien.' Ik zie het overal. Ik zie overal de rock-'n-roll. Ik zie overal de contouren van de nieuwe wereld opduiken.

• • •

2. TRANSFORMATIE NAAR EEN NIEUWE WERELD

We zijn op weg naar iets anders. In dit kader spreek ik graag over 'de oude wereld' en 'de nieuwe wereld'. Het is misschien een ietwat simplistische benadering, maar het schept wel een denkkader om een visie te ontwikkelen op de gebeurtenissen van vandaag en de wereld van de morgen.

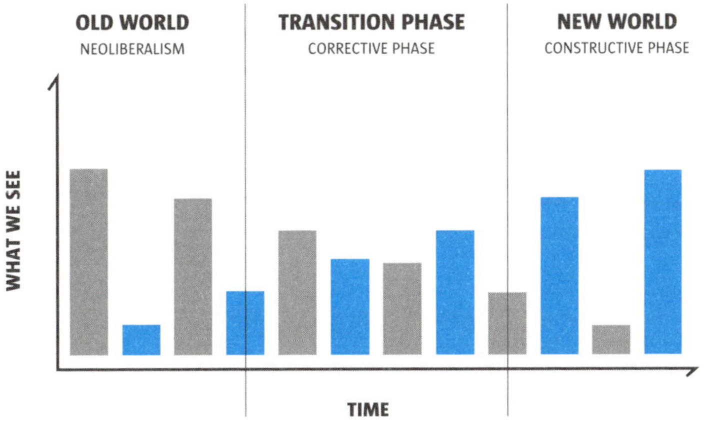

De grijze balkjes verwijzen naar de oude wereld, de blauwe balkjes naar de nieuwe. De oude wereld staat symbool voor een wereld die wil vasthouden aan een soort status quo. Een wereld die de dingen niet fundamenteel ter discussie stelt. Een wereld die blijft geloven in de kracht van onbegrensde en onmiddellijke consumptie en die economie als de absoluut dominante kracht beschouwt. Een oude wereld die niet duurzaam is. Jan Jonker: 'Het systeem is gebaseerd op kortetermijndenken, oneindige groei en een beperkte opvatting over waardecreatie. Dat leidt tot uitputting van eindige hulpbronnen, overwaardering van eigenbelang, een aaneenschakeling van "booms" en "crashes" en wordt de plaats en de rol over dat wat van waarde is, platgeslagen tot louter monetaire transacties.'

De nieuwe wereld staat symbool voor een wereld die de dingen fundamenteel anders wil aanpakken. Een wereld met nieuwe normen en waarden. Een wereld waar ethiek en moraliteit weer aan kracht winnen. Een wereld waar positief nagedacht wordt over het stellen van grenzen. Een wereld die menselijker is en waar economie niet de enige, allesoverheersende kracht is. Een wereld waar streven naar winst toegejuicht wordt, maar niet meer ten koste van alles en iedereen. Een wereld waarin dingen binnen een lange termijn en binnen een welzijnsdimensie worden geplaatst.

De blauwe balkjes vertegenwoordigen deze nieuwe wereld. Deze fase noem ik de *constructieve fase*. Constructief omdat we voor onszelf een nieuw 'organising idea' gaan bouwen en internaliseren. Jan Jonker: 'De samenleving kantelt van een centraal geleide, top-down gestuurde naar een decentrale, bottom-up samenleving.'

We zullen niet zomaar transformeren van de oude wereld naar de nieuwe wereld. Er is eerst een transitiefase nodig. Deze fase noem ik de *corrigerende fase*. Het is een fase van loskomen en vrijmaken van het dominante verhaal van overconsumentisme. Het is een fase van zoeken, experimenteren en dingen ter discussie stellen. Het is een besef dat we dingen anders moeten aanpakken en dat we op zoek moeten naar een andere identiteit, naar andere normen en waarden. Het is een fase waarin we ons weer willen verbinden met het grotere geheel en weer vertrouwen willen vinden in de wereld om ons heen. We hebben deze fase van loslaten nodig willen we ruimte vinden om een nieuw, positief en constructief verhaal op te bouwen. De transitiefase is het gevolg van het dominante besef dat het vorige model niet duurzaam is.
De oude wereld (destructief): vasthouden aan oude paradigma's en binnen deze paradigma's het ook niet op een andere manier gaan doen; dit is noch veranderen, noch transformeren. De transitiefase (correctief): blijven werken binnen de huidige bestaande paradigma's, maar hierbinnen wel reeds dingen anders gaan doen en manieren uit het oude systeem loslaten. Het is sleutelen aan het oude systeem: wat destructief was, gooien we weg en maakt plaats voor constructieve acties om te corrigeren. Dit gaat om veranderen in de zin van bijsturen waar nodig, binnen de nu nog algemeen geldende paradigma's. De nieuwe wereld (constructief): de oude paradigma's hebben we volledig losgelaten en alle acties of gedrag plaatsen we binnen nieuwe paradigma's die volledig geïnternaliseerd zijn. Dit is echt transformeren, het bouwen van een nieuw duurzaam systeem dat het oude (niet duurzame) systeem volledig loslaat en niet meer of nauwelijks nog nodig heeft.

• • •

3. OPPORTUNITEITEN VOOR EEN NIEUWE GENERATIE BEDRIJFSLEIDERS, MARKETEERS EN INVESTEERDERS

Nelson Mandela verwees ernaar: 'Elke generatie heeft zijn uitdagingen.' Zo zijn er vandaag de dag unieke opportuniteiten voor een nieuwe generatie bedrijfsleiders, investeerders en marketeers. Een maatschappij die op een kantelpunt zit, impliceert ook een bedrijfswereld die op een kantelpunt zit. De uitdaging van deze nieuwe generatie is om een duurzaam bedrijfsmodel te bouwen. Business moet weer een 'source for good' worden. Het is een generatie die op een andere manier naar bedrijven, merken en winst kijkt. Een generatie die een andere betekenis geeft aan het fundamentele bestaansrecht van een bedrijf. Een generatie die erin slaagt om geleidelijk aan het oude systeem los te laten en actief mee te bouwen aan het nieuwe systeem en aan een duurzame wereld van morgen. Een generatie die ook anders naar waardecreatie en verantwoordelijkheid kijkt. Een generatie die weer start vanuit trots en passie en niet vanuit bottomline of efficiëntiemodellen. Of zoals de mensen bij Wholefoods zeggen: 'Doing business from the heart.' Het is een generatie die vertrekt vanuit andere waarden. Jan Rotmans: 'De oude waarden als economisch rendement op korte termijn, efficiency en groei zullen vervangen worden door nieuwe waarden zoals maatschappelijk rendement op lange termijn, kwaliteit, vertrouwen en welzijn.'

Het is een opportuniteit voor iedereen, niet leeftijdsgebonden. Het is een opportuniteit om – hetzij vanuit bestaande structuren, hetzij vanuit een nieuwe bottom-up beweging – te bouwen en dingen anders te zien.

Er is ook een enorme opportuniteit voor nieuw leiderschap. We hebben minder managers nodig en meer leiders. Managers zorgen ervoor dat we de berg zo efficiënt mogelijk beklimmen. Leiders zorgen ervoor dat we de juiste berg beklimmen. En het is nu meer dan ooit cruciaal dat we de juiste berg kiezen. Jan Jonker: 'We hebben leiders nodig die een perspectief bieden, die richting geven en waarden en principes herdefiniëren. Dit vraagt om leiderschap dat begaan is met onze gezamenlijke toekomst, en een groot besef heeft van duurzaamheid (economisch, sociaal, ecologisch).'

Het zijn ook deze nieuwe leiders die de nieuwe mogelijkheden moeten tonen. Managers vertrekken te veel vanuit een risicogevoel. De angst om de doelstellingen niet te halen, angst voor de concurrentie, angst voor het onzekere en het verlies aan controle, angst voor verandering enzovoort. Leiders moeten de wereld van morgen zichtbaar maken en ook de weg daar naartoe. Jan Jonker: 'Transformatie vraagt om een andere focus binnen de organisatie. De aandacht verschuift van het vermijden van risico's naar het creëren van kansen. Kansen om nieuwe markten aan te boren, radicale product- en procesinnovaties en nieuwe ketensamenwerking te initiëren. Dit is meer dan een technisch vraagstuk, het is vooral een cultuurverandering.' Happy Profit gaat daarom ook over 'bold leadership', waarbij de leiders van morgen een uitdagende visie neerzetten voor hun bedrijf of organisatie, maar er tevens ook in slagen de organisatie op korte termijn al enkele kleine successen in die richting te laten realiseren. Het is dé manier om alle betrokken stakeholders te inspireren en te engageren voor de reis naar de duurzame samenleving.

Ook de manier waarop we naar investeringen en investeerders kijken, is aan een fundamentele herziening toe. Bij de grote multinationals zijn er CEO's, zoals Paul Polman van Unilever en John Mackay van Wholefoods, die openlijk kenbaar maken dat ze af willen van wat ze 'casino shareholders' noemen. Dat zijn investeerders die alleen instappen met een speculatief kortetermijndoel en met een bepaalde exitstrategie voor ogen. Ze willen weer investeerders die instappen vanwege de *purpose* en de visie van een onderneming. Shareholders moeten qua belang naast andere stakeholders worden geplaatst. En niet boven andere stakeholders.

Daarnaast vindt van onderop onder andere via crowdfunding een soort democratisering van kapitaalwerving plaats, waardoor er een nieuwe groep van (micro-) investeerders ontstaat. Chris Anderson verwoordt het in zijn boek *De Makers* als volgt: 'Het zijn investeerders die niet investeren in een bedrijf, maar wel in een product, of, om precies te zijn, in een idee voor een product. Ze verwachten geen winst, maar verwachten dat ze in natura worden betaald met het product zelf, hetzij door het werkelijk te ontvangen (omdat ze genoeg hebben gedoneerd), of door de emotionele voldoening te ervaren dat ze aan de wieg ervan hebben gestaan.'

• • •

4. ONDERNEMERS EN MARKETEERS MOETEN WEER DROMEN

Ondernemers zijn dromers. Het zijn mensen die een toekomst kunnen dromen en zien. Succesvolle ondernemingen zijn naar mijn mening nooit ontstaan vanuit de droom om heel rijk te worden. Ze zijn ontstaan vanuit een passie, vanuit een droom om een andere realiteit te creëren.

We hebben dringend weer behoefte aan grote 'dromers'. Het is alsof dromen de voorbije decennia in de vernieling zijn geholpen door een overweldigende drang naar financiële status en return on investment, naar efficiëntie en macht. Hierdoor staat ondernemerschap vandaag zo zwaar onder druk. We moeten als ondernemers weer volop dromen van een andere, betere wereld. Het is een noodzakelijke voorwaarde voor bedrijfsleiders en marketeers om deel te worden van de oplossing en niet deel uit te maken van het probleem. Professor Paul de Blot: 'Als je dromen weer tot leven komen, ben je ineens in staat om jezelf en anderen te inspireren.' We hebben grote dromen nodig om de positieve energie, fantasie en innovatiekracht in mensen vrij te maken.

Happy Profit gaat dus in essentie over dromen en dromen realiseren. Het is een van mijn favoriete opdrachten in strategische workshops. Wat zijn de dromen van jouw bedrijf? Wat zijn de dromen van jouw merk? Welke positieve impact wil je hebben op de wereld om jou heen? Het is soms bedroevend, zelfs angstig om vast te stellen hoe weinig dromen er zijn binnen een bedrijf of organisatie. Dit is zo binnen een board en dit is al zeker het geval in de verschillende echelons van een organisatie.

> *'Sommigen dromen om aan de werkelijkheid te ontsnappen. Sommigen dromen om de werkelijkheid voor altijd te veranderen.*
>
> Soichiro Honda

Bedrijven en merken die dromen, zijn bedrijven en merken met bezieling. Het zijn bedrijven waar mensen werken met een gedeelde begeestering. Hoe we het ook draaien of keren, als we willen transformeren hebben we energie en fantasie nodig. Dan moeten we opnieuw kunnen dromen. Dan moeten we de kracht hebben om een nieuw systeem te creëren. We hebben energie en fantasie nodig om de oplossingen te dromen voor de geweldige uitdagingen waar de wereld voor staat. We kunnen de nadruk leggen op het trachten in stand te houden van onze materiële welvaart, of we kunnen werk maken van onze dromen voor een betere wereld voor onze kinderen. Maar daar hebben we positieve energie voor nodig. En daarvoor moeten we anders leren kijken en de opportuniteiten zien. We mogen hiervoor niet alleen vanuit ons hoofd kijken, maar voornamelijk weer vanuit ons hart en onze buik. Hierover gaat Happy Profit. Laten we merken en bedrijven bouwen die dromen, maar die ook doen, en daarom ook een echte impact genereren.

DE DROMEN VAN DE MAKERSBEWEGING

Happy Profit wil de echte ondernemerszin weer omarmen. Ondernemen gaat over dromen en over maken. Echt ondernemerschap start vanuit een intrinsieke drang. De nieuwste ontwikkelingen op het gebied van open source en miniaturisatie van technologie en productie zorgen er meer dan ooit voor dat iedereen kan maken en ondernemen. Dat we dingen kunnen bedenken en realiseren vanuit onze eigen passie en fantasie. De makersbeweging zorgt voor een totaal nieuwe dimensie: namelijk bottom-up ondernemen. Iedereen een maker, iedereen een ondernemer. Chris Anderson: 'De makersbeweging gaat over wat mensen willen en nodig hebben en niet over wat bedrijven willen en nodig hebben. Dit soort ondernemers stelt vaak dat ze eerst en vooral de gemeenschap willen dienen en dat geld verdienen op de tweede plaats komt. Producten die gemaakt worden door gepassioneerde consumenten – die ondernemer zijn geworden – stralen vaak een kwaliteit uit waaruit een ambachtelijk vakmanschap spreekt en geen massaal geproduceerde efficiency. Men verkiest vaak om iets te doen, of om deel van iets uitmaken waarin men gelooft, en niet omdat het een opportuniteit is om geld te verdienen. In een toekomst waar meer dingen op bestelling worden gemaakt – in plaats van geproduceerd, verzonden opgeslagen en verkocht – zijn er mogelijkheden voor een industriële economie die minder wordt gedomineerd door commerciële belangen en meer in evenwicht is met sociale belangen.'

In deze optiek is Happy Profit ook *een verschuiving van extrinsieke naar intrinsieke motivatie*. Waar de begeestering en de bezieling ontstaat vanuit dromen, vanuit passie, vanuit zingeving of vanuit dingen die 'men interessant genoeg vindt om aan mee te werken'. Eigenlijk gaat het om het weer vermenselijken van de (ondernemers)wereld.

Happy Profit vertrekt vanuit het beeld van een 'open' wereld, waar positieve initiatieven ontstaan op alle mogelijke niveaus en in alle mogelijke richtingen. Waar individuen vanuit hun dromen en passie aan de slag gaan, waar mensen met dezelfde intrinsieke motivatie elkaar vinden en samen hun dromen realiseren, waar consumenten ook producenten en ondernemers worden, waar transparantie heerst en waar iedereen toegang heeft tot een ongekende bron van informatie en kennis, waar iedereen met een idee en een computer morgen zijn eigen toekomst en leefomgeving kan creëren.

Dat is ook wat ik gemeenschappelijk terugvind in de circulaire economie, de deeleconomie, de makerseconomie of de peer-to-peer beweging. Winst is niet het doel, maar een middel. Elk van deze bewegingen vertrekt vanuit een ander standpunt: (1) of men vertrekt vanuit de ecologische problemen en het onterecht afwentelen van de kosten; (2) of men vertrekt vanuit een passie om eigen persoonlijke producten te maken die bij de persoon passen; (3) of men vertrekt vanuit een gemeenschappelijke doelstelling en stelt het sociale doel boven het financiële doel. Wat het uitgangspunt ook is, al deze stromingen vertrekken vanuit het creëren van een betere wereld en ze brengen balans tussen businesswaarde en 'sociale, ecologische en ethische' waarde.

• • •

5. DE SLAG OM DE MARKT VAN MORGEN

Elk bedrijf zal zich klaar moeten maken voor een totaal andere markt. Een markt met meer spelers en andere spelregels. Een markt met toenemende complexiteit en snelheid, bewustere actoren en transparantie. En waar duurzaamheid (in zijn meest brede betekenis) een cruciale factor is. Een markt die zich meer van onderop zal manifesteren dan top-down.

Op macroniveau zorgt de transparantie ervoor dat deze nieuwe markt zich niet alleen binnen bepaalde geografische plaatsen zal afspelen. De snelheden wereldwijd zijn inderdaad anders en in bepaalde landen is het streven naar materiële welvaart en financieel succes zeer dominant aanwezig. En toch kunnen we er het beste rekening mee houden dat de ontwikkelingen richting circulaire, peer-to-peer en makerseconomieën onomkeerbare, wereldwijde fenomenen zijn. Op microniveau moeten we in staat zijn om zeer klein te denken en te handelen, om duurzame relaties aan te gaan met individuen en om een positieve samenwerking te creëren met lokale stakeholders.

Het is een enorm grote uitdaging voor elk bestaand bedrijf om deze transformatie naar morgen succesvol te doorlopen. Veel van onze volumes en marges worden vandaag de dag nog gegenereerd door de grijze balkjes (zie de grafiek in paragraaf 1.2) en we kunnen het ons niet veroorloven om die te verliezen. En toch moeten we in deze moeilijke tijden waar zoveel druk is op volumes en marges, voldoende middelen en tijd zien vrij te maken om via trial-and-error en met gevoel voor risicobeheersing de stap naar morgen 'veilig' te zetten. Menig CEO ligt er terecht wakker van. Het is een enorme uitdaging.

In 'de nieuwe markt van morgen' worden we geconfronteerd met een toenemend aantal stakeholders, moeten we waarde creëren op verschillende niveaus en evolueren we naar een nieuw soort economie waar duurzaamheid, samenwerken en netwerken, bottom-up en persoonlijk welzijn cruciale drijfveren zijn. Het beste kunnen we ervan uitgaan dat fundamenteel nieuwe producten, diensten en businessmodellen ontwikkeld moeten worden om succesvol te zijn binnen de context van het nieuwe bedrijfsmodel. Jan Jonker: 'Ondernemingen die niet radicaal innoveren met het oog op duurzaamheid en maatschappelijke impact, verliezen de slag om de markt van morgen. In de zoektocht naar een duurzame economie zal het ondernemerslandschap fors (moeten) veranderen. Niet alleen moeten er nieuwe technologieën worden geïmplementeerd, er ontstaan ook nieuwe markten en nieuwe businessmodellen.'

Fasten your seatbelts dus, want de markt van vandaag en morgen is een zeer rijk en boeiend, maar ook dynamisch en uitdagend landschap en bestaat uit:

- *Enkele dominante spelers* (zoals Amazon, Facebook en Google) die vandaag heersen en strijden om de data van de consument, maar die straks op hun beurt ook moeten zien te bewijzen dat ze kunnen beantwoorden aan de eisen van de consument van morgen: transparantie, vertrouwen, duurzaamheid, samenwerken, welzijn ...

- *Multinationals* die moeite hebben om het vertrouwen van hun stakeholders te behouden, die zichzelf opnieuw moeten uitvinden en moeten experimenteren met nieuwe businessmodellen en die hun grote, vaak logge schip op tijd van koers moeten zien te veranderen richting duurzame economie. Voor dit alles moeten ze steun zien te vinden bij hun aandeelhouders. Zonder het verlies van de huidige volumes moeten ze toch de grote paradigmashift doorlopen. Is dat überhaupt wel mogelijk?

- *Familiebedrijven* die vanuit een gedeelde intrinsieke motivatie en waardestructuur vaak sneller zijn in het oppikken van dit 'nieuwe systeem' en die daardoor ook vlugger het vertrouwen krijgen van hun (lokale) stakeholders.

- Kleine *makersbedrijven* die van onderop en met behulp van open source toepassingen en allianties miljoenen nieuwe niches creëren, die werken op basis van een perfect op elkaar afgestemde vraag- en aanbodmarkt.

- Grotere *consumer-to-consumer netwerkorganisaties* die vanuit de peer-to-peer dynamiek mensen rond een idee verzamelen en laten delen en samenwerken. Het zijn organisaties die vaak ontzettend disruptief zijn voor bepaalde markten en die ook overheden voor heel complexe fiscale en andere juridische uitdagingen stellen.

- *Non-profitorganisaties* die hun 'sociale' doelstelling als absolute prioriteit stellen en waarbij de financiële return in hoofdzaak dient om de continuïteit van de onderneming te waarborgen.

- *NGO's* die doorgaans over voldoende vrijwilligers zullen beschikken – want steeds meer mensen willen zich belangeloos inzetten – maar wel voor de uitdaging staan om hun continuïteit veilig te stellen door minder afhankelijk te worden van steeds schaarsere subsidies.

6. STREVEN NAAR GROEI IS GOED

Uiteraard moet een bedrijf ernaar streven om te groeien en om zich verder te ontwikkelen. Mensen zijn strevende wezens, bedrijven zijn strevende entiteiten. Niet groeien betekent stilstaan, betekent reorganisatie, betekent verlies aan arbeidsplaatsen. Bedrijven moeten nieuwe producten op de markt brengen, nieuwe markten aanboren en hun resultaten telkens verbeteren. Het is noodzakelijk om bezieling en begeestering te creëren zodat mensen zich bij de doelstelling van het bedrijf willen aansluiten. Onze maatschappij heeft bloeiende, groeiende bedrijven nodig vanuit een welvaarts- en welzijnsperspectief én vanuit een diepmenselijk perspectief. Voldoening in het professioneel leven is een van de cruciale factoren van iemands geluksgevoel.

In deze tijd zijn er echter cruciale vragen aan de orde: Naar wat moeten we dan streven? Welk resultaat moeten we trachten te verbeteren? Alleen maar het financiële resultaat? Welke invulling en betekenis geven we aan begrippen zoals groei en winst? Wat is het bestaansrecht van een bedrijf? Peter Drucker: 'Winst is voor een bedrijf als zuurstof voor een mens. Als je er niet genoeg van krijgt, dan heb je een probleem. Maar als je denkt dat je leven draait om ademhalen, dan heb je het niet begrepen.' Er is dus een fundamentele paradigmawissel nodig in ons denken over winst en groei. Paul de Blot verwijst in deze context naar de natuur: 'Kunnen we uit de natuur niet leren dat groei een levensvoorwaarde is? Wat niet meer groeit, gaat dood. Het lichaam vernieuwt zich voortdurend en die natuurwet geldt ook in het bedrijfsleven. Maar groei betekent niet automatisch: groter worden. Het kan ook betekenen: beter worden. Waar het om gaat, is dat je in beweging blijft. Groeien is een proces waarbij de energie blijft stromen, en waarbij sprake is van een open relatie met de omgeving maar ook met de innerlijke mogelijkheden.'

Happy Profit wil deze kijk op groei omarmen. Streven naar Happy Profit betekent streven vanuit dromen naar positieve energie en fantasie, naar voldoening van innerlijke motivatie en naar een positieve relatie met alle stakeholders, inclusief de aandeelhouders. Alleen op die manier kunnen bedrijven een *force for good* zijn en een cruciaal drijvende rol spelen in het bouwen van het nieuwe systeem. Het is de enige manier om 'jouw winst', hoe je winst ook betekenis geeft, duurzaam te maken in de tijd.

• • •

7. THE WHEEL OF HAPPY FORTUNE

Elke onderneming, merk of organisatie zou een *wheel of happy fortune* moeten bouwen. Het is in mijn visie zowat de enige manier om een duurzame, maar ook succesvolle toekomst uit te bouwen voor iedereen die bij het bedrijf of de organisatie betrokken is.

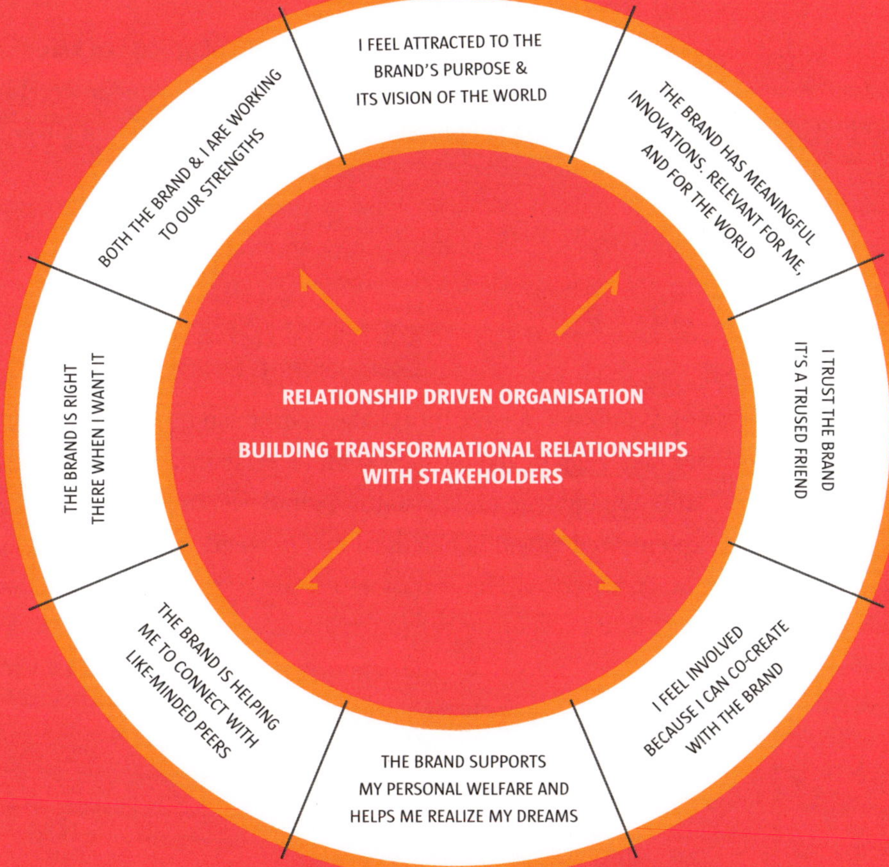

Het wheel of happy fortune stelt de relaties met de klant, de consument of elke andere stakeholder centraal en in het hart van het businessmodel. Het wiel neemt de user/consumer/stakeholder experience als lens om naar het merk of bedrijf te kijken. Het houdt op deze manier rekening met de fundamenteel gewijzigde machtsverhouding tussen klant, stakeholder en organisatie. Als bedrijf is het essentieel dat we ons dit uitgangspunt eigen maken en dat we onze top-down instelling achter ons laten. De relatie met die klant, consument of community moet het uitgangspunt zijn en niet ons eigen ego of onze winstdoelstelling.

Die klant of stakeholder die zelfbewust, autonoom en hypergeconnecteerd in het leven staat, zal ons als bedrijf of merk taxeren op verschillende nieuwe dimensies. En hij zal dit doen vanuit zeer adequate vragen: Sta je aan mijn kant? Tracht je mijn leven, en bij uitbreiding de wereld, echt beter te maken? Of ben je nog altijd voornamelijk met je eigen winst bezig? Onderweg zal die klant of stakeholder dan beslissen of hij al dan niet met ons een langetermijnrelatie wil opbouwen.

Doorheen het boek zal duidelijk worden waarom we die klant of groep van klanten centraal moeten stellen en hoe het individu en de groep vanuit een ander wereldbeeld (een sterk ik in een sterk wij) naar ons en onze producten of diensten kijken.

• • •

8. HET HAPPY PROFIT TRANSFORMATIEPROCES

Om dit *wheel of happy fortune* te bouwen, moet ieder bedrijf een transformatie ondergaan. Het is meer dan 'zeggen' dat de klant centraal staat en wat extra marktonderzoek doen. Dat is een enorme onderschatting van de verandering die bezig is. Streven naar klantentevredenheid is helemaal niet hetzelfde als de klant centraal stellen in het businessmodel. Het vereist een totale transformatie voor het bedrijf, voor de organisatie en voor de betrokken mensen. Het vereist radicale product- en procesinnovaties, andere businessmodellen en nieuwe vormen van samenwerking met elk van de stakeholders.

Maar *hoe* doe je dat nu? Hoe doorloop je deze transformatie zonder dat je alles overboord gooit? Zonder dat je de huidige business in gevaar brengt? Hoe kapitaliseer je op je sterke punten, terwijl je toch die nieuwe realiteit omarmt? Hoe zorg je ervoor dat jouw bedrijf die geweldige opportuniteit ook dagdagelijks vastpakt? Of wat doe je als je een jong bedrijf bent en je wilt je bedrijf of merk richting geven in deze nieuwe wereld? Welke nieuwe businessmodellen moet je nu omarmen?

Op basis van mijn ervaring met transformatie en bedrijven en merken heb ik het volgende transformatieproces gecreëerd. Het is een circulair proces. Het heeft in principe geen beginpunt en geen eindpunt. Afhankelijk van je huidige situatie kun je op verschillende plaatsen instappen.

Ik heb dit proces ook gebruikt als structuur voor dit boek. Uiteraard is dit geheel indicatief en geen bindende processtructuur. Je stapt in waar je wilt. Maar het proces is wel handig om de uitdaging te schetsen waar iedereen van ons voor staat. Aan het einde van het transformatieproces heb je als merk of bedrijf je eigen wheel of happy fortune gecreëerd.

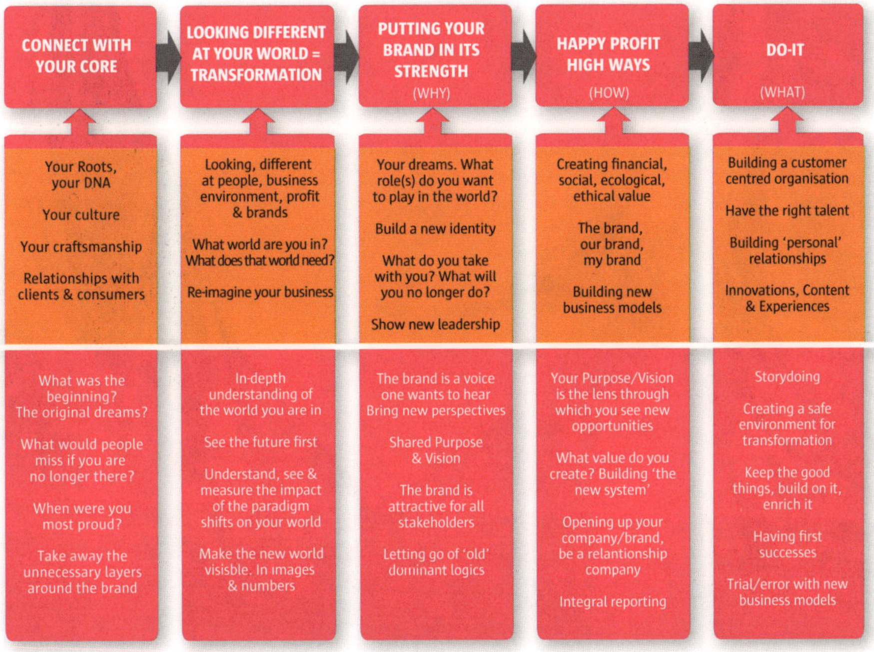

2. IN CONTACT MET JOUW KERN

Het is voor elk bedrijf of merk, of je nu een starter bent of niet, cruciaal om heel goed in contact te staan met je eigen kern, je eigen essentie. Zeker aan de vooravond van een onzekere transformatieperiode. Als de wereld rondom jou zo hard in beweging is, kun je er maar beter voor zorgen dat je zelf heel duidelijk bent over je eigen kern. Bovendien is de buitenwereld heel kritisch en wantrouwig en is er een soort 'zuivering' aan de gang, waarbij men op zoek is naar echtheid en authenticiteit. Alles wat fake is, komt vroeg of laat onder druk te staan. Men wil weten waarvoor je staat en waar je in gelooft. Perfectie is niet van deze wereld en consumenten en klanten verwachten dit ook niet van bedrijven en merken. Mensen verwachten wel dat bedrijven en organisaties doen wat ze zeggen, zeggen wat ze doen, maar ook zeggen wat ze niet doen.

Veel bedrijven zijn door de jaren heen hun oorsprong kwijtgeraakt. In *Transformeren om te overleven* heb ik dit vergeleken met het pellen van een ui. Marketing in de jaren negentig en tweeduizend was het bijvoegen van lagen aan het merk. De marketing van morgen is de lagen verwijderen en het merk weer naar zijn essentie brengen. De ziel van het merk blootleggen.

• • •

1. DE DROMEN VAN DE OPRICHTER

Ook hier zijn dromen een belangrijke activiteit. De essentie van een merk is vaak terug te vinden in de dromen van de oprichter. Wat was (of is) het begin? Welke visie zat er achter de oprichting? Wat waren de gevleugelde uitspraken van de oprichter? Welke waarden zitten in de cultuur van het merk en het bedrijf?
Ook interessant is om te kijken naar de voorbije jaren en je als groep af te vragen: Op welke activiteiten, op welke realisaties, zijn we echt trots? Wanneer hadden we het gevoel dat het merk op zijn sterkst was? Wanneer was het merk in flow? Deze denkoefening werkt verdiepend.

• • •

2. WAT ZOUDEN DE MENSEN MISSEN?

Voor veel marketeers is dit een zeer confronterende vraag: wat zouden mensen missen als je merk er morgen niet meer is? Het is mijn eigen ervaring dat de meeste marketeers en CEO's geen antwoord hebben op deze vraag. En toch is het een cruciaal gegeven. Een recente studie van *The Economist* wees uit dat van alle merken 75% inwisselbaar is. Met andere woorden: voor de meeste merken geldt dat als je er morgen niet meer bent, consumenten dan gewoon een ander merk kopen. Uiteraard zullen mensen niet sterven als er je er als merk morgen niet meer bent. Maar het moet toch wel de bedoeling zijn dat mensen iets wezenlijks missen als je er niet meer bent. En dat zal in belangrijke mate dan over immateriële waarden gaan zoals inspiratie, schoonheid, bron van eigenwaarde enzovoort. Merken die niet inwisselbaar zijn, hebben vaak een immateriële meerwaarde die je niet terugvindt bij andere merken.

• • •

3. ONS VAKMANSCHAP

Wat is jouw vakmanschap? Waar gaat het over? Waarom komen de mensen in essentie bij jou? Waar wil jij de beste in zijn?

Mensen willen weer producten en diensten met een ziel. Producten en diensten waar passie in zit en waar vakkennis opnieuw meetelt. Vakmanschap geeft de dingen die we kopen weer een diepere betekenis. Het lijkt me voor iedereen van belang om goed stil te staan bij de essentie van vakmanschap. Als ik deze vakmanschapsvraag stel aan mijn klanten is het vaak even stil. Voor velen is dit een moeilijke vraag. Dit heeft te maken met een eerdere opmerking: bedrijven hebben vaak zoveel lagen om hun merk of product heen gebouwd, dat ze vergeten zijn wat nu eigenlijk hun echte expertise is. Het gaat niet zozeer over de competenties van een merk of bedrijf, maar over de talenten van een merk of bedrijf. Wanneer ben je echt in flow?

• • •

4. WELKE RELATIES HEBBEN WE MET KLANTEN EN CONSUMENTEN?

Welke relaties heeft het merk nu met zijn klanten of consumenten? Welke betekenis krijgt ons merk in het leven van mensen? En in welke context ontstaan deze relaties vandaag de dag?
Op zich is het niet nieuw om te wijzen op het belang van relaties binnen marketing. Velen doen dit al jaren; denk hierbij maar aan de verschillende vormen van relatiemanagement, zoals CRM. Toch leert mijn dagelijkse ervaring dat we als marketeer wel proberen om in relatie te komen met onze klanten, maar dat we niet echt weten welke specifieke relaties we nu hebben met onze klanten of consumenten. Als we ons merk als een ecosysteem van relaties willen beschouwen, dan moeten we onze relaties ook zichtbaar en inzichtelijk maken. Wat voor soort relaties hebben we? In welke contexten krijgen deze relaties betekenis? Wat is onze rol als merk hierin? Wat is onze persoonlijkheid in deze relaties? Hoe intiem is deze relatie?

VAN: de consument en het merk afzonderlijk bestuderen en dan in analyse samenvoegen

NAAR: de relaties met rollen tussen consument en merk bestuderen

*‘Wat zouden mensen missen
als je merk er morgen niet meer is?*

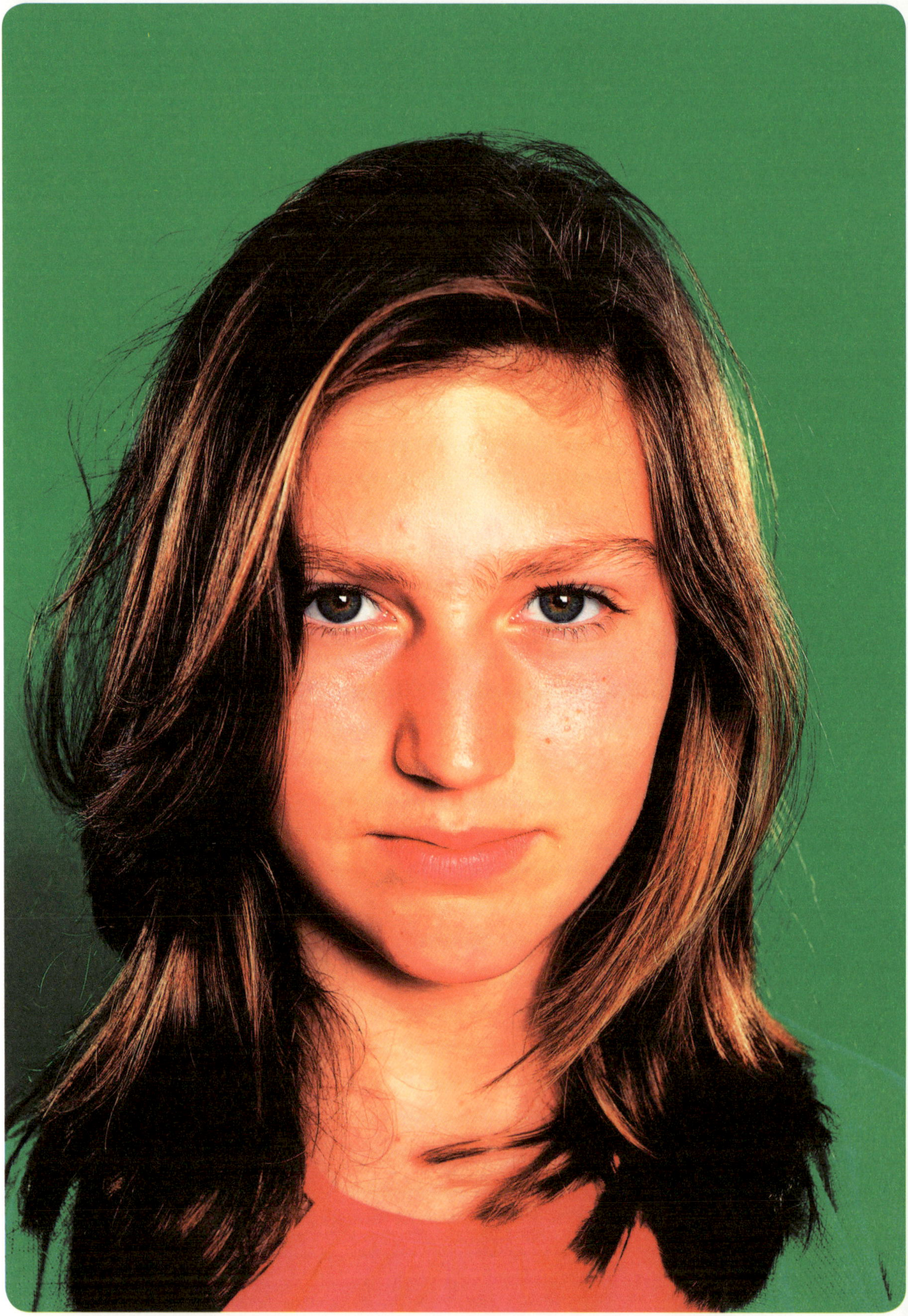

3. TRANSFORMEREN IS ANDERS LEREN KIJKEN

Transformeren is in essentie niets anders dan fundamenteel anders leren kijken. Transformeren gaat over de kunst van het zien, gaat over nieuwe perspectieven, over het loslaten van een oude dominante logica en het omarmen van een nieuwe dominante logica.

Eens we duidelijk zijn over de kern van ons bedrijf of merk, moeten we anders leren kijken naar de wereld waarin we actief zijn.

Er zijn verschillende fundamentele drijfveren waarom het belangrijk is om nu anders naar de wereld te kijken. Voor mij is het niet zo belangrijk om hier een hiërarchie in aan te brengen. Ze zijn ook heel sterk met elkaar verweven. De digitalisering, de ongekende toegang tot informatie en kennis, de veranderende machtsstructuren, de hyperverbondenheid: allemaal zijn het motoren naar de wereld van morgen.

Deze transformatie is niet iets van de verre toekomst, maar is nu volop aan de gang. Zo is volgens Jan Jonker het jaar 2014 een kanteljaar voor Nederland: 'Steeds meer mensen in steeds meer geledingen van de samenleving realiseren zich dat de samenleving aan het kantelen is en doen daar ook actief aan mee. De samenleving kantelt van een centraal geleide, top-down gestuurde naar een decentrale, bottom-up samenleving. Oude verticale instituties lopen op hun laatste benen (zoals vakbonden, politieke partijen, omroepen, natuur- en milieuorganisaties), terwijl nieuwe, horizontale verbanden (gemeenschappen, coöperaties, sociale en fysieke netwerken) voortdurend aan belang winnen. Van transities uit het verleden weten we dat een kritische massa van circa 20% van de bevolking nodig is om het systeem definitief en onomkeerbaar te laten kantelen. Dat betekent voor Nederland dat zo'n 2,5 miljoen volwassenen mee moeten kantelen om het omslagpunt te bereiken.'

Deze transformatie speelt zich niet alleen in de westerse wereld af. De drang naar transparantie zorgt voor revoluties over heel de wereld en is onomkeerbaar. De bottom-up beweging wint wereldwijd aan belang. De kracht van gemeenschappen en netwerken is overal zichtbaar en groeiend. Milieu en *food safety* zijn ondertussen ook grote issues in Azië.

Happy Profit zit in het hart van deze transformatie en sluit zich aan bij deze veranderende maatschappijvisie. Happy Profit betekent aansluiting vinden bij deze gedecentraliseerde, genetwerkte maatschappij. Happy Profit betekent anders kijken naar mens en maatschappij, naar de bedrijfsomgeving, naar winst en naar merken.

Enerzijds moeten we op een fundamenteel andere manier naar mensen kijken, naar individuen. Dit veranderende tijdperk gaat samen met een bewustzijnssprong van mensen. We komen als mensheid op een hoger bewustzijnsniveau terecht. En dit betekent voor ons als bedrijf of organisatie dat we ons moeten verbinden met mensen die anders in het leven staan. Ik noem deze andere kijk op mens en maatschappij 'een sterk *ik* in een sterk *wij*'. Met de nadruk op het woordje *in*. Het is dus zowel een sterk *ik* als een sterk *wij* en beide zijn met elkaar verweven (zoals egoïsme verstrengeld is met geocentrisme). Hier reik ik een denkkader aan voor merkenbouwers om weer verbinding te maken met mensen. (zie p.53)

We moeten ook op een andere manier kijken naar de manier waarop we onze bedrijfswereld zullen organiseren. Deze transformatie verloopt langs enkele fundamenteel nieuwe paradigma's. Ik zal vijf fundamentele paradigma's hier bespreken. Willen we de bedrijfswereld van morgen kunnen zien, dan moeten we de betekenis van deze paradigmawissels goed tot ons nemen. Deze vijf paradigmawissels leiden tot een aantal nieuwe economische denkrichtingen. (zie p. 108)

Ook moeten we ons openstellen voor een andere invulling van het concept winst en het bestaansrecht van een bedrijf. Wat is de *purpose* van een bedrijf of merk? Hoe verhoudt business value zich ten opzichte van societal value? Wat is winst? Is winst alleen maar te bepalen in monetaire termen? Hoe maken we onze winst duurzaam in de tijd? (zie p. 128)

Deze drie elementen leiden er uiteindelijk ook toe dat marketing zich moet heruitvinden en dat we op een totaal andere manier onze merken betekenis moeten geven. Dit noem ik transformationele marketing. (zie p. 134)

Een nieuw denkkader om naar mensen en hun dromen en verlangens te kijken, vijf paradigmawissels met nieuwe economische denkrichtingen, een andere kijk op winst en waarde en een nieuwe kijk op marketing. Deze elementen geven een totaal andere kijk op de wereld van morgen waarin we actief zijn als CEO of als marketeer. Graag wil ik de lezer uitnodigen om deze nieuwe invalshoeken goed op te nemen en mee te nemen naar deel 4, want dan ga ik op basis van deze nieuwe perspectieven het merk weer opbouwen en in zijn kracht zetten. Daarna besteed ik veel aandacht aan *hoe* je waarde creëert in deze nieuwe wereld.

'Transformeren gaat over de kunst van het zien.

• • •

1. ANDERS KIJKEN NAAR MENSEN: EEN STERK IK IN EEN STERK WIJ

Een merk moet in essentie het leven van mensen aangenamer maken en de dagdagelijkse dromen van mensen helpen realiseren. Alleen moeten we ons nu realiseren dat het leven en de dromen van mensen ook met een soort transformatie bezig zijn. Uiteraard zijn we mensen met duizenden jaren evolutie achter de rug, maar toch is het nu meer dan een gewone evolutie. Er is een 'step-change' bezig.

Ik voel dit elke dag in marktonderzoek. De wereld is in beweging. Mensen staan anders in het leven. Ze kijken vanuit een andere machtspositie naar de wereld om zich heen. Mensen realiseren zich dat 'het systeem' moet veranderen, want het voldoet niet aan zijn belofte om mensen gelukkiger te maken.

We krijgen te maken met een 'ander individu'. Ik spreek graag over het bewuste, autonome, verbonden individu.

Eerst sta ik stil bij wat voor mij de twee belangrijkste factoren zijn om dit nieuwe individu te begrijpen: mensen bewegen zich op een hoger bewustzijnsniveau en mensen bouwen een nieuwe, gezonde identiteit.

Vervolgens reik ik een denkkader aan voor merken en bedrijven om hun merken en bedrijven invulling te geven en te positioneren, om zo een positieve verbinding te maken met het sterke ik en het sterke wij.

A. EEN HOGER BEWUSTZIJNSNIVEAU

Een hoger bewustzijn: het tippingpoint voorbij

De wereld wordt nooit meer zoals voorheen. Mensen worden bewustere individuen. Er zijn een aantal fundamentele ontwikkelingen in de macro- en microomgeving gaande die ervoor zorgen dat de kijk op het leven aan een versnelde herziening toe is. We bewegen ons op een exponentiële bewustzijnscurve en we zitten voorbij het 'knik-effect' van de curve. Technologie speelt hier een cruciale rol. Technologie helpt ons om meer 'in the know' te zijn en bewuster vragen te stellen. Wat zit er in onze voeding? Waar worden dingen gemaakt? Neem je wel je verantwoordelijkheid? Enzovoort.

Of zoals bepaalde neurologen stellen: we leren als mens om ruimte te creëren tussen stimuli en response. Vooraleer we actie ondernemen, gaan we met behulp van technologie 'wijzere' beslissingen nemen. Je zou het ook spiritueler kunnen stellen: mede dankzij de technologie met bijbehorende hyperverbondenheid hebben we 'toegang tot het gemeenschappelijk brein'.

Materiële dingen alleen maken ons niet gelukkig, we moeten meer aandacht krijgen voor de waarde van immateriële zaken en intrinsiek geluk. We zijn te ver gegaan in ons egoïsme en we beseffen dat de mens in essentie een groepsdier is, dus zoeken we weer meer contact met de groep. Onze planeet is kwetsbaar. En we hebben er maar één. We kunnen maar beter goed voor haar zorgen als we de continuïteit van onze eigen soort willen garanderen. De dominantie van economie over wetenschap, religie en kunst deed de menselijke hebzucht ontsporen. Veel van alle rijkdom is terechtgekomen bij een te kleine groep superrijken. In vele delen van de wereld staat de middenklasse onder druk en krijgen we een maatschappij van winners en losers. In andere nog economisch sterk groeiende delen van de wereld slaagt men er niet in om de toenemende welvaart gelijkelijk te verdelen. We maken ons, voor het eerst sinds heel lang, weer zorgen dat de volgende generatie het wel eens minder goed zou hebben dan wij zelf en dit is voor bijna alle moeders en vaders een zeer angstige gedachte.

We weten, voelen dat het zo niet meer verder kan. De onderbuik van de maatschappij is klaar voor verandering. De tijd van denken is voor velen voorbij. We komen in het tijdperk van doen. En dit merken we steeds meer in het dagdagelijks gedrag van mensen. Het zijn vaak nog kleine bewegingen, maar ze groeien exponentieel en zijn niet meer tegen te houden.

In 2013 werden in de Verenigde Staten 96.000 elektrische wagens verkocht, dat is een stijging van 84% in vergelijking met 2012 (Ipsnews). Eén op de twee Belgische gezinnen heeft in 2012 regelmatig fairtrade producten in huis gehaald, tegenover één op de drie in 2011 (GFK). Ook in Nederland groeit het aantal Nederlandse huishoudens dat een of meerdere keren per jaar fairtrade levensmiddelen koopt. Van 46% in 2009 naar 60% in 2012 (NCDO). In maart 2013 waren er 5275 deelauto's in Nederland. Ten opzichte van 2012 is dat een groei van 86% (KpVV).

LOHAS (Lifestyles of Health and Sustainability) staat voor een groep mensen die actief bezig zijn met sustainable living en die een sociale beweging vertegenwoordigen waar 'conscious consumption' in het hart van de waarden staat. Volgens recente studies zouden ongeveer 20% van de volwassen Amerikaanse consumenten LOHAS-consumenten zijn. Ook in Azië ziet het Natural Marketing Institute een opkomst van deze LOHAS-consumentengroep: 'Demand for products that do not harm the environment is high, especially among the biggest consumer markets of China, India and Indonesia. The biggest reason for not buying green products in Asia is lack of availability, not demand.'

Het zijn maar enkele voorbeelden uit een ontelbare lijst, die erop wijzen dat ons bewustwordingsproces een ongekende versnelling kent.

Het is waarschijnlijk de belangrijkste transformatie die we vandaag doormaken. We beseffen dat we onze levensstijl moeten aanpassen willen we een duurzame leefomgeving bouwen voor onszelf en onze kinderen en kleinkinderen. We weten dat we het anders moeten aanpakken, alleen weten we nog niet altijd hoe, en zijn we zoekende. Maar we experimenteren en proberen volop. Nog niet in alle facetten van ons leven en niet altijd even consequent, maar we zijn er wel mee bezig. Het is een onomkeerbaar proces dat alleen nog maar zal versnellen (net zoals het verloop van een exponentiële curve). Het is een lang proces dat waarschijnlijk nog decennia en enkele generaties zal duren, maar het is er nu en het is aanwezig in ons dagelijks leven. Niet alleen in ons denken en voelen, maar ook steeds meer in ons gedrag. Het kantelpunt lijkt heel dichtbij te liggen.

Een dergelijk bewustwordingsproces doorloop je niet alleen. Het is juist de interactie met de omgeving en met anderen die voor deze versnelling zorgt. Hoe meer je geconfronteerd wordt met mensen die zich fundamentele vragen stellen over dingen zoals geluk, milieu, zingeving en rijkdom, hoe meer je je eigen manier van kijken ter discussie zult stellen: kinderen praten erover op school, het is ondertussen een constant item in de media, producten en diensten passen zich steeds meer in deze richting aan, bedrijven gebruiken het als unieke elementen in hun communicatiemix, we organiseren ons met de buurt om bewuster energie of andere producten te kopen, druk op ons budget, gezondheid, of milieu dwingen ons samen oplossingen te zoeken.

Een hoger bewustzijn gaat over anders kijken naar de wereld, maar ook anders kijken naar jezelf. Een hoger bewustzijn doet ons meer stilstaan bij onze keuzes en de implicaties van onze keuzes, zowel in ons privé- als in ons professioneel leven. We gaan meer holistisch denken, voelen ons meer betrokken bij het groter geheel en kijken verder dan alleen maar de korte termijn. Een hoger bewustzijn gaat ook over het besef van de eigen kracht en de eigen verantwoordelijkheid.

Mensen staan bewuster in het leven

Bewuster in het leven staan betekent meer openstaan voor diepgang, voor reflectie, voor fundamentele vragen. Het betekent openstaan voor de reis naar binnen. Bewuster in het leven staan beweegt zich rondom drie dimensies:

1. **Bewuster in de *Wereld.*** Bewuster zijn van het groter geheel, van de verbondenheid der dingen, van de schoonheid en de kwetsbaarheid van de natuur, van de verantwoordelijkheid die we samen moeten nemen, van het respect dat we voor het groter geheel moeten tonen. Bewuster in de wereld staan betekent voor mensen ook op zoek gaan naar de eigen plaats in die wereld, naar de eigen bijdrage in de wereld.

2. **Bewuster van het *Samen.*** Als mens worden we ons meer bewust dat we in essentie sociale, empathische wezens zijn, dat we verbonden zijn met andere mensen, dat we anderen nodig hebben, dat we elkaar nodig hebben om de problemen van de wereld op te lossen, dat we als groep een enorme kracht kunnen ontwikkelen als we ons organiseren. Dat *samen* een ontzettend belangrijke dimensie is van ons geluksgevoel. Bewuster in het leven staan betekent voor mensen dat we ons bewuster zullen opstellen naar anderen, meer open ook, voor samenwerken, voor delen en geven, voor de kracht van iets samen te doen.

3. **Bewuster *Ik.*** Een hoger niveau van zelfbewustzijn. Hoe ga ik daarmee om? Wie ben ik? Wat is mijn bron? Wat maakt mij gelukkig? Wat zijn mijn talenten en hoe kan ik die ontwikkelen? Hoe draag ik zorg voor mijn lichaam en geest? Bewuster in het leven staan, betekent een individuele verdiepingsslag om van daaruit in toenemende mate open, alert en creatief te zijn.Bewuster in het leven staan betekent in het dagelijks leven: bewuster consumeren, bewuster aankopen, bewuster met mijn lichaam bezig zijn, bewuster bezig zijn met de ontwikkeling van mijn eigen talenten, bewuster opvoeden, bewuster prioriteiten stellen in mijn leven, bewuster kiezen met wie ik wil samenwerken, bewuster tijd voor mezelf inplannen, bewuster met voeding bezig zijn, bewuster bezig zijn met de implicaties van mijn acties, bewuster recyclen, bewuster vragen stellen aan autoriteiten, bewuster mijn eigen pad uitstippelen, bewuster kiezen voor gebruiken dan hebben, bewuster voorrang geven aan wie ik vertrouw, bewuster nee zeggen, bewuster zelf creëren in plaats van kopen ...

En bij dit alledaags, bewuster gedrag speelt *technologie* een cruciale, ondersteunende en adviserende rol. En meer bepaald de (te verwachten) enorme ontwikkelingen op het gebied van 'persoonlijk draagbare' technologie (technologie die we letterlijk op ons lichaam dragen). Er komt een overvloed aan apps en andere mobiele internettoepassingen die ons letterlijk dagdagelijks proactief zullen ondersteunen, adviseren en gidsen om ons leven op een meer bewuste manier te organiseren.

Enkele voorbeelden: met AliveCor kun je je hartslag in de gaten houden. LifeWatch V is een smartphone met extra sensoren die het mogelijk maken om een flink aantal lichaamsfuncties en informatie over je gezondheid realtime continu te monitoren. Boodschapp richt zich op het tonen van voedingswaarden van de producten. De app geeft mensen de mogelijkheid om verantwoorde keuzes te maken en de balans te vinden tussen wat ze lekker vinden en wat goed voor ze is. ChoiceMap is een app die mensen kan helpen bij het nemen van beslissingen. De app berekent dan wat voor jou het beste is.

Bewuste individuen stellen meer vragen en zijn veeleisender

De bewustere houding bij individuen merken we ook in de toenemende druk die mensen uitoefenen naar overheid en bedrijven toe, want bij hen leeft de vraag naar transparantie, eerlijkheid en verantwoordelijkheidszin. Daarbij gaat het heus niet alleen meer over de milieu- of vervuilingsaspecten van een product of een dienst. Mensen stellen ook steeds meer vragen die te maken hebben met ethiek en moraliteit, met de maatschappij en het algemeen welzijn. We beseffen dat we door iets te kopen of te consumeren we onszelf en de wereld een beetje kunnen helpen '*shapen*'.

Uiteraard heeft dit ook te maken met *de totale vertrouwensbreuk* die mensen hebben met instituties en bedrijven. Men is te vaak bedrogen. Zeker ten opzichte van grote instellingen en multinationals is dit wantrouwen heel manifest aanwezig. Wat moeten we nog geloven, wat kunnen we nog geloven? Wie is het vertrouwen van de consument waard? Het is mijn ervaring dat veel bedrijven en CEO's het effect op hun business van dit wantrouwen onderschatten. Vertrouwen wordt een van dé differentiatievariabelen in de toekomst. Er zijn legio voorbeelden van bedrijven die dit vertrouwen geschaad hebben en daar 'cash' voor hebben betaald (Abercrombie & Fitch, BP, UBS ...).

Mensen/consumenten verwachten dus meer engagement van bedrijven en bedrijfsleiders. Niet alleen op het niveau van producten en diensten, maar ook op het niveau van de organisatie achter het product of dienst.

Ook hier is technologie een belangrijk wapen voor die bewustere consument. Een mooi voorbeeld hiervan is de app Buycott. Buycott is een tool die ervoor zorgt dat het product, of het bedrijf achter het product beantwoordt aan jouw individuele vereisten. Indien dit niet zo is, dan geeft de app een duidelijk, in rood, negatief koopadvies. Technologie zal ons als het ware *real time wisdom* verschaffen zodat we bewuster ons gedrag kunnen regelen. *Wisdom* die komt uit intelligente databases of uit ons peer-to-peernetwerk. Zo kunnen we doen wat ons op een bepaald moment en op een bepaalde plaats het beste lijkt. Willen we nog een ijsje met een dubbele chocoladelaag, dan zullen we dat zeker doen. Maar willen we het bedrijf

afstraffen achter het product vanwege te hoge sociale kosten op het gebied van milieu of mens, dan zullen we dit zeker ook doen.
John Gerzema spreekt over de spend shift: 'A hopeful horizon where consumers actually take back control of their behaviour, holding themselves and the companies they do business with to higher business standards. It will be a time when responsible purchasing can migrate the rempant consumerism that market the boomer decades. Research points to a consumer who had become infinitely more mindful and considered in this or her purchasing behaviour, and who begun to anchor his or her brand choices to starkly different values than in years-past. The more traditionally sought-after brand attributes of convenience, selection and price had begun to give way to new and deeper qualities like kindness, empathy and lasting quality.'

De crisis, de transitie, de transformatie, of om het even hoe we het noemen, zal een fundamentele impact hebben op het consumentengedrag. We gaan weer meer waarde hechten aan bedachtzame, verantwoordelijke en op waarden gebaseerde aankopen.

B. MENSEN BOUWEN EEN NIEUWE, GEZONDE IDENTITEIT

Een gezonde identiteit is opgebouwd uit een gezond ik en een gezond wij. Er zijn twee krachten die de identiteit van een individu bouwen: separatie en identificatie. Ik wil me aansluiten bij een groep, vereenzelvigen. Maar ik wil me ook afzetten tegen de groep, mijn eigen unieke individualiteit beleven.

Nu is het zo dat we de voorbije decennia, zeker in onze westerse maatschappij, een ongezonde identiteit hebben opgebouwd. We zijn te ver doorgeslagen in ons egoïsme waardoor te veel nadruk is komen te liggen op het ik en de bijbehorende separatiedrang. De aandacht voor de groep stond hierbij volledig in de schaduw. Daarnaast is onze identiteit te veel vorm gegeven door ons streven naar financiële en materiële welvaart.

De bewustzijnsevolutie zorgt er nu voor dat we meer aandacht zullen hebben voor *een gezonde ik- én wij-dimensie* van onze identiteit, voor yin en yang. We willen weer een gezonde individualiteit bouwen, maar ons daarnaast ook weer verbinden en meewerken aan een gezond wij. We willen dus nog steeds een sterk ik bouwen, maar dat zal niet ten koste gaan van een sterk wij. We zullen vanuit die sterke individualiteit positieve relaties aangaan met de wereld om ons heen. Bovendien zullen we onze identiteit anders invullen en minder afhankelijk maken van geld, macht en andere materiële dingen.

Belangrijk is dat een sterk ik een cruciaal element blijft. We zullen meer aandacht krijgen voor het samen, zonder daarbij echter onze eigen individualiteit op te geven. Velen lijken te neigen naar een antibeweging waarbij een sterk wij als oplossing moet dienen voor een te ver doorgeslagen egoïsme. Het ik wordt dan vervolgens weer naar de achtergrond geduwd. Michel Bauwens stelt dit als volgt: 'Er is geen slingerbeweging van een hyperindividualisme naar een premodern collectivisme waarin het individu gevangen zit in zijn sociale rol. Integendeel, juist op basis van onze individualiteit en individualisatieprocessen kunnen we vrije banden aangaan met gemeenschappen en groeien door onze relaties met die gemeenschappen en onze bijdragen aan die gemeenschappen.'

Er ontstaat dus een verbondenheid tussen een individuele en collectieve identiteit.

Een sterk ik krijgt dan associaties zoals daar zijn: een sterke innerlijke zekerheid, dromen, idealen, tot jezelf komen, van binnenuit, in je kracht staan, groeien, je talenten ontwikkelen, je eigen identiteit beleven, worden, vrijzijn, jezelf vernieuwen, loslaten, dienstbaar zijn, bijdragen aan het groter geheel, zinvol bezig zijn, zelfleiderschap, je skills, je vaardigheden, verantwoordelijkheid nemen voor je eigen zijn, zelf maken, mijn normen en waarden, mijn creativiteit, mijn schoonheid, mijn ongelimiteerd potentieel, mijn unieke zelf ...

Een sterk wij krijgt dan associaties zoals daar zijn: coöperatie, vriendschap, verbonden, culturele overeenkomsten, gezin, groep, verbinden, verschilpunten overstijgen, dialoog, samenwerken, open source, samen creëren, collectief leiderschap, delen, solidariteit, thuishoren, groei in de tegenstelling zien, familie, veiligheid, lokaal, gemeenschap, tijdelijke community's, vertrouwen, verantwoordelijkheid nemen voor het groter geheel, met respect voor het individu, bijdragen vanuit je vaardigheid ...

C. HET DENKKADER: EEN STERK IK IN EEN STERK WIJ

Hoe moeten we nu ons merk verbinden met dit sterke ik en sterke wij. Hoe kunnen we voor mensen relevant zijn als bedrijf en merk? Hoe kunnen we relevante rollen spelen in het dagdagelijks leven van mensen? Hoe kunnen we een relatie aangaan met dat bewuste, autonome, verbonden individu? Het zijn cruciale vragen voor elke CEO en marketeer.

Hiervoor presenteer ik het volgende denkkader. Dit denkkader is opgebouwd rondom een gezonde identiteit: een sterk ik en een sterk wij. Maar dat sterke ik en sterke wij speelt zich af binnen een hoger bewustzijnsniveau. Dus rond dat sterke ik en sterke wij heb ik een 'bewustzijnscirkel' getrokken met vier dominante krachten. Daarnaast is er een vierde element, namelijk de interactie van het sterke ik met het sterke wij.

We merken iedere dag in onderzoek dat merken de verbinding verliezen met hun klanten en prospecten omdat ze een andere taal spreken. Omdat merken nog te veel opgesloten zitten in hun eigen 'oude wereld' denken. Dit denkkader biedt voor iedere merkbouwer een kader om te kijken waar het merk weer relevantie krijgt en weer met zijn klanten en prospecten verbindt. Richt je je als merk meer op het helpen bouwen van een sterk ik, of ben je als merk meer begaan met het ondersteunen van een sterk wij? Heb je als merk een visie op The Happy Life? Of ben je als merk eerder bezig met oplossingen voor de continuïteit van ons systeem, respect opbrengen voor onze planeet?

HET AUTONOME, VERBONDEN, BEWUSTE INDIVIDU

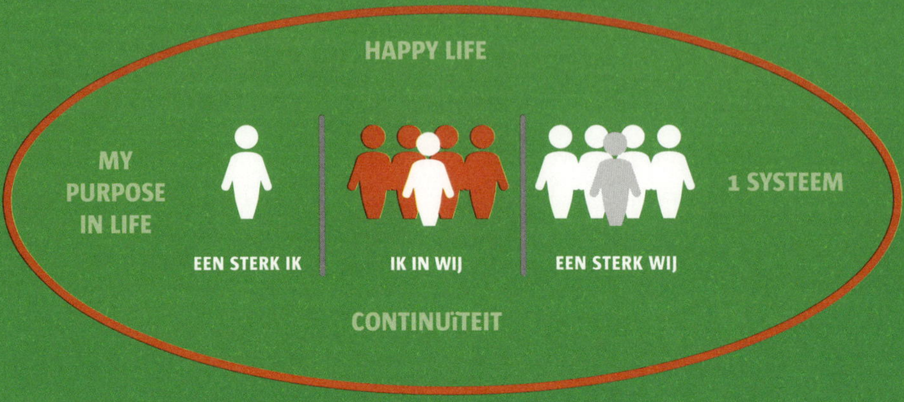

De vier krachten die leiden tot een hoger bewustzijn

Hiervoor heb ik aangegeven dat we voorbij het tippingpoint zijn naar een hoger niveau van bewustzijn. Bij het bouwen van een algemeen denkkader ga ik uit van vier dominante krachten die ons als mens, als individu en als gemeenschap stuwen naar een hoger bewustzijnsniveau: het streven naar het gelukkige leven als nieuw groot verhaal of als nieuwe grote aspiratie. Verdieping door onze zoektocht naar onze Purpose in Life, het besef dat we allemaal verbonden zijn en deel uitmaken van één groot systeem. Het besef dat de continuïteit van onze planeet en onze menselijke soort misschien niet zomaar een evidentie is en dat we maar één aarde en één leven hebben en dat we daar respectvol mee om moeten gaan.

The Happy Life

HOE HELPT JOUW MERK MIJ OM INVULLING TE GEVEN AAN MIJN DEFINITIE VAN THE HAPPY LIFE?
HOE HELPT JOUW MERK OM DE GROTE UITDAGINGEN VAN DE WERELD OP TE LOSSEN?

Mensen zijn strevende, intentionele wezens. De voorbije jaren stond ons streven naar materiële welvaart, geld en macht vaak voorop. De economie als dominante kracht was en is hiervoor medeverantwoordelijk. Evenals de doorgeslagen focus van mensen op eindeloze, onmiddellijke behoeftebevrediging. We beseffen steeds meer dat dit geen duurzaam model is, want het heeft ons niet gelukkig gemaakt. Het neoliberale verhaal loopt hierdoor op zijn laatste benen.

Maar wat is dan het nieuwe grote verhaal? Het mogelijke antwoord is: streven naar The Happy Life.

Het concept van The Happy Life start vanuit de vraag: wat heb ik nodig om gelukkig te zijn? Dit gaat om ruimte creëren om het leven te leiden dat je wilt leiden. Het gelukkige leven verwijst naar de kwaliteit van ons leven. Het verwijst naar een leven in evenwicht. Mensen zullen streven naar beter en niet naar meer. Het is nu een grote uitdaging voor mensen om dit gelukkige leven ook zichtbaar te maken en concreet in te vullen. Mensen hebben daar hulp en inspiratie bij nodig.

Het idee van het gelukkige leven is niet nieuw. Doorheen de geschiedenis hebben mensen ernaar gestreefd om bouwstenen van het goede leven adequaat in te vullen. Robert en Edward Skidelsky verwijzen naar het goede leven als een leven dat wenselijk is, of het nastreven waard. En volgens deze auteurs kan het niet volslagen anders zijn dat wat de meeste mensen doorheen de eeuwen gewild hebben. In het goede of gelukkige leven moeten verschillende levenssferen voldoende aan bod komen. Het is een pluralistisch discours. Het leven moet over meer gaan dan het nastreven van materieel gewin of economisch succes. Robert en Edward Skidelsky definiëren zeven basisaspecten voor 'het goede leven': gezondheid, geborgenheid, respect, persoonlijkheid, harmonie met de natuur, vriendschap en vrije tijd. Een leven waarin aandacht is voor het verwezenlijken van alle zeven aspecten beschouwen ze als een gelukkig leven.

Naast The Happy Life op individueel niveau, is er ook The Happy Life op het collectieve niveau. Dit gaat dan over de 'grote uitdagingen' van de wereld, richting een duurzame wereld. Denk hierbij aan vergrijzing, milieu, urbanisatie, mobiliteit, gezondheid, armoede, eenzaamheid, energie enzovoort. Mensen zien en voelen de mogelijke bedreigingen met betrekking tot hun eigen welzijn en dat van de gemeenschap en ze willen zich aansluiten bij groepen die deze problematieken mogelijk kunnen oplossen.

De twee kernwoorden voor deze dimensie zijn *aspiratie* en *balans*. Aspiratie verwijst naar de strevende mens en de behoefte aan een nieuw groot verhaal. Alleen zullen we niet meer streven naar meer, maar naar beter. Aspiratie is en blijft echter een cruciaal element van ons mens-zijn. Balans wijst op de balans die we zoeken in onze definitie van geluk en welzijn. Het is een balans tussen materiële en immateriële dingen en tussen individuele en collectieve dingen.

My Purpose in Life

HOE HELPT JOUW MERK MIJ OM MIJN PURPOSE IN LIFE TE VINDEN EN TE REALISEREN?

De zoektocht naar je Purpose in Life gaat in essentie over *verdieping*. De zoektocht naar jouw bron, naar je bestemming in het leven. Deze zoektocht is een rechtstreeks gevolg van de behoefte aan zingeving en moet een antwoord bieden op de leegte die heel veel mensen vandaag ervaren. Waarom ben ik hier op aarde? Wat is mijn plaats? Wat verlang ik van het leven?

Mensen gaan op zoek naar antwoorden en naar een positieve invulling van hun eigen identiteit. Ze willen betekenis geven aan hun bestaan. Deze zoektocht biedt ook kansen voor mensen om tot het besef te komen dat je niet alleen voor jezelf bestaat, maar dat je ook bestaat door je relatie met anderen. Het leven gaat niet alleen over egoïsme (Wat kan ik krijgen van de wereld?'), maar ook over geocentrisme ('Wat kan ik geven aan de wereld?'). Mensen zijn nu eenmaal een stuk gelukkiger als ze ook een nuttige bijdrage kunnen leveren aan het grotere geheel.

De zoektocht en het streven naar de vervulling van onze purpose wordt de komende jaren een belangrijk thema voor mensen. En dit zal niet alleen in ons privéleven het geval zijn, maar ook in ons professioneel leven. Mensen zullen steeds meer vertrekken vanuit een intrinsieke motivatie en steeds minder vanuit een extrinsieke motivatie.

Zelfs bij jongeren is deze zoektocht naar een Purpose in Life een belangrijke beweging. In Nederland is er *Moodiez*, het eerste mindstyle magazine voor jongeren vanaf vijftien jaar. Het magazine richt zich op degenen die zo veel mogelijk willen ontdekken over zichzelf en over de wereld om hen heen.

De twee kernwoorden voor deze dimensie zijn *verdieping* en *zelfbewustzijn*. Verdieping verwijst naar onze zoektocht naar binnen. Weg van de oppervlakkigheid. Verdieping duidt ook op een toenemend verlangen naar reflectie en bezinning. Zelfbewustzijn is de beleving van onze eigen identiteit, dus van wie wij zijn en wat wij doen, denken, voelen of hebben meegemaakt.

Eén systeem

HOE HELPT JOUW MERK MIJ OM 'HET SYSTEEM' TE BEGRIJPEN EN ER POSITIEF DEEL VAN UIT TE MAKEN?

Er is een duidelijk bewustzijnsproces bij mensen dat alles met elkaar verbonden is. We maken allemaal deel uit van één groot systeem. We staan niet los van elkaar en we staan niet los van de natuur. Ons leven kan niet losgekoppeld worden van de rest van de wereld. Economie kan niet losstaan van ecologie en het geluk van iemand in Brazilië staat niet los van het geluk van iemand in Thailand.

We leven in een wereld van relaties. Steeds meer ervaren we de noodzaak en het verlangen om de samenhang tussen verschillende elementen te zien en te begrijpen. In plaats van te focussen op de issues, zien we hierbij steeds meer de opportuniteiten van die hyperverbondenheid.

Volgens Margriet Sitskoorn ontwikkelen de hersenen zich in de richting van sociale hersenen: 'We zijn steeds meer betrokken bij de eigen omgeving maar ook betrokken bij andere landen, andere culturen. Omdat we zoveel kunnen delen, voelen we ons ook steeds meer betrokken bij andere mensen. Je kunt delen, waardoor je je betrokken kunt voelen bij mensen die geografie-, ras- of religieoverschrijdend kunnen zijn. Er zijn steeds meer andere bindmiddelen zonder dat je de mensen ook persoonlijk moet kennen. Gemeenschappelijkheid is een breder goed geworden.'

Door die hyperverbondenheid wordt meer bereikbaarder voor velen. De wereld wordt één groot speelveld voor producten en diensten, maar ook voor het uitoefenen van een hobby of om het even welk beroep. Er zijn bijna geen barrières meer. We bouwen relaties en vriendschappen uit zonder fysieke en geografische beperkingen.

Social media zijn het toppunt van deze hyperverbondenheid. Jeremy Rifkin spreekt in deze context ook over global empathic consciousness en de werking van spiegelneuronen: 'Human evolution is measured not only by the expansion of power of nature, but also by the intensification and extension of empathy to more diverse others across broader temporal and spatial domains. What is required now is nothing less than a leap to global empathic consciousness.'

De twee kernwoorden voor deze dimensie zijn *samen* en *transparantie*. We maken allemaal deel uit van één groot systeem en we zijn nog nooit zo met elkaar verbonden geweest. Dit biedt een ongekende waaier aan nieuwe mogelijkheden om die contextueel samen te beleven. Transparantie verwijst naar het verlangen om het systeem te begrijpen en te vertrouwen, om zo in een positieve relatie tegenover de wereld om ons heen te staan.

Continuïteit

HOE HELPT JOUW MERK MIJ OM RESPECT TE TONEN VOOR HET GROTERE GEHEEL EN MIJN VERANTWOORDELIJK OP TE NEMEN?

Apollo 11 heeft ons een ontzettend waardevol nieuw perspectief gebracht: de kwetsbaarheid van de aarde. Als we van op een afstand naar onze aarde kijken, realiseren we de nietigheid van ons bestaan.

Deze dimensie is van oorsprong meer angstgedreven en gaat over het vinden en garanderen van overlevingsmodellen voor de menselijke soort.

Steeds meer mensen durven deze continuïteitsvraag te stellen en gaan er niet zomaar van uit dat alles wel goed komt. Of zoals Jan Jonker het stelt: 'We hebben lang gedacht dat energie, schone lucht, vers water en grondstoffen voor eeuwig bijna gratis beschikbaar waren, nu weten we dat dit niet zo is.'

Er is niet alleen een groeiend bewustzijn dat bepaalde grondstoffen langzaam maar zeker uitgeput raken, maar ook dat het meer dan waarschijnlijk is dat we onze aarde onomkeerbare schade hebben toegebracht.

We hebben te weinig stilgestaan bij de consequenties van ons handelen. En dit geldt zeker vanuit het perspectief van de volgende generaties. Jongeren spreken voorgaande generaties hier terecht op aan. Het streven naar materieel gewin op korte termijn heeft geleid tot een soort onverschilligheid over de gevolgen van onze beslissingen die we vandaag nemen.

De planeet, de aarde, het milieu, is niet zomaar een middel om winst te realiseren. De aarde moet een doel op zich zijn. Het is een van onze belangrijkste stakeholders.

Een toenemend bewustzijn betekent binnen deze context dat we ons bewust zijn van de consequenties van ons handelen en dat we enorme opportuniteiten ontdekken om de aarde in een betere staat achter te laten dan dat we haar gekregen hebben.

De twee kernwoorden voor deze dimensie zijn *respect* en *verantwoordelijkheid*. Respect voor het geschenk van de natuur. Voor de kracht van de natuur en de verbondenheid met de natuur. De aarde is geen middel maar een doel. Verantwoordelijkheid verwijst naar het nemen van verantwoordelijkheid voor ons gedrag. Binnen ons gezin, ons bedrijf, onze community.

Een sterk en gezond ik bouwen

Een van de pijlers van een gezonde identiteit is een sterk en gezond ik. Het is de separatiedrang van het individu. Sterk zijn, anders zijn en uniek zijn. Weten wie je bent, wat je bent en waar je goed in bent. Maar ook in je kracht staan en creatief zijn. Groeien en jezelf vernieuwen. Je grenzen verleggen.

Een sterk ik binnen dit hoger bewustzijn verwijst naar het benutten en het vrijmaken van het onbegrensde potentieel dat bij iedereen aanwezig is en het beleven en uitdrukken van een unieke individualiteit, vertrekkend vanuit het grootste geschenk dat we ooit gekregen hebben, ons eigen lichaam en onze eigen geest.

Het vrijmaken van mijn potentieel

Wetenschappers zijn het erover eens dat we maar 5% van ons menselijk potentieel gebruiken. Het is juist in dat vrijmaken van het ongebruikte menselijk potentieel waarin velen de cruciale overgang zien naar een nieuwe wereld. Het sterke ik zal minder verwijzen naar succes in termen van geld of macht, maar naar succes in termen van het gebruiken van jouw talenten, jouw potentieel, jouw vaardigheden. Status is doen waar je zin in hebt, sterk ontwikkelde skills, je passie beoefenen, vertrekken vanuit jouw intrinsieke motivatie of jezelf blijven vernieuwen.

Vrijheid

HOE HELPT JOUW MERK MIJ OM HET LEVEN TE LEIDEN DAT IK OOK ECHT WIL LEIDEN?

Vrijheid betekent je eigen invulling kunnen geven aan succes en rijkdom. We streven naar vrijheid om het leven te leiden dat we willen leiden. Vrijheid om te doen wat we willen doen en wat je zelf belangrijk vindt. Loslaten wordt een belangrijk thema de komende jaren. We willen loskomen van het harnas dat we de voorbije jaren rond onszelf hebben gebouwd. We willen letterlijk ont-wikkelen. We willen ons vrij voelen om ons contextueel te gedragen. We zijn multidimensionele wezens en we willen ons ook zo kunnen gedragen. En we kijken anders naar schuldgevoelens en verantwoordelijkheidszin.

Mensen zullen tegen je opkijken als je in staat bent om het leven te leiden dat je wilt leiden, als je met je passies bezig bent. Deze elementen zullen je als individu meer status en erkenning opleveren dan materiële zaken die je ergens kunt kopen. Ben jij in staat om dicht bij jouw dromen te blijven? Heb je iets gekocht of heb je het zelf gemaakt?

Een belangrijke dimensie binnen vrijheid is de persoonlijke vrijheid op het gebied van privacy. Zelf weer controle verwerven over je persoonlijke gegevens en data. Vermijden dat bedrijven en andere overheidsinstellingen inbreken in je dagelijks leven omdat ze over de juiste data willen beschikken. Technologie komt nog dichter op ons lichaam te zitten waardoor de tegenbeweging van het individu heel snel zal volgen. We krijgen een explosie van technologische oplossingen die ons onze persoonlijke vrijheid moeten garanderen.

Tot slot gaat vrijheid van het bewuste individu ook over diversiteit en tolerantie. We leven allemaal in een toenemend multiculturele omgeving waarbij tolerantie voor het anders zijn cruciaal zal zijn voor het uitdrukken van de individuele identiteit.

Talent, vaardigheden en creativiteit

HOE HELPT JOUW MERK MIJ OM MIJN TALENTEN TE ONTWIKKELEN, OM CREATIEVER EN VINDINGRIJKER TE ZIJN?

Iedereen bezit unieke talenten. We gaan er bewust naar op zoek. Thuis, op school, als deel van onze opvoeding, binnen onze netwerken. We willen onze unieke talenten ontdekken, vinden en doen groeien. Als norm willen we met onze talenten, onze passies bezig zijn. Een sterk ik is een ik in volle, doorlopende ontwikkeling. En een sterk ik toont ook zijn eigen talenten; denk maar aan de trend 'iedereen zijn eigen YouTube-kanaal'.

Internet biedt ons een nieuwe realiteit door toegang te verschaffen tot een ongelimiteerde hoeveelheid mensen en community's om zo je talenten aan te spreken, te delen en verder te ontwikkelen. En we doen dit wanneer en waar we willen. Ook al hebben we overdag een andere job. Er zijn platformen te vinden voor elke soort passie, talent of vaardigheid en we organiseren en bewegen ons rondom gemeenschappelijke talenten.

Michel Bauwens wijst op de enorme vernieuwingskracht die op die manier ontstaat. Door met je talenten bezig te zijn, ze te delen, anderen op te zoeken en te verrijken ontstaat er veel energie om nieuwe dingen te ontdekken. Talent heeft dus ook alles te maken met creativiteit en zelf creëren en zo komen we ook bij een hoger bewustzijn. Want wie creëert, leert zichzelf beter kennen.

Er is steeds meer consensus dat talenten en vaardigheden in de toekomst belangrijker zullen zijn dan diploma's. De bottom-up beweging rond de makerseconomie en de verschillende soorten open source en open design samenwerkingen zullen de drijvende krachten zijn voor een wereld waarin mensen ondernemingen starten en taken uitvoeren op basis van hun vaardigheden en niet op basis van hun diploma's of referenties. Michel Bauwens noemt dit 'anticredentialisme'. Zo kun je perfect meewerken aan het design van de auto op Wikispeed zonder over de nodige diploma's te beschikken. Als je maar iets kunt toevoegen aan het gemeenschappelijk project.

Positieve energie

HOE HELPT JOUW MERK MIJ OM OVER VOLDOENDE POSITIEVE ENERGIE TE BESCHIKKEN?

Een sterk ik, is een energiek ik. Om het leven te leiden dat je wilt leiden, om je talenten te ontwikkelen, is het belangrijk om over voldoende fysieke en mentale energie te beschikken. Gezondheid en vitaliteit krijgen qua betekenis invulling door het concept van positieve energie. Beschikken over voldoende positieve energie wordt een absolute aspiratie. Het betekent de energie hebben om je eigen toekomst te creëren, om ervoor te gaan, om bewuste keuzes te maken en prioriteiten te stellen. We geven extra waarde aan persoonlijke energie omdat we beseffen dat beschikken over veel energie recht evenredig is met de opportuniteit van groeien en ontwikkelen. De mentale component wordt hierbij zeker even belangrijk als de fysieke component. We willen bewust genieten.

Gezonde voeding, beweging en sport, mentale rust en verdieping zullen in het teken staan van positieve fysieke en mentale energie. Personal coaching, lifestyle coaching en een overvloed aan technologische hulpmiddelen zullen ons bovendien aanzetten om meer preventief met onze fysieke en mentale gezondheid bezig te zijn. Want dat is wat de bewustzijnsbeweging met ons zal doen. Bewust zijn van ons energieniveau en er bewuster preventief mee omgaan.

Mijn unieke individualiteit

Mensen willen hun eigen unieke individualiteit beleven en uitdrukken. Ze willen niet in vakjes gestopt worden en ze willen (h)erkend worden als uniek persoon. Ze eisen een persoonlijke behandeling. Mensen zullen hun unieke identiteit meer opbouwen rondom immateriële dingen dan rondom mindless gekochte materiële dingen. Erkenning is de nieuwe vorm van status. Echte status koop je niet meer zomaar eventjes in de winkel. Zo vertelde een respondent laatst in een onderzoek: ‘Als ik bij iemand kom die alleen maar dure merken in de kast heeft staan dan denk ik niet: waw, die heeft het gemaakt, maar eerder hoe dom en onverantwoord is dit.’

Mijn unieke lichaam

HOE HELPT JOUW MERK MIJ OM MIJN UNIEKE LICHAAM TE VERZORGEN EN (PREVENTIEF) TE OPTIMALISEREN?

Mijn unieke individualiteit blijkt meer dan ooit uit mijn unieke lichaam, zowel het fysieke lichaam als de geest, de mentale component. Mijn sterke, gezonde identiteit betekent mijn gezonde geest in mijn gezond lichaam. We beseffen dat ons lichaam ons grootste geschenk is. Het is het beginpunt en het eindpunt. Ons lichaam is uniek en ons DNA is uniek. We gaan dit unieke lichaam ook nog beter verzorgen. We gaan meer luisteren naar onszelf en onze intuïtie. Zelfs meer preventief. We gaan bewuster om met 'alles' wat we in ons lichaam stoppen. Medicijnen zullen op maat zijn en technologie gaan we letterlijk op ons lichaam dragen zodat we rechtstreeks met ons lichaam kunnen communiceren.

Persoonlijke authenticiteit

HOE HELPT JOUW MERK MIJ OM MIJN EIGEN PERSOONLIJKE AUTHENTICITEIT VORM TE GEVEN?

Persoonlijke authenticiteit en schoonheid komen dieper uit je zelf. Het is weten wat je waard bent. Schone mensen zijn mensen die zichzelf accepteren en die trots zijn op zichzelf zonder enige veroordeling van buitenaf omtrent lichaam, leeftijd enzovoort. Persoonlijke authenticiteit en schoonheid komen dus minder vanuit een puur esthetische invalshoek, maar heeft meer te maken met echtheid. Dit geldt ook voor ons uiterlijk. Diversiteit in uiterlijk is troef, als je er maar trots op kunt zijn. We moeten er niet meer allemaal hetzelfde uitzien. Het bewustere individu zal zijn persoonlijke schoonheid ook meer zelf bepalen en creëren. Persoonlijke schoonheid zal dienen om de eigen authenticiteit uit te drukken. We verkiezen dingen die onze eigen identiteit uitdrukken. We willen dingen die echt bij ons en ons leven passen. Daarom zullen we ook meer zelf maken omdat het voornamelijk dingen zijn die passen bij onze eigen identiteit, die van ons gezin of onze community. Onze uniekheid gaan we zelf vorm geven.

Wijsheid

HOE HELPT JOUW MERK MIJ OM 'WIJZE' BESLISSINGEN TE NEMEN?

Een sterk en gezond ik maakt bewust keuzes en stelt prioriteiten. Mensen zullen meer reflecteren en nadenken over wat echt belangrijk is. Wijsheid betekent over de capaciteit beschikken om meerdere perspectieven te hanteren. We gaan meer nadenken over normen en waarden en we zullen weer meer grenzen stellen. Wijsheid heeft ook te maken met moraliteit en ethiek. Denk hierbij maar aan het succes van 'de morele psychologie' (de morele psychologie is een kruising tussen psychologie en ethiek en bestudeert domeinen zoals moral judgement, moral reasoning, moral responsibility, altruism, psychological egoism). Wijsheid is de nieuwe vorm van intelligentie en volwassenheid. Het is de aspiratie die mensen hebben om even bij dingen stil te staan en om het juiste te doen op het juiste moment. Al beseffen mensen uiteraard dat niemand de absolute wijsheid in pacht heeft.

Een sterk wij en gezond wij bouwen

Een sterk wij ontstaat uit het collectief besef dat alles met elkaar verbonden is. Ons individueel leven kan niet losgekoppeld worden van de rest van de wereld. Ons persoonlijk geluk is verbonden met dat van anderen. We willen onze plaats in deze wereld vinden en ons op een harmonieuze manier verbonden voelen met de wereld om ons heen.

In harmonie met de wereld om mij heen

Een wereld waar alles hyperverbonden is, heeft een grote impact op ons denken, doen, voelen en handelen.

Delen en geven

HOE HELPT JOUW MERK MIJ OM MET ANDEREN SAMEN TE KOMEN `EN TE GEVEN OF TE DELEN?

We ontdekken weer het genot van het geven en delen. Twee geweldige voorbeelden hiervan zijn Time4society.com en Givingisallwehave.com. We ontdekken weer hoe fijn het kan zijn om iets voor iemand te doen of om dingen gewoon uit te wisselen. En dit gaat niet alleen maar over materiële dingen. Integendeel. Steeds meer gaat het over het delen of geven van tijd, energie of talent. Er zijn verschillende tendensen die dit in de hand werken. Er is de crisis. Omdat mensen de voorbije jaren weer meer op de centen moesten letten, zijn we weer meer gaan delen. Dat is ontstaan vanuit een noodzaak, maar daardoor hebben we wel ervaren hoe fijn dit is. Neurologen hebben vastgesteld dat wanneer je iets belangeloos voor iemand anders doet of geeft en de ander is daar blij mee, in de hersenen dan dezelfde neuronen oplichten dan wanneer we seks hebben. Een volgende facilitator voor geven en delen is uiteraard internet. Internet maakt het veel makkelijker om vraag en aanbod met elkaar te verbinden. Hebben we iets specifieks nodig, dan vinden het wel via internet. Ook omgekeerd: hebben we iets te bieden dan kunnen we via internet ook makkelijker gegadigden vinden. En de mensen met wie we delen, kunnen overal wonen. Daarnaast is er ook dematerialisatie. We hoeven dingen niet noodzakelijk nieuw te kopen en te bezitten. Delen en gebruiken is de oplossing. Tot slot doet ook een hoger ecologisch bewustzijn ons delen, geven en uitwisselen. Veel mensen realiseren zich dat het steeds meer kopen van dingen leidt tot een hogere ecologische voetafdruk. Daarom gaan we op zoek naar alternatieven voor het steeds meer hebben van dingen.

Solidariteit

HOE HELPT JOUW MERK MIJ OM SOLIDAIR TE ZIJN MET ANDEREN? MET MENSEN OM MIJ HEEN?

Meer verbondenheid leidt ook tot meer meeleven. Meeleven met wat er elders gebeurt, met degenen die het moeilijk hebben. Het is het hogere niveau, ook van empathie, waar we het al eerder over hadden. Het zit ons vaak dichter op de huid. En veel mensen willen er ook iets aan doen. Meeleven betekent voor velen ook meehelpen om het probleem samen aan te pakken. Elkaar helpen. Vaak zijn dit nog niet hele grote acties, maar mensen trachten op hun kleine niveau wel hun steentje bij te dragen. Zich belangeloos inzetten voor een ander leidt ook tot een stukje zingeving in ons leven.

Deze toenemende solidariteit zullen we ook merken aan een toenemende tolerantie, een toenemende tendens naar 'inclusiviteit'. We willen ervoor zorgen dat iedereen zijn plaats kan vinden. Deze beweging is tegengesteld aan het toenemend nationalisme dat we vandaag op veel plaatsen in de wereld zien. Het zijn twee kanten van dezelfde transformatieperiode. Voor een groep mensen komt er een groter begrip voor andersdenkenden, andere culturen, andere seksuele voorkeuren. Maar ook een groter begrip tussen generaties.

Daarnaast is de toenemende solidariteit ook ingegeven door het feit dat het mij morgen ook kan overkomen. De crisis van de voorbije jaren heeft problemen, armoede, depressie, het water tot aan de lippen, voor veel mensen heel dichtbij gebracht in hun dagelijks leven. Niemand is er bij wijze van spreken nog vrij van. Morgen kan ik degene zijn die hulp nodig heeft.

Zich veilig en geborgen voelen

Verankeren

HOE HELPT JOUW MERK MIJ OM MIJ THUIS TE VOELEN? OM MIJN WORTELS TE LATEN GROEIEN?

We zijn constant online en verbonden met een ongelimiteerde stroom content, informatie, filmpjes en ervaringen. We bewegen ons in verschillende netwerken en community's. We staan open voor de wereld, voor nieuwe ervaringen, we reizen, we chatten met mensen aan de andere kant van de wereld. Met andere woorden: we exploreren dagdagelijks een wereld die soms heel klein lijkt.

Als tegenwicht voor dit constant exploreren hebben we behoefte aan sterke verankering. Aan ergens thuishoren. Aan geborgenheid, aan vertrouwen. Vandaar ook het belang en de waardering dat jong en oud hecht aan familie en vrienden en de inspanningen die we doen om ons huis van binnen en van buiten ook echt onze thuis te maken. Bij voorkeur gaan we zelf aan de slag om dit ook echt van ons te maken. We zoeken bewust het samenzijn op met familie, kinderen en vrienden en we willen er ook echt van genieten.

Daarnaast is er ook een toenemend belang van alles wat lokaal, gekend en vertrouwd is. We hechten veel belang aan lokale verbondenheid, lokale netwerken en lokale sociale verwevenheid. Het actieve buurtleven is aan een revival bezig. Technologie treedt hierbij niet op als vervreemder, maar als middel tot het verbinden van mensen.

Veiligheid, vertrouwen en waardering

HOE HELPT JOUW MERK MIJ OM MET VERTROUWEN RELATIES MET DE WERELD AAN TE GAAN?

Er is op dit ogenblik een fundamentele vertrouwenscrisis. Wie kunnen we als mens nog vertrouwen? Welke instellingen, organisaties of symbolen staan nog bekend als een bakermat van vertrouwen? Weinig. In marktonderzoek vertellen mensen ons dit dagdagelijks. We moeten eigenlijk continu op onze hoede zijn. En hoe zit het met onze persoonlijke gegevens en de bijbehorende privacy? Snowden zal waarschijnlijk de geschiedenis ingaan als een belangrijk keerpunt op het gebied van privacy. Veelzeggend is bijvoorbeeld ook hoe mensen over de voedingsindustrie praten. Ze verwijzen naar FoodInc. Of hoe de overstandaardisatie van voeding tot een totaal gebrek aan vertrouwen geleid heeft. Mensen voelen zich door bedrijven verraden door wat ze in ons eten stoppen vanuit een ongelimiteerd streven naar winst.

Mensen willen echter wel vertrouwen stellen in anderen. Anders kun je als mens geen relaties aangaan met de buitenwereld. Dus zoeken we nu het vertrouwen in de community's en netwerken waarbinnen we actief zijn. De community's bepalen het vertrouwen van iets of iemand en niet de zelfverklaarde experts van de voorbije tien, twintig jaar. Vertrouwen wordt een soort zwart-witdiscussie. Of je bent volgens de community te vertrouwen en dan mag je meedoen, of je bent niet te vertrouwen en dan zullen mensen vermijden om met jou iets te ondernemen. Zo zal er meer transparantie moeten komen in de relaties en zal men pas openstaan voor instellingen en bedrijven indien ze eerlijk en authentiek zijn en duidelijke normen en waarden hanteren.

Een sterk ik in een sterk wij bouwen

Tot slot is *waardering* ook een belangrijk element. Mensen willen gewaardeerd worden voor wie of wat ze zijn. Respect opbrengen voor de eigenheid van iemand en daar die persoon ook om waarderen. Een supporter zijn voor de ander.

Nog nooit zijn mensen zo verbonden geweest met elkaar. Straks zijn we verbonden met 3 miljard andere mensen over de hele wereld. Mensen ontdekken hierin de ongelimiteerde kracht om hun (eigen) wereld ook zelf mee vorm te geven. Er is de kracht van een sterk wij, maar in dat sterke wij verliezen we niet onze eigen individualiteit. De eigen individualiteit is niet onderschikt aan die van de groep. Bij Colruyt noemen ze dit: 'Samen in ons zijn.'

Co-creatie en coöperatie zijn ontzettend belangrijke begrippen voor het bouwen van onze individuele en collectieve identiteit. We leven meer in horizontale relaties en dit biedt tal van mogelijkheden: je vindt soulmates overal in de wereld, je vindt mensen met dezelfde passie overal in de wereld, je kunt virtueel, analoog samenwerken als nooit tevoren of je kunt je organiseren zoals nooit tevoren, in om het even welke vorm, om zo je eigen leefomgeving vorm te geven.

Medeverantwoordelijkheid

HOE HELPT JOUW MERK MIJ OM MET SAMEN MET ANDEREN VERANTWOORDELIJKHEID TE NEMEN VOOR DE UITDAGINGEN VAN DE WERELD?

Je als individu medeverantwoordelijk voelen voor de problemen en uitdagingen van vandaag. Maar je bent niet de enige die deze verantwoordelijkheid opneemt of moet opnemen. Het is een verantwoordelijkheid die we samen moeten opnemen. Zo kun je als individu je steentje bijdragen aan de milieuproblematiek, maar je verwacht ook dat bedrijven hun verantwoordelijkheid opnemen. Het sterke ik neemt zijn verantwoordelijkheid, maar voelt zich ook geruggesteund door een gedeelde verantwoordelijkheid van het sterke wij.

Een mooi woord in deze context is 'samenredzaamheid'. Het wordt voor veel mensen steeds moeilijker om alleen vanuit je ik zelfredzaam te zijn. Hierdoor voelen mensen dat zonder een sterk wij er ook geen sterk ik kan zijn. Ze staan niet los van elkaar. Om een sterk ik te hebben, moet er ook een sterk wij zijn. Samenredzaamheid omvat zowel het ik als het wij.

Samenwerken rond een gemeenschappelijk doel

HOE HELPT JOUW MERK MIJ OM MET ANDEREN SAMEN TE WERKEN OM GEMEENSCHAPPELIJKE DOELEN TE REALISEREN?

Het sterke ik heeft duidelijke ideeën rond het creëren van zijn leven en zijn leefomgeving. Door onze hyperverbondenheid is het nu ook mogelijk om mensen te vinden die deze doelstelling delen zodat we er al of niet tijdelijk een gemeenschappelijk doel kunnen van maken. Bijvoorbeeld: mensen in een stad of gemeente organiseren zich rond de gemeenschappelijke energievoorziening. We hebben gemeenschappelijke belangen die we nastreven, maar al doende creëren we ook de omgeving of de doelen die we ons als individu stellen.

Samen creëren

HOE HELPT JOUW MERK MIJ OM SAMEN MET ANDEREN TE CREËREN EN TE GROEIEN?

Het creatieve collectieve brein: ongekende groei en creatiemogelijkheden ontstaan doordat we kunnen samenwerken met 3 miljard mensen. We kunnen delen, bespreken, verrijken, oplossingen aanreiken enzovoort. Het sterke ik groeit dankzij de toegang tot het sterke wij, waardoor het wij op zich sterker wordt. En we staan nog maar aan de vooravond van de kracht hiervan. Want iedereen herontdekt de kracht van samen creëren.

‘De individuele en de collectieve identiteit zijn met elkaar verbonden.

. . .

2. ANDERS KIJKEN NAAR ONZE BEDRIJFSWERELD: VIJF TRANSFORMERENDE PARADIGMA'S

Als er één ding zeker is, dan is het dat de relatie tussen producent en consument fundamenteel gewijzigd is. Blijven we als CEO of marketeer denken vanuit een traditionele top-down en machtsmentaliteit, dan zijn we ten dode opgeschreven. We moeten anders kijken naar de relaties die we hebben met onze klanten en consumenten, maar ook met alle stakeholders. Blijven steken in het oude denkkader is geen optie meer.

Jarenlang hebben we alleen maar gedacht in termen van B2C of B2B, vandaag moeten we meer denken in termen van C2C of C2B. Jarenlang brachten we een splitsing aan tussen producent en consument. Het waren twee verschillende werelden; vandaag is de consument ook producent. Jarenlang waren idee, productie en logistiek met elkaar verbonden, vandaag is iedereen met een idee, een computer en netwerk een ondernemer, een potentiële concurrent, een potentiële game changer. Jarenlang hebben we onze kosten met betrekking tot mens en milieu op de samenleving afgewenteld, vandaag ontstaan er in de schoot van de duurzaamheidsbeweging totaal nieuwe businessopportuniteiten.

De traditionele strategische modellen van Porter en Ansoff zijn aan herziening toe. Er zijn geen *entry barriers* meer. De traditionele product-marktcombinaties zijn niet meer van belang en worden vervangen door hybride product-dienstmodellen. Morgen kan iedereen een totale categorie volledig ontwrichten. Twee jonge kerels zonder geld, zonder marketingervaring en zonder brouwerijervaring startten een brouwerij (Brewtopia) en zijn na enkele jaren ontzettend succesvol. Airbnb verhuurt ondertussen meer kamers dan Hilton. Binnen een jaar na de lancering hadden meer dan 35.000 thuiskoks en -afhalers in Nederland een maaltijd uitgewisseld op Thuisafgehaald.nl. Hoelang duurt het nog vooraleer Google, Amazon, Apple of Facebook actief aan de slag gaan met bank- en/of verzekeringsproducten? Google heeft al wereldwijd banklicenties.

A. OP WEG NAAR EEN NIEUW SYSTEEM

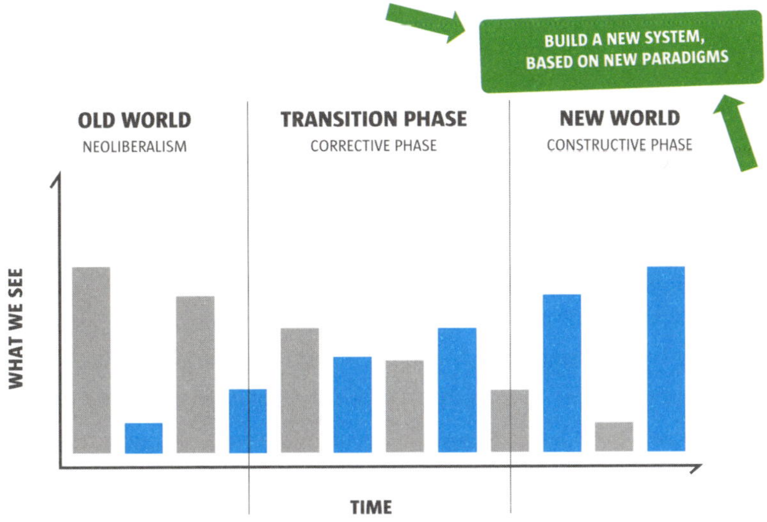

Ik heb eerder aangegeven dat we in onze transformatie naar 'de nieuwe wereld' drie fasen kunnen onderscheiden: de oude wereld, de transitiefase (of correctieve fase) en de nieuwe wereld (of constructieve fase). De overgang van de transitiefase naar de nieuwe wereld zal gepaard gaan met fundamentele nieuwe paradigma's. We zitten vandaag volop in deze overgang waarbij de nieuwe paradigma's zich stilaan ontvouwen en vorm krijgen. Ze duiken op in verschillende nieuwe markt-initiatieven en start-ups. Het zijn niet alleen maar theoretische concepten, maar ze worden stilaan harde werkelijkheid. We merken ook dat consumenten ze met toenemend enthousiasme ontvangen en er ook hun (koop)gedrag aan aanpassen.

Een paradigma kunnen we het beste omschrijven als een denkpatroon dat een individu in staat stelt om de werkelijkheid te begrijpen en in een kader te plaatsen. Een paradigmawissel houdt in dat we oude thema's op een volledige andere en nieuwe manier gaan bekijken.

Het grote verschil tussen de transitiefase en de nieuwe wereld is dat we in de transitiefase blijven denken binnen de huidige (lees: oude) paradigma's. We blijven ageren binnen de bestaande businessmodellen. We passen onze producten, diensten en organisatie aan, we houden meer rekening met mens en milieu, we zetten ons in voor sociaal verantwoorde doelen enzovoort, maar we doen dit binnen onze huidige manier van denken, binnen onze huidige dominante logica's. We hebben onze denkpatronen nog niet opnieuw uitgevonden.

Transformeren richting een nieuw systeem betekent dat we bepaalde dominante logica's loslaten en ons nieuwe dominante logica's eigen moeten maken. Het betekent dat we fundamenteel nieuwe denkmodellen moeten creëren.

Of we het nu willen of niet, onze businesswereld van morgen zal zich rond fundamenteel andere principes organiseren. Uiteraard zal deze overgang enkele decennia duren, in een geleidelijk tempo. Uiteraard gebeurt het merendeel van onze business vandaag nog volgens de huidige paradigma's; we zitten immers volop in de transitiefase. En daar moeten we heel voorzichtig mee omgaan willen we onze huidige volumes en marges veilig stellen. En toch moeten we ons als bedrijf, als CEO of marketeer, als individu klaarmaken voor de wereld van morgen. Want de transformatie zou toch wel eens sneller kunnen gaan dan we denken. Ik denk dat we ons nu op het steile stuk van een exponentiële transformatiecurve bevinden. 'Fasten your seatbelts. You ain't seen nothing yet.'

Een parallelle wereld

Het is mijn stellige overtuiging dat er op dit moment een parallelle wereld aan het ontstaan is. Die mensen die volop deze nieuwe wereld opbouwen, revolteren niet al te sterk openlijk tegen het huidige systeem. De enige openbare revolte die we zullen zien, is de revolte om het huidige systeem met zijn verworvenheden in stand te houden. De ontelbare mensen die wereldwijd bezig zijn met het bouwen van het nieuwe systeem doen dit van onderop en vanuit een andere machtspositie. De voorbeelden zijn legio: Airbnb, Bitcoin, Taskrabbit, social lending, P2P, de doorbraak van 3D-printing in de consumentenmarkt, noem maar op. Dit zijn geen marginale verschijnselen of leuke nieuwe gadgets of trends. Het zijn de voorlopers van een nieuw systeem, gebaseerd op nieuwe paradigma's.

B. VIJF NIEUWE PARADIGMA'S CREËREN EEN TOTAAL NIEUWE BEDRIJFSWERELD

Vijf nieuwe paradigma's zullen de structuur van onze (bedrijfs)wereld fundamenteel hervormen. Ze zullen zorgen voor andere machtsverhoudingen en andere denkmodellen, maar ook voor een nieuw type bedrijven en nieuwe businessmodellen. Je kunt als bestaand bedrijf deze paradigma's tot op zekere hoogte ook integreren in je bestaande organisatie en ze gebruiken als inspiratiebron voor verdere ontwikkeling, maar ieder bedrijf zal op de een of andere manier toch structureel moeten transformeren en volgens deze paradigma's totaal andere manieren van denken en organiseren gaan implementeren. Het is de uitdaging voor elke leider om de implicaties van deze paradigma's op de bestaande business te zien, maar het is nog meer de uitdaging om oog te hebben voor de kansen en opportuniteiten die deze paradigmawissels in zich herbergen en deze vervolgens vertalen in het bedrijf van de toekomst.

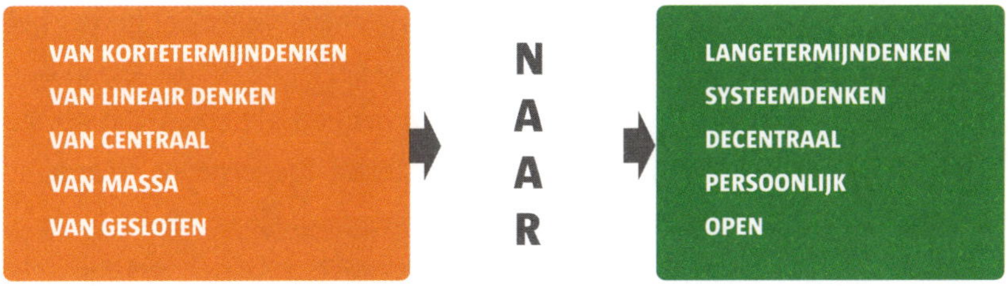

Paradigma 1:
Van kortetermijndenken naar langetermijndenken

Langetermijndenken nestelt zich in het hart van ons businessmodel en in het hart van de relaties die we opbouwen met consumenten, klanten en andere stakeholders. In essentie is de lange termijn dus een zeer op mensen gerichte gedachte. Het gaat over vertrouwen en duurzame relaties met mensen. Langetermijndenken is geen naïeve gedachte. Zelfs voor aandeelhouders is het uiteindelijk voordelig dat het bedrijf denkt in termen van het opbouwen van duurzame relaties met alle betrokken partijen. Er is stilaan afdoende bewijs om dit punt te ondersteunen. Paul Polman (CEO Unilever): 'Any time we have been guilty of short-termism, we have also short-circuited shareholders at the same time.' Langetermijndenken heeft ook met wijsheid te maken. Ricardo Semler: 'Wijsheid gaat om intuïtieve keuzes die op ervaring zijn gebaseerd en voor de juiste balans zorgen. Zoals bedrijven in staat zijn om beslissingen te nemen die op lange termijn goed uitpakken in plaats van op korte termijn.'

De belangrijkste shift is de shift van transactiedenken naar relatiedenken

Niet het afsluiten van een transactie op een bepaald moment in de tijd, maar een langetermijnopbouw van wederzijdse relaties zal ons businessmodel drijven, zowel nu als in de toekomst, met alle stakeholders. Dit vergt een fundamentele shift, want vanuit het typische unidimensionele top-down denken zul je er als merk niet in slagen om het vertrouwen en de bereidheid van stakeholders te winnen om zich te engageren in een duurzame relatie. *Consumenten en klanten* willen het gevoel hebben dat ze echt belangrijk voor je zijn. En niet alleen op het moment dat je aan hen iets wilt verkopen, maar ook ervoor en erna. Ze willen het gevoel hebben dat je met hen een relatie op wilt bouwen, gebaseerd op dialoog, echte toegevoegde waarde, transparantie en eerlijkheid. Ze willen er zich van overtuigen dat je er ook in de toekomst voor hen zult zijn als ze je nodig hebben. Ze willen voelen dat je begrepen hebt wat hun dromen en angsten zijn en dat je meehelpt om daar een duurzame oplossing voor te vinden. Deze langetermijnrelaties ontstaan alleen vanuit vertrouwen en zijn daarom voor veel bedrijven een enorme uitdaging. De stap naar relaties opbouwen betekent ook dat we denken in termen van producten en diensten. Waarbij de nadruk steeds meer komt te liggen op resultaat en functionaliteit en steeds minder op het puur materiële aspect van ons aanbod.

Ook diverse *stakeholders* zullen steeds minder accepteren dat merken slechts keuzes maken met het oog op instant profit, waarbij ze geen rekening houden met de consequenties van hun handelen. De kosten voor mens en milieu worden dan afgewenteld op de samenleving en doorgeschoven naar volgende generaties. Bedrijven hebben echter relaties met al hun stakeholders en ze moeten ervoor zorgen dat die relatie duurzaam is en voedend en bevredigend op lange termijn.

Geef je echt om de consument? Geef je echt een beetje om de wereld waarin we leven? Heb je begrepen dat iedereen zijn verantwoordelijkheid moet nemen? Dit kun je alleen maar aantonen aan de hand van een langetermijnvisie en een langetermijncommitment. Indien je als merk en bedrijf alleen maar bezig bent met je kwartaalwinst of je shareholder value, dan staat de achterdeur van je bottomline wagenwijd open. Eigenlijk is er ook hier een analogie met een sterk ik in een sterk wij. Waarbij het ik slaat op het eigen resultaat dat ook op korte termijn bevredigend is, terwijl het wij slaat op het duurzame positieve resultaat voor ons samen.

Langetermijndenken zit straks in het hart van elke onderneming en instelling: in productdesign, in businessmodellen, in onze relatie met de aandeelhouders, in onze beloningsstructuren, in onze samenwerkingsmodellen, in de manier waarop we onze verantwoordelijkheid nemen, onze impact op mens en milieu enzovoort. Langetermijndenken wordt een concurrentievoordeel omdat verschillende stakeholders dit van ons zullen eisen en er ons voor zullen belonen. Het echte, ongelimiteerde potentieel van ons bedrijf en merk zit in de combinatie van lange termijn en korte termijn. Het is een van de grootste uitdagingen voor de leiders vandaag: het managen van de korte termijn financiële verwachtingen en tegelijkertijd toch de cultuur van het bedrijf richting langetermijndenken sturen, inclusief de beloningssystemen.

You get the shareholders you deserve

We moeten ons vizier durven richten op langetermijnsuccessen. Niet alleen vanwege het milieu of andere typische duurzaamheidsaspecten, maar gewoon omdat het voor iedereen beter is, *inclusief* onze *shareholders*. Dit is ook waar de transformatie ons naartoe leidt. Ik citeer hier Jef Bezos van Amazon die stelt: 'We can't realize our potential as people or as companies unless we plan for the long term. Because of our emphasis on the long term, we may make decisions and weigh tradeoffs differently than some companies. We make investment decisions in light of long-term market leadership considerations rather than short-term profitability considerations or short term Wall street reactions.'

Ook Paul Polman van Unilever is een voorvechter voor het langetermijndenken. En dit niet zonder succes, zoals tijdens de voorbije crisisjaren is gebleken: 'It takes time to build brands and connections with consumers. These are long-term investments. I do not work for the shareholder, to be honest; I work for the consumer. I discovered a long time ago that if I focus on doing the right thing for the long term to improve the lives of consumers and customers all over the world, the business results will come ... I'm not driven and I don't drive this businessmodel by driving shareholder value. I drive this businessmodel by focusing on the consumer and customer in a responsible way.' Om zijn punt te maken, stopte Polman op zijn eerste werkdag bij Unilever met 'offering earnings guidance to the stock market'.

We moeten van casino *shareholders* naar geëngageerde shareholders, richting lange termijn. John Mackey van Wholefoods verwijst naar de gemiddelde periode dat een aandeel in de Verenigde Staten in iemands bezit is. In 1940 was dat twaalf jaar, in 1960 acht jaar en nu minder dan een jaar. Vaak kopen de meesten zelfs aandelen met een exitstrategie voor ogen. Macky stelt het heel duidelijk: 'You get the shareholders you deserve.' Je kunt dus wél invloed uitoefenen op het soort aandeelhouders dat je hebt. Maak onder meer je *purpose* en je visie duidelijk, evenals de principes die jou leiden in je decision making. Dat zal er mede voor zorgen dat je mensen aantrekt die in jouw purpose geloven en erin willen investeren op de lange termijn. Ondanks tijdelijke waarde-*hiccups* op de beurs.

Aandeelhouders zullen steeds meer oog krijgen voor en vragen stellen over de *gezonde identiteit van een bedrijf*: inclusief een aantrekkelijk purpose, visie, principes, meervoudige waardecreatie, duurzame innovatiekracht, stakeholder engagement, de juiste beloningssystemen enzovoort. Want steeds meer beseffen we dat bedrijven heel snel kunnen verdwijnen indien ze niet beseffen dat ze waarde moeten creëren voor alle stakeholders. Denk hierbij maar aan Nokia en Blackberry. Wie had vijf jaar geleden durven voorspellen dat deze bedrijven nu bijna van de kaart geveegd zijn.

Dit laatste punt wordt ook geïllustreerd door de droom van Karl-Johan Persson, CEO van H&M: 'We take a long-term view on our business. My grandfather founded the company in 1947. I want to see H&M continue to be successful and create jobs and growth all over the world for many years to come. I want H&M to be seen as a leader in terms of innovation, sustainability and, of course, great fashion. I hope that in the future, upcycling old clothes will be a standard in our industry, that workers in supplier factories can negotiate wages and working conditions in a fair dialogue with their employers, that making clothes will have a minimal impacts on waters and that consumers all over the world can easily build their personal style with sustainable fashion. And that H&M has played its part on this journey.'

Paradigma 2:
Van lineair denken naar systeemdenken

We maken allemaal deel uit van een totaal systeem waarvan de onderdelen op elkaar inwerken en elkaar beïnvloeden. Als we onze lineaire manier van denken los durven laten en gaan denken in termen van een circulair systeem, dan creëren we voor onszelf een totaal nieuw portfolio aan product-, dienst- en marktmogelijkheden. Daar ligt een arsenaal aan potentieel dat structureel meebouwt aan de duurzame wereld van morgen. Wie te lang blijft vasthouden aan het lineair model wordt ontzettend kwetsbaar. Het World Economic Forum 2014 omschrijft het als volgt: 'In a world of dwindling resources, where the cost of raw materials is rising as demand outstrips supply, companies that fail to separate their revenue from commodity constraints will become increasingly vulnerable.' Het lineair model is enerzijds eindig vanwege de stijgende grondstofprijzen, stijgende energie- en milieukosten en een te hoge afvalberg, anderzijds omdat het onmogelijk is om dezelfde opportuniteiten te creëren voor de groeiende wereldwijde bevolking (en de sterk opkomende middenklasse in de BRIC-landen), gegeven de algemene schaarste aan grondstoffen en de impact op het milieu.

Lineair denken vertrekt vanuit een lijn met een begin, een verloop en een einde en werkt op basis van oorzaak en gevolg. Lineair denken is een 'take-make-waste'-model. Systeemdenken vertrekt vanuit het geheel waarbij een levenscyclus meer is dan een lijn met een begin- en een eindpunt. In het systeemdenken zijn er meerdere oorzaken en meerdere gevolgen. Men denkt in termen van loops, lussen en cirkels, in plaats van in rechte lijnen.

In het kader van onze economie betekent dit dus een ontwikkeling in de richting van een *circulaire economie*. Deze economie heeft als doelstelling de herbruikbaarheid van grondstoffen en producten te maximaliseren en de waardevernietiging te minimaliseren. Hierbij wordt een onderscheid gemaakt met de lineaire economie, waarbij grondstoffen worden omgezet in producten die na gebruik/verbruik worden vernietigd. Ook voor Frans van Houten, CEO van Philips, is deze ontwikkeling de enige mogelijke weg vooruit. We zijn op een historisch kruispunt aangekomen: 'Today, the world needs a paradigm shift, the prevailing economic model must be transformed. To find a sustainable alternative, one need only to look at nature, where nothing is wasted. A circular economic system would ensure that products were designed to be part of a value network, within which the reuse and refurbishment of products, components, and materials would ensure the continual re-exploitation of resources. Like all major transitions in human history, the shift from a lineair to a circular economy will be a tumultuous one. It will feature pioneers and naysayers, victories and setbacks. But, if businesses, governments and consumers each do their part, the Circular Revolution will put the global economy on a path of sustainable long-term growth – and, 500 years from now, people will look back at it as a revolution of Copernican proportions.'

Cruciaal binnen het systeemdenken is denken in termen van verbondenheid en relaties waarbij waardecreatie voor alle partijen vooropstaat. Jan Jonker: 'De circulaire economie is geen synoniem voor cradle-to-cradle. Het is bovenal een economisch model waarbij ketenpartners elkaar vinden op basis van wederzijds versterkende relaties en diensten, in plaats van – zoals nu – inkoopvoorwaarden en aanbestedingen. Waarin meervoudige waardecreatie betekent dat het gekozen businessmodel financiële waarde oplevert voor meerdere partijen, maar tevens ook voor de samenleving en de leefomgeving.'

Steeds meer ondernemers integreren dit circulair denken in hun innovatietrajecten, of we zien start-ups ontstaan op basis van dit circulair denken.

Rau architechten betalen Philips voor licht en niet voor lampen. Ze betalen een vaste prijs per lichteenheid (pay per lux). Philips blijft eigenaar van de materialen. Mud Jeans werkt op basis van een lease concept. Je koopt je jeans niet, maar je sluit een abonnement af. Ricoh werkt met The Ricoh Comet Circle (loop denken) waarbij men vertrekt vanuit het geloof dat alle onderdelen zodanig worden ontworpen en geproduceerd dat ze opnieuw gebruikt of gerecycled kunnen worden. Doelstelling is om tegen 2020 de input van nieuwe resources te verminderen met 25% en tegen 2050 met 87,5% in vergelijking met 2007. Dit programma moet voor Ricoh leiden tot kostenbesparingen en nieuwe productinnovaties waardoor nieuwe markten of consumenten worden aangesproken. FLOOW2 is een b2b-platform waar bedrijven hun overcapaciteit van mensen, kennis en materialen met elkaar kunnen delen. De recent gelanceerde Fairphone is gebaseerd op de volgende vijf principes: made with care, smart design, precious materials, lasting value en clear deals. Visser verwijst naar Nike als een van de front runners inzake de ontwikkeling van een circulair, closed loop systeem: 'Nike developed a Considered Index, which is a tool for evaluating the predicted environmental footprint of a product prior to commercialisation. This system examines solvent use, waste, materials and innovation for footwear. Apparel products are evaluated on waste, materials, garment treatments and innovation. Nike claims that by continually raising that standard, we envision a future where the shoes you wear today become the shoes, shirts or equipment you use tomorrow. This closed loop manufacturing process, where nothing is wasted and everything is kept in play, is not just wishful thinking, it's the future.'

DE BELANGRIJKSTE PRINCIPES VAN DE CIRCULAIRE ECONOMIE

1. Waardebehoud wordt gemaximaliseerd door eerst te kijken naar hergebruik van producten, vervolgens hergebruik van onderdelen en als laatste hergebruik van grondstoffen.
2. Producten worden zo ontworpen en gemaakt dat ze aan het eind van de gebruiksfase makkelijk demontabel zijn en dat materiaalstromen eenvoudig gescheiden kunnen worden.
3. Tijdens de productie, gebruik en verwerking van het product worden geen schadelijke stoffen uitgestoten.
4. De onderdelen en grondstoffen van gebruiksproducten (zoals een lamp) worden hergebruikt zonder kwaliteitsverlies (bijvoorbeeld in een nieuwe lamp of in een nieuwe laptop).

5. De grondstoffen van verbruiksproducten (zoals tandpasta) zijn biologisch afbreekbaar en worden (na eventuele onttrekking van nog waardevolle grondstoffen) teruggegeven aan de natuur.
6. Producenten behouden het eigendom van gebruiksproducten, klanten betalen voor het gebruik ervan, niet voor het bezit. Een andere mogelijkheid is dat de producent het product terugkoopt aan het einde van de levensduur.
7. Omdat de prestatie van het product de waarde bepaalt, wordt het leveren van de juiste kwaliteit extreem belangrijk voor de producent.

Bron: MVO Nederland

Volgens het World Economic Forum is de tijd meer dan ooit rijp voor de circulaire economie en impliceert de circulaire economie een enorme wereldwijde opportuniteit. Die nieuwe economie is dus niet alleen in de westerse wereld van belang: 'The potential for innovation, job creation and economic development is huge: estimates indicate a trillion dollar opportunity, and numerous global trends suggest the time is ripe for this sea change. Global trends driving transition to the circular economy:

1. Resource constraints: Reserves of key resources are diminishing, while exploration and extraction costs are rising.
2. Increasing demand: 3 billion middle-class consumers are expected to enter the market by 2030.
3. Employment: Industrialised economies are seeking to reinvent their manufacturing models to create resilient domestic employment.
4. A new type of consumer: Consumer attitudes are shifting towards "access over ownership", leading to the proliferation of new businessmodels.
5. Shift in socio-demographics: Urbanisation is steadily increasing, leading to a reduced cost of collection.
6. Enabling technology: Information and processing technologies are enabling huge advances.
7. Legislation: Carbon, energy and waste regulation are becoming increasingly common worldwide.'

Uiteraard is deze transformatie niet zo evident. Maar waar degenen die al met circulaire economie bezig zijn het wel over eens zijn, is dat het de enige weg vooruit is en dat je er maar beter al kunt aan beginnen: 'What all business leaders who support the circular economy are certain about is that the current system will at some point have to fundamentally change – and so those companies which find early solutions, will have a commercial advantage.'

Van ownership naar usership

Deel van het systeemdenken is dus de shift van 'het hebben van dingen' naar 'het toegang hebben tot'. We zien dit al in ontelbare industrieën opkomen in verschillende vormen: delen, ruilen, leasen, huren enzovoort. Het valt te verwachten dat hoe meer mensen geconfronteerd worden met dit soort proposities ze steeds minder bereid zullen zijn om te betalen voor de eigendom van iets, maar wel voor wat het voor hen specifiek doet of betekent. Voor de functionaliteit, voor het resultaat. We betalen niet voor de boor, maar voor de gaatjes in de muur. We betalen niet voor de auto, maar voor de verplaatsing van a naar b. We betalen niet voor de verlichting, maar voor het licht. Deze ontwikkeling sluit goed aan bij de duurzaamheidsgedachte, want we krijgen een verdere dematerialisatiebeweging, waarbij er minder druk is op mens en milieu.

Zo ontstaat er ook een nieuwe wereld aan businessmodellen waarbij product en service niet meer strikt gescheiden zijn, maar op elkaar gaan inwerken richting een bepaald resultaat voor de klanten. Jan Jonker: 'Het gaat vooral om het gebruik van een product of dienst. De focus ligt op het plezier dat we ervan hebben. De klant betaalt niet voor de grondstoffen of eventueel de afschrijvingen, maar wel voor het ontwerp, de intellectuele eigendom, de service en de toegevoegde waarde van de dienst. De toegevoegde waarde, en dus het gat in de markt, zit in de dienstverlening, in plaats van op het klassieke verkopen.' Bedrijven blijven dus vaak eigenaar van de producten en gaan zich toeleggen op 'het hele systeem' inclusief dienstverlening, hergebruik in andere ketens, recycling of upcycling. Er zijn enorme businessopportuniteiten voor bedrijven die hun bestaande business durven verrijken met deze verschillende vormen van dienstverlening.

Product-dienstcombinaties creëren nieuwe, duurzame businessmogelijkheden

In de schoot van het systeemdenken, van de circulaire economie, ontstaan dus nieuwe businessmogelijkheden door te denken in termen van product-dienstcombinaties. Product-dienstcombinaties bieden de mogelijkheid om groei en duurzaamheid met elkaar te verenigen. Er is een dematerialisatie, maar wel met als doel het verhogen van de functionaliteit en het resultaat, of tot meer voldoening van de klant. De immateriële waarde wordt een belangrijke drijfveer van de totale waardebeleving.

Een van de grondleggers van dit denken is de Zwitser Walter Stahel: 'Een fundamenteel probleem van de traditionele productie-economie is de directe link tussen economische waarde en materiaal- en energieconsumptie. Om meer winst te maken moet een bedrijf meer producten maken en dus meer energie en materialen gebruiken. Daardoor lijken economische groei en duurzaamheid niet combineerbaar. Maar bij verkoop van de functie van een product in plaats van het product zelf moet een bedrijf, om meer winst te maken, meer functionele waarde aanbieden.'

Wikipedia omschrijft een product-dienstcombinatie als volgt: 'PDC is een bedrijfsmodel dat gebaseerd is op het verkopen van het gebruik en de functionaliteit van een product, waarbij het product zelf eigendom blijft van de verkooporganisatie. De meest bekende vormen zijn verhuur en leasing van bepaalde producten. Een product-dienstcombinatie is een waardepropositie bestaande uit een mix van materiële producten en immateriële diensten, zodanig ontworpen en gecombineerd dat ze optimaal de finale klantenbehoeften vervullen. Het basisidee achter een PDC is dat klanten niet specifiek waarde hechten aan het product op zich, maar wel aan de functies van dat product.

Er zijn drie typen product-dienstcombinaties. Het type hangt vooral af van de vraag of zijn grootste waarde zich bevindt in de product- of in de dienstcomponent:

1. Productgeoriënteerde PDC: de klant is eigenaar van het product, dat verkocht wordt samen met een aantal ondersteunende diensten.

2. Gebruiksgeoriënteerde PDC: de leverancier blijft eigenaar van het product en biedt het gebruik en de functies van het product aan gedurende een bepaalde periode.

3. Resultaatgeoriënteerde PDC: de leverancier biedt een oplossing voor een specifieke behoefte van de klant en de leverancier bezit en beheert zelf de materiele middelen om tot dat resultaat te komen.'

Deze opportuniteiten kunnen we benoemen met de term *performance economy*. Architect en ondernemer Thomas Rau: 'We zijn niet meer geïnteresseerd in de *life cycle* van een product, we zijn geïnteresseerd in de *performance cycle* van een product (The Performance Life Cycle). Klanten/consumenten betalen voor een bepaalde "performance" en niet meer voor een product. We kopen iets anders omdat we "de nieuwe generatie performance" willen hebben, niet omdat het product op het einde van zijn levenscyclus is.' Rau formuleert drie spelregels voor de performance economy: (1) We kopen niet het vliegtuig, maar wel de vlucht. (2) Materialen blijven eigendom van de producent. (3) Voor elk product is er een grondstoffenrapport.

Wat opmerkelijk is, is dat bij deze manier van denken en doen, bedrijven er alle belang bij hebben dat hun materialen zo lang mogelijk meegaan. En er dus geen sprake is van een herhaalaankopenstrategie. Iets om over na te denken, toch?

Een consequentie van deze ontwikkeling is dat degenen die alleen maar producten aanbieden het steeds moeilijker zullen hebben om voldoende toegevoegde waarde te creëren in deze performance based economy. Producenten van producten moeten ook de dienstendimensie uitbouwen en zelfs meer centraal stellen in hun propositie. Kijk maar naar Nike met Nike+ en Nike Fuelband, of Pampers met Pampers Village.com.

Concluderend kunnen we stellen dat circulair denken en product-dienstcombinaties zorgen voor:

- een duurzamer aanbod, waar groei en verantwoord ondernemen samengaan;
- een toegankelijker aanbod voor meer mensen, want we moeten aan de voorkant niet meer betalen voor het verwerven van bezit;

- nieuwe winstbronnen door verrassende nieuwe product-, dienst- en marktcombinaties;
- een manier om nauwere, duurzamere langetermijnrelaties op te bouwen met consumenten, klanten en andere stakeholders.

Een op ecosystemen geïnspireerd economisch systeem

Gunter Pauli: 'Een oplossing voor de huidige economische malaise ligt in het begrijpen en toepassen van de logica van ecosystemen. Door onze economieën in navolging van de natuur te ontwikkelen, zouden we efficiënt gebruik kunnen maken van energie en natuurlijke hulpbronnen, zonder afval, en honderden miljoenen banen kunnen scheppen. Ecosysteemmodellen vormen de sleutel tot overvloed en het middel om met iedereen te delen. Een op ecosystemen geïnspireerd economisch systeem werkt met wat er plaatselijk voorhanden is, zoals onuitputtelijke energiebronnen die bovenal de wetten van de natuurkunde tot uitdrukking brengen. Als we de huidige economische recessie omvormen door de logische modellen van ecosystemen na te bootsen, zijn we in staat om aan basisbehoeften te voldoen en een waarachtige economie te creëren, een blauwe economie, een economie van overvloed.'

Paradigma 3:
Van centraal naar decentraal

Robots, 3D-printing, miniaturisatie van productiemiddelen, open opensourcehardware en opensourcesoftware zorgen voor een ware menselijke en industriële revolutie. Er ontstaat een totaal nieuwe wereld door het besef en de mogelijkheid dat iedereen overal ter wereld 'zijn eigen stukje realiteit' ook echt kan creëren. Voor velen is dit de basis van een nieuwe industriële revolutie. De essentie van deze paradigmawissel is dat we steeds minder gebonden zijn als individu of als groep aan de beperking van plaats, tijd, bedrijf of systeem om de 'micro'-wereld die we willen creëren voor onszelf ook werkelijk vorm te geven. Ieder individu is zich steeds meer bewust van zijn macht en kracht om dingen in zijn richting te sturen. Wil je je eigen bril maken, dat kan. Of je eigen juwelen, je eigen auto, je eigen kast of stoel? Of meer zelfs, je kunt ook je eigen munt creëren. Een idee of een passie, een computer en een netwerk van mensen, meer heb je niet nodig. De onbeperkte toegang, de democratisering en miniaturisering van software en hardware zorgen ervoor dat iedereen een scheppende kracht kan worden.

Iedereen is een maker

Zelf iets maken wordt ontzettend toegankelijk. Dit heeft enorme implicaties. Morgen kunnen mensen bijna alles zelf creëren of maken als ze dat willen en als ze bereid zijn er zich naar te organiseren. Steeds minder zijn mensen dus afhankelijk van bedrijven of instellingen om hun dagdagelijks leven te organiseren. Iedereen kan zelf aan de slag. Technologische ontwikkelingen zoals 3D-printing en 4D-printing in combinatie met internet, gecombineerd met opensourcehard- en software, zorgen ervoor dat we binnenkort bijna alles decentraal kunnen bedenken en maken. We zullen ons deze nieuwe mentaliteit ook steeds vroeger eigen maken, zowel thuis als op school. Straks staat thuis een 3D-printer en op school wordt er al vanaf jonge leeftijd geëxperimenteerd met 3D-printers, lasersnijders en andere technologische vernieuwingen. Dit wordt een gewone alledaags realiteit voor de jongste generaties. Een van de meest gestelde vragen wordt: heb je het gekocht of heb je het zelf gemaakt? Middelen die vroeger voorbehouden waren aan grote bedrijven en instellingen zijn nu ook voor iedereen beschikbaar en betaalbaar (thuis, op je desktop, in een lokaal netwerk ...).

Chris Anderson omschrijft dit in *De Makers* als volgt: 'Vanwege de deskundigheid, het benodigde materiaal en de kosten om dingen op grote schaal te produceren, is het productieproces meestal in handen van grote bedrijven en goed opgeleide professionals. Dit gaat veranderen. Omdat het maken van dingen nu ook digitaal kan. De grootste verandering zit hem niet in de manier waarop dingen worden gedaan, maar in wie het doet. Als dingen eenmaal op gewone pc's gerealiseerd kunnen worden, kan iedereen het.'

Ondertussen neemt de 'makers movement' over heel de wereld sterk toe: makerbeurzen (in 2014 zijn er wereldwijd meer dan tachtig maker *faires* gepland, van Tokio tot Rome), makermagazines, tech shops, makerswerkplaatsen, fablabs, noem maar op. Maker Media is een wereldwijd platform waar makers (virtueel) samenkomen via media, events en e-commerce. Mensen gaan zelf weer aan de slag met hun handen, wisselen ideeën uit, komen fysiek samen, wisselen materialen uit, creëren samen nieuwe dromen ... Op verschillende plaatsen in de wereld explodeert het aantal 'creatieve ruimtes' waar mensen samenkomen om aan hun project te werken. In Nederland kennen we De Stichting FabLab.nl die het introduceren, propageren en verspreiden van het FabLab concept in Nederland als doel heeft: 'Een essentieel onderdeel van een fablab is de open inloop: mensen die iets willen maken, zonder drempel de gelegenheid geven om kennis te maken met digitale machines om dat te doen. Om hen op de leercurve te helpen.'

Iedereen een ondernemer

Decentralisatie stimuleert onze creativiteit en opent nieuwe creërende mogelijkheden. Zeker als we dan ook nog eens kunnen samenwerken met 3 miljard mensen via het www. We krijgen een totaal nieuwe generatie ondernemers. Zij starten vanuit hun eigen passie en vaardigheid en gaan zelf aan de slag. Eerst misschien alleen voor zichzelf, later voor vrienden en familie en dan voor anderen ergens in de wereld die op zoek zijn naar hetzelfde. We krijgen miljoenen kleine ondernemers die produceren en creëren op maat voor gelijkgestemden. Financiering kunnen we bij elkaar vinden en verkopen doen we via (virtuele) marktplatformen die we zelf gecreëerd hebben. Schaal en volume komen later. Eerst is er de creativiteit en de passie. Er zijn bijna geen drempels meer die ondernemerschap in de weg staan. Chris Anderson: 'A generation of makers is utilizing an upcoming infrastructure of digital manufacturing technologies, like additive manufacturing (3D printing), cheap or free CAD software, and open repositories of design to directly compete with established incumbents, following new businessmodels.' Ponoko, Shapeways, Adafruit, Techshop, Makerbot worden mogelijk de nieuwe Ford.

Belangrijk hierbij is de vaststelling dat *een idee losgekoppeld wordt van de productie en de logistiek*. Iedereen met een goed idee en een computer kan aan de slag. Productie en logistiek kunnen dan op verschillende, andere manieren worden geregeld. Waar we produceren en wie onze logistiek verzorgt, wordt een keuze uit een menu op onze pc. Daar zullen we ons als beginnend ondernemer geen zorgen over hoeven te maken.

We krijgen dus een bepaalde vorm van doe-het-zelfproductie. Chris Anderson: 'Zelfs de commerciële productie van goederen gebeurt steeds meer digitaal, in een open netwerk. De grootste productielijnen spreken dezelfde taal als een MakerBot, en iedereen kan van de een naar de ander gaan. Als gevolg daarvan kan de verwerkende industrie wereldwijd op elke gewenste schaal produceren, van een enkel exemplaar tot miljoenen stuks.' Deze open vorm van produceren ziet ook de geboorte van start-ups die deze nieuwe industriële realiteit helpen vormgeven. Een mooi voorbeeld hiervan is Ponoko die fungeert als een soort online dienstverlening. Ze zijn de schakel tussen de desktoptools en een mondiale productiecapaciteit.

Nu moeten ook nog de overheden volgen om de juridische en fiscale drempels weg te halen om een dynamisch, decentraal ondernemerschap te faciliteren. New York heeft dit begrepen: 'New York is taking care of business. There's a new advantage to doing business in New York. START-UP NY, Governor Cuomo's groundbreaking initiative, is creating tax-free zones across the state for new and expanding businesses. Now businesses can operate 100% tax-free for 10 years. No business, corporate, state or local taxes, sales and property taxes, or franchise fees.'

Uiteraard zal er altijd een deel ook globaal georganiseerd blijven. Zeker als het gaat over hele grote volumes. Maar toch zal er een fundamenteel nieuwe balans ontstaan tussen globaal en lokaal, zelfs microlokaal.

Iedereen een concurrent

Deze ontwikkeling zorgt ervoor dat bijna elke business toegankelijk wordt voor om het even welke nieuwe, individuele speler. We hebben allemaal in ons professioneel leven wel eens een Porter analyse gedaan om de *entry barriers* in onze business te analyseren. Vaak zorgde dit toch voor enig veilig gevoel: te weten dat concurrenten niet zomaar onze business konden binnenkomen. Deze comfortzone hebben we niet meer. Iedereen een maker betekent ook iedereen een concurrent. Een geweldig voorbeeld hiervan is het al eerder genoemde Brewtopia. Twee jonge kerels die een paar jaar geleden een brouwerij startten zonder geld, zonder marketingervaring, zonder brouwerijervaring. En dit in een industrie die toch typisch veel middelen vergt om er actief in te zijn. Ondertussen zijn ze beursgenoteerd.

Tot slot betekent deze decentralisatiebeweging ook *meer organiseren en produceren op mensenmaat*. Klein is het nieuwe groot. Creëren en maken brengen we weer dichter bij de mensen. En dat hebben we broodnodig als reactie op het onpersoonlijke van de grote productieapparaten. Ambacht en deskundigheid worden weer iets van ons, van de mensen. Het laat ons toe om de maker weer een gezicht te geven. Vandaar ook het succes van initiatieven die toelaten om de maker te zien, te ontmoeten, te spreken, ideeën uit te wisselen, te bewonderen (meet the maker). Nu de mogelijkheden bestaan en toegankelijk zijn, zullen we steeds meer op zoek gaan naar de kleinst mogelijke schaal om onze behoeften te vervullen of onze problemen op te lossen. Dit betekent onder andere ook de opkomst van allerlei *micronetwerken*, zowel online als offline, waarbij mensen zich vanuit hun eigen omgeving organiseren. Voorbeelden hiervan zijn de slimme micronetwerken om lokaal energie op te wekken.

Van top-down naar bottom-up

Het idee dat iedereen een potentiële maker en scheppende kracht is, in combinatie met het feit dat we ons allemaal in ontelbare netwerken en gemeenschappen bewegen, zorgt voor een enorme stuwende en creërende kracht van onderop. Innovatie wordt voor een belangrijk deel van onderop gedreven. Mensen vertrekken bewuster vanuit hun eigen leefomgeving met specifieke verlangens en behoeften. Socioloog Zijderveld: 'De nieuwe wereld is geen wereld van instituten en structuren, maar van netwerken en stromen. Het is een wereld van flexibele netwerken die door autonome individuen "bottom-up" worden heropgebouwd en beheerd naargelang hun behoeften en belangen.'

Deze kracht van bottom-up creëert voor bestaande bedrijven nieuwe opportuniteiten en ongekende bedreigingen.

Mensen willen steeds meer actief betrokken zijn bij de dingen die voor hen belangrijk zijn. Mensen hebben meningen en ideeën en ze willen gehoord worden. Indien een bedrijf zich hier voldoende voor openstelt, biedt dit een grote waaier aan nieuwe mogelijkheden door klanten, consumenten en prospecten actief in te schakelen in de waardecreatie doorheen de verschillende afdelingen van de onderneming. Open innovatie is de weg vooruit. Open innovatie met een grote diversiteit aan profielen. Soms moeten bedrijven samenwerken met 'gewone' klanten en consumenten, soms is het beter om zich te richten tot mensen met een specifiek talent of vaardigheid en soms kunnen bedrijven zich beter tot andere professionals wenden.

Meer dan een computer en een netwerk zijn echter niet nodig voor een individu of groep om een eigen ideaal te creëren en elk bestaand bedrijf, organisatie of systeem in de problemen te brengen. Als het individu maar voldoende vertrouwenwekkend is en voldoende medestanders rond zijn idee weet te verzamelen. Zo creëren we ondertussen zelf onze taxidienst (Uber), onze eigen hotelbusiness (Airbnb), onze eigen marktplaats (Etsy), onze eigen cateringservice (thuisafgehaald.nl/.be) of onze eigen munt (Bitcoin). Ervaren mensen te veel druk of manipulatie van bovenaf, of is er te veel misbruik door een bepaald systeem, dan kunnen ze zich nu zo organiseren dat ze zelf alternatieven bedenken en ook realiseren. Hierop doordenkend, kunnen we zelfs stellen dat het voornamelijk (kleine groepen van) individuen zijn die onze toekomst zullen bepalen en minder de typisch grote bedrijven of instellingen. Denk hierbij aan Bitcoin waarvan we zelfs nog niet weten wie daar precies de persoon achter is.

De komende jaren zullen we ook de verdere opkomst zien van de ultieme vorm van decentralisatie en bottom-up, namelijk de *zelfvoorziening*. Vandaag de dag is dat een sterk groeiende beweging. De meest voorkomende manieren van zelfvoorziening vinden we op het gebied van voedsel, energie, water en afvalverwerking. Ik verwacht dat deze beweging zich doorzet en dat steeds meer mensen zelfvoorzienend zullen worden; van het bouwen van een woning, het zorgen voor eigen voeding, het zelf vervaardigen van allerlei gebruiksvoorwerpen tot het zelf maken van speelgoed.

Paradigma 4:
Van massa naar persoonlijk

The segment of one, alles wordt persoonlijk. Dat is iets wat Amazon ons geleerd heeft. Smartphones, tablets en wearable *technologies* doen de rest. We krijgen advies en tips op maat. We dragen technologie letterlijk op ons lichaam. Als bedrijf heb je geen keuze, je moet in staat zijn om één op één te werken en te verbinden.

Mensen vertrekken vanuit hun eigen individuele levensomstandigheden, behoeften, dromen en angsten. Door het toenemend bewustzijn van het eigen lichaam, van de eigen individualiteit en de behoefte om dat uit te drukken, wordt 'op maat' het uitgangspunt. En mensen verwachten dit ook. Onze kleding zal onze temperatuur bewaken, onze badkamer wordt een preventieve gezondheidsruimte waarbij we in verbinding staan met medische experts die onze persoonlijke data bekijken, onze medicijnen worden aangepast op basis van een persoonlijke diagnose, onze voeding wordt afgestemd op de unieke eigenschappen van ons lichaam, de decoratie-elementen in ons huis hebben we met het gezin zelf gecreëerd en gemaakt, online winkels zullen ons persoonlijk in realtime begeleiden bij onze keuzes ... Op maat is het uitgangspunt, niet standaardisatie.

Mensen maken het zelf op hun eigen maat

Zoals ik in het vorige paradigma beschreef, zullen mensen zelf de dingen gaan maken zoals ze willen voor zichzelf of hun gezin. Persoonlijke productie wordt mainstream toegankelijk. Mensen worden steeds minder afhankelijk van het aanbod op de markt en van de prijzen waarvoor ze dingen kunnen kopen. De democratisering van hardware en software, toegang tot allerlei productiemiddelen, positieve netwerkeffecten enzovoort, zorgen ervoor dat iedereen die dat wil zijn spullen steeds meer zelf kan maken. Of we creëren en maken iets nieuws, of we nemen tweedehands spullen of afval en via upcycling leggen we er dan onze eigen ziel in. Ook de fantasie van mensen wordt ontzettend gestimuleerd door dit ongelimiteerd aantal mogelijkheden. Bijna alles wat je in gedachte hebt, of waarvan je wel al eens gedroomd hebt, of wat voor jou persoonlijk heel belangrijk is, hoort morgen tot de mogelijkheden. Zo sprak ik onlangs met de eigenaar van een 3Dprintershop en hij vertelde me dat er net een vrouw op bezoek was geweest die een 3D-afdruk van haar borsten wilde omdat die operatief zouden verwijderd worden. Zo had ze een aandenken aan een belangrijk deel van haar persoonlijke identiteit.

Netwerkeffect: vraag en aanbod perfect op elkaar afgestemd

Daarnaast is er de transparantie van internet. Ben je specifiek naar iets op zoek, wil je iets gedaan krijgen, heb je een heel specifieke taak waarbij je hulp nodig hebt, ben je op zoek naar een bijzonder product: via internet zal er ergens iemand zijn die je kan helpen. Vraag en aanbod worden op deze manier heel zichtbaar en perfect op elkaar afgestemd. Ben je op zoek naar een specifiek talent, het zal ergens te vinden zijn. Heb je zelf een specifiek talent, dan zullen mensen je weten te vinden. Je geeft aan waar je naar op zoek bent en het zal voor jou gemaakt worden, zonder voorraad. Heb je een specifieke vraag, ergens is er iemand die het voor jou zal maken. Deze perfecte afstemming van vraag en aanbod is ook een van de belangrijkste duurzaamheidsdrijfveren van deze paradigmawissel. Tegen overconsumptie, tegen het overdadig produceren, tegen de enorme ecologische voetafdruk van het produceren op voorraad. We maken precies wat we ook echt willen, op maat.

Technologie communiceert één op één

De digitalisering. The internet of things. Machine to machine communication. Om het even hoe we het kind een naam geven, de realiteit is wel dat straks bijna alles in ons leven een chip of kleine camera zal bevatten. Onze kleding, de koelkast, de meubels in ons huis, onze horloges en klokken, onze schoenen ... Technologie wordt een totaal geïntegreerd element in ons persoonlijk leven en zal met ons één op één communiceren. Technologie zal ons doen wennen aan het ontvangen van persoonlijke boodschappen, dat de 1 en 0 combinatie perfect op onze maat is ingesteld en dat we persoonlijke tips, advies en ondersteuning krijgen om ons eigen persoonlijk welzijn te optimaliseren.

Variabiliteit drijft succes voor bedrijven

Deze personalisatiebeweging betekent voor bedrijven een enorme uitdaging. Ze moeten in staat zijn om echt in te spelen op de persoonlijke behoeften en verlangens van elke individuele klant of consument. Niet standaardisatie, maar variabiliteit drijft het succes van bedrijven van morgen. En dit begint met de kunst van de dialoog. Ben je als bedrijf in staat om met mensen te praten, te luisteren en om te gaan met de individuele eisen van de klant? Het product en de dienst, de communicatie, de folder, het service netwerk, alles moet op maat zijn.

Dit betekent voor bedrijven ook dat *het omgaan met complexiteit en flexibiliteit* bepalend is voor succes. Digitale productie maakt dit mogelijk en draait de rentabiliteit van het traditionele productiemodel om. Chris Anderson: 'Bij massaproductie zitten de meeste kosten in het vervaardigen van de benodigde apparatuur, en hoe complexer een product is en hoe meer veranderingen er moeten worden aangebracht, des te duurder het wordt. Maar bij digitale productie is het omgekeerd: de aspecten die maken dat een product veel geld kost als je het met behulp van het traditionele productieproces maakt, worden gratis:

1. Variëteit is gratis: het kost niets extra om ieder product verschillend te maken of ze allemaal hetzelfde te maken.

2. Complexiteit is gratis: het maakt de computer niet uit hoeveel berekeningen hij moet maken. Daarom kost het evenveel om met een 3D-printer een product met een hoop priegelige onderdeeltjes te maken als een massief blok plastic.

3. Flexibiliteit is gratis: veranderingen aanbrengen nadat de productie is gestart, houdt gewoon in dat de instructiecode gewijzigd wordt. De machines blijven hetzelfde.

De Tesla fabriek in Californië is één grote computergestuurde machine: ze kan worden geconfigureerd om vrijwel alles te maken. De hele fabriek is programmeerbaar en elke auto kan anders zijn. Maatwerk van de kleur van de sierlijsten tot het aantal cellen in de lithiumaccu's. De Tesla fabriek is gebaseerd op het principe om 'eenheden van één' te produceren, waarmee ze dichter bij de droom van maatwerk voor de massa zit dan welke andere autofabrikant ook. Het is de ultieme just in time ... De fabriek maakt wat er nodig is en wanneer het nodig is.

Wanneer pc's de productiemachines aansturen, kost het niet meer geld om ieder product anders te maken. Het oude model van dure, gespecialiseerde machines die hetzelfde product in gigantische aantallen moesten maken om de kosten te rechtvaardigen, is snel aan het verdwijnen. Daar waar variabiliteit in traditionele mechanische omgevingen vaak een obstakel is, blijkt dit in nieuwe digitale omgevingen juist een groot voordeel te zijn. Het is zelfs het meest winstgevende voordeel geworden. Google, Amazon zijn groot geworden op basis van variabiliteit.'

Paradigma 5: Van gesloten naar open

De combinatie van internet met zijn 3 miljard mensen online met een explosie aan intelligente machines zorgt voor een totaal nieuwe realiteit voor elk individu, voor elk bedrijf. En het is nog maar pas begonnen. Dit stellen ook Brynjolfsson en McAfee in hun geweldige boek *The Second Machine Age*. De voorbije jaren waren nog maar voorspel: 'De combinatie van intelligente machines en miljarden breinen die met elkaar verbonden zijn, zullen wat voorafging tot een lachertje herleiden. Het wordt "mind melting" of "hersensmeltend" genoemd.'

De hoeveelheid content, de snelheid van innovaties, de sterk evoluerende impact van intelligente machines en artificiële intelligentie, machines die met machines praten, de hyperverbondenheid van mensen enzovoort, zorgen ervoor dat elke onderneming en elk individu zich moet openen en verbinden met deze hyper volatiele en veranderende buitenwereld. Je kunt het niet meer zelf, je kunt het niet meer in je eentje. Je moet als bedrijf en als individu aangesloten zijn op dit collectieve brein. Het gaat niet meer over het hebben van kennis of technologie, maar over *het hebben van toegang tot* kennis, content, mensen, technologieën ...

Wikinomics

Een van de eerste handboeken om deze impact te begrijpen, is *Wikinomics: How Mass Collaboration Changes Everything* van Tapscott en Williams (2006): 'We are talking about deep change in the structure and modus operandi of the corporation and our economy, based on new competitive principles such as openness, peering, sharing and acting globally:

- Openness: not only open standards and content but also financial transparency and an open attitude towards external ideas and resources.
- Peering: replaces hierarchical models with a more collaborative forum.
- Sharing: which is a less proprietary approach to products, intellectual property, bandwith and scientific knowledge.
- Acting globally: which involves embracing globalisation and ignoring physical and geographical boundaries at both the corporate and individual level.'

Deze auteurs waren de eersten die wezen op de enorme opportuniteit, maar ook de transformatiekracht van peer-to-peer *networks*, het delen en ruilen, samenwerken, co-creatie, coöperatie enzovoort.

Flow als economische waarde: iedereen open source

De netwerken en community's binnen onze hyperverbonden wereld bezorgen ons een continue global flow van informatie, content, ideeën, mensen en feedback. Toegang hebben tot al deze informatie en die info ook nog beheersen, zal een cruciale impact hebben op het succesvol zijn in de wereld van morgen. De vraag is niet meer over welke kennis je beschikt als bedrijf, maar wel: Heb je toegang tot én weet je om te gaan met die global flow? Het afschermen van kennis wordt vervangen door de flow van kennis en interacties als bron van economische waarde. Dit is een echte paradigmashift voor velen onder ons. In de toekomst zullen de meest waardevolle mensen degenen zijn die het meest verbonden zijn met deze global flow.

Stel je de juiste vragen? Behoefte aan wijsheid, creativiteit en wendbaarheid

Je hebt dan wel toegang tot al deze open source technologie, deze data, deze content, deze mensen enzovoort. Maar kun je er ook iets mee? Beschik je als mens en als bedrijf over de nodige capaciteiten en organisatievermogen om er ook iets mee te doen? Om eruit te filteren wat voor jou echt belangrijk is? En beschik je vervolgens over de nodige capaciteiten om dit ook om te zetten in daadkracht?

Data without thought is stupid. Een van de belangrijkste talenten waar een persoon of een bedrijf over moet beschikken, is de capaciteit om de juiste vragen te stellen. Om dingen, de realiteit en de omstandigheden vanuit een ander perspectief te bekijken. Beschik je als bedrijf of organisatie over mensen die dit talent hebben? Krijgen deze mensen in jouw bedrijf of organisatie de juiste bescherming? De juiste context?

Een bedrijf moet gezond zijn, moet open zijn, maar moet ook wijs, creatief en wendbaar zijn om op een constructieve, opbouwende manier om te kunnen gaan met die niet aflatende stroom aan nieuwe mogelijkheden. Om datgene eruit te filteren wat voor mensen en voor het bedrijf ook echt relevant is.

Open creëert andere machtsposities

Deze open, hyperverbonden wereld is er een van andere machtsposities. Van individu tot groep, iedereen kan zich anders organiseren buiten bestaande systemen om. Mensen zijn mondiger, kunnen zich makkelijker organiseren, kunnen makkelijker druk uitoefenen, kunnen makkelijker de dingen in hun richting sturen. En als het systeem niet mee wil, dan doet men het gewoon zelf. Bottom-up macht, horizontale macht, macht van de consument, macht van de gemeenschap, macht van een bepaalde community ... het is gewoon een totaal andere dynamiek waarmee we rekening moeten houden. Bedrijven en organisaties werken binnen een andere relatiedynamiek. Er kan nog een top zijn, maar er kan geen top-down gedachte meer zijn, want onze klanten, consumenten of andere stakeholders zullen dit steeds minder accepteren. We moeten het samen met mensen en samen met de community doen. Het is de community (en niet jij of iemand die zich als autoriteit afficheert) die bepaalt of we als bedrijf of organisatie het vertrouwen waard zijn of niet.

Collaborative consumption, consumer-to-consumer, consumer-to-business

Zo is een van de grootste uitdagingen voor bedrijven in de toekomst om een relevante positie op te bouwen binnen een wereld waar consumenten of klanten ons steeds minder echt nodig hebben omdat ze het zelf ook kunnen organiseren als ze dat willen. Mensen verkopen aan elkaar via eBay, of maken dingen zelf en verkopen het dan via Etsy. Eten kunnen we zelf kweken in onze groentetuin, om vervolgens wat we gekookt hebben te verkopen via Thuisafgehaald. Mensen uit een buurt organiseren zich om vervolgens zelf samen hun ideale energieleverancier te kiezen. 80% van de online retail sales in China is consumer-to-consumer. We moeten dus als traditionele CEO of marketeer af van de gedachte dat de markt alleen B2C of B2B is. De markt van de toekomst is evenzeer C2C of C2B. En waarom en wanneer worden we dan als bedrijf of organisatie nog uitgenodigd door mensen?

C. DE NIEUWE, GROTE ECONOMISCHE DENKRICHTINGEN

Op basis van deze paradigmawissels, concludeer ik samenvattend dat er vijf grote economische denkrichtingen zijn in onze ontwikkeling naar een duurzame economie: de makerseconomie, de *personalised* economie, de peer-to-peer economie, de deeleconomie en de circulaire economie. Elk van deze vijf richtingen wordt gekenmerkt door het gegeven dat ze starten vanuit een sterke intrinsieke motivatie. Vanuit een passie, vanuit persoonlijk welzijn, vanuit het creëren van een duurzame wereld of vanuit de kracht van het samen.

We kunnen deze vijf economische richtingen ook perfect plaatsen in ons denkkader over het transformerende individu en de maatschappij: een sterk ik in een sterk wij.

De *makerseconomie* sluit uitstekend aan bij het talent, de creativiteit en de positieve energie van het sterke ik. Een sterk ik dat bovendien een beroep doet op het sterke wij om zich samen te ontwikkelen en aan co-creatie te doen.

De *personalised economie* sluit prima aan bij het streven naar persoonlijk welzijn en individuele authenticiteit. We willen dingen die echt bij onszelf passen en goed voor ons zijn, zowel fysiek, emotioneel als mentaal. Dit moet ook voor onze eigen individuele continuïteit zorgen en de continuïteit van ons gezin.

De *circulaire economie* zit helemaal op de continuïteit van het systeem. De circulaire economie vertrekt vanuit het systeemdenken en dus vanuit het sterke wij.

De *deeleconomie* situeert zich op de herontdekking van de kracht van het samen.

De *peer-to-peer economie* zit helemaal op het sterke ik in het sterke wij.

Mijn advies zou zijn dat elk bedrijf businessmodellen bouwt die aansluiting vinden bij een of meer van deze nieuwe, economische denkrichtingen. Als je dat als onderneming, organisatie of individu niet doet, zou je wel eens de boot kunnen missen.

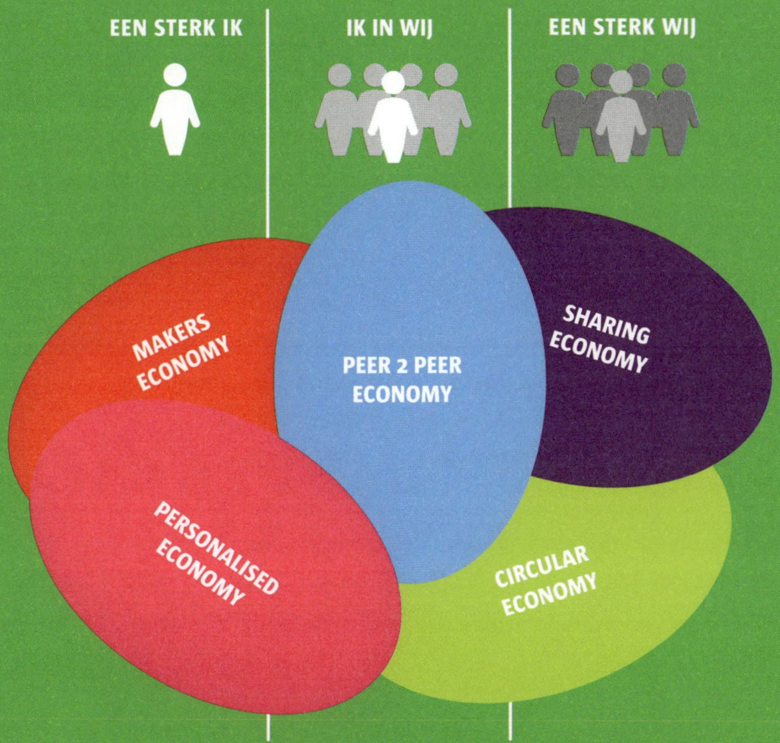

• • •

3. ANDERS KIJKEN NAAR WINST: HAPPY PROFIT

Weinig CEO's en marketeers nemen de tijd om echt stil te staan bij enkele zeer interessante vragen: Hoe kijk ik naar winst? Wat is mijn visie op winst? En is die visie de laatste jaren veranderd, of niet? We zijn vaak heel druk in de weer om onze winstdoelstellingen te realiseren, maar we reflecteren heel weinig over het echte waarom van winst. De transformerende wereld noodzaakt CEO's, marketeers en managementteams om grondig over het concept winst na te denken en daarbij ook de drijfveren om winst te maken ter discussie te stellen.

Happy Profit kijkt op een fundamenteel andere manier naar winst. Happy Profit wil winst duurzaam maken. Voor Happy Profit is winst een beloning en geen doel. Het is een beloning die allerlei stakeholders het bedrijf aanbieden voor het creëren van redenen om duurzaam gelukkig te zijn. Happy Profit is bij uitstek een 'inclusieve' gedachte. Het is profit die samen met de stakeholders wordt gerealiseerd.

Happy Profit is waarschijnlijk het best te duiden door er Bad Profit en Good Profit naast te zetten. Bij Bad Profit streeft het bedrijf naar maximale winst zonder rekening te houden met de impact op mens en milieu. Bij Good Profit streeft het bedrijf naar maximale winst met respect voor mens en milieu. Het bedrijf wil geen negatieve impact op mens en milieu en het neemt zijn verantwoordelijkheid voor mogelijke negatieve impact. En dit is uiteraard prima, ik noem het daarom ook Good Profit. Bij Happy Profit ligt het ambitieniveau van het bedrijf of merk hoger. De CEO, de marketeer en alle betrokken stakeholders streven ernaar om de wereld een beetje beter achter te laten. Het bedrijf verdient zijn centen door het creëren en aanbieden van oplossingen die een betere wereld creëren. Het bedrijf ziet de issues in de wereld als opportuniteiten en start dus niet vanuit de vraag: What business are we in? Maar vanuit de vraag: what world are we in?

Ik illustreer dit aan de hand van enkele voorbeelden.

Bad Profit zijn vervuilende auto's die heel schadelijk zijn voor het milieu. Good Profit zijn groene auto's, elektrische auto's enzovoort. Ze trachten geen of zo weinig mogelijk schade aan te richten. Happy Profit zijn die bedrijven, zoals BMWi, die starten vanuit het issue mobiliteit en daar duurzame oplossingen voor ontwikkelen. Ook al liggen die oplossingen niet onmiddellijk dicht bij hun core competenties, ook al zijn de verdienmodellen nog niet helemaal duidelijk, ook al kan dit hun eigen huidig verdienmodel onder druk zetten. Ze engageren zich om duurzame oplossingen te ontwikkelen die de wereld vandaag en morgen nodig heeft.

Een tweede voorbeeld is Unilever en het zeepmerk Lifebuoy. Bad Profit is: we verkopen zo veel mogelijk zeep. Good Profit is: we verkopen zoveel mogelijk zeep, maar wel 'duurzame' zeep. Happy Profit is de doelstelling om mensen te stimuleren om hun handen te wassen: 'Lifebuoy aims to make a difference by creating accessible hygiene products (soap) and promoting healthy hygiene habits. With this in mind, Lifebuoy aims to change the handwashing behaviour of 1 Billion people by 2015.'

Een derde voorbeeld is Desso. Happy Profit is voor Desso niet alleen duurzame tapijten verkopen (Good Profit), maar tapijten die ook de lucht zuiveren.

Voor Happy Profit is winst dus niet alleen in monetaire termen uit te drukken, maar ook in niet-monetair termen, en zijn *societal value* en *business value* even belangrijk. Meer nog, ze versterken elkaar. Voor Happy Profit is het meer dan ooit het geval dat immateriële waarde materiële waarde creëert. Eigenlijk neemt Happy Profit het standpunt in dat we bedrijven en business weer moeten vermenselijken en dat we een leidende, actieve rol moeten spelen om de duurzame wereld van morgen te bouwen.

Bad Profit negeert dus de issues. Good Profit erkent de issues en neemt zijn verantwoordelijkheid voor deze issues. Happy Profit ziet de issues als opportuniteiten. Als zodanig is Good Profit lineair denken ten opzichte van Bad Profit, want het probeert de fouten uit het systeem te halen. Happy Profit is transformationeel denken, is anders denken, want het creëert een nieuw systeem. Happy Profit is niet noodzakelijk een ja/nee-verhaal. Happy Profit kan ook een weg zijn, een groeipad voor een bedrijf. Zo kan het perfect mogelijk zijn voor een onderneming om geen Bad Profit te doen, en om het aandeel van Happy Profit in zijn totale 'profit mix' stelselmatig te laten toenemen.

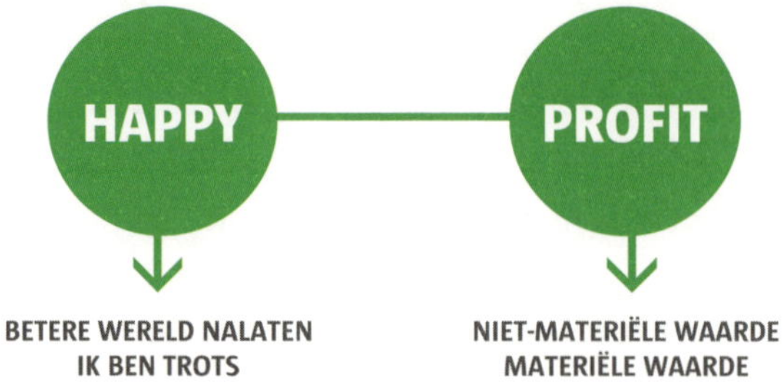

A. THE PURPOSE OF BUSINESS

Het bestaansrecht van een bedrijf is *niet* winstmaximalisatie op korte termijn en ook niet het maximaliseren van *shareholder value*. We hebben dit systeem uitgeprobeerd en het is failliet. Het is niet duurzaam in de tijd. Voor niemand, ook niet voor de shareholders. En zeker niet voor volgende generaties of andere stakeholders. Zelfs Henry Ford stelde reeds vroeg in de vorige eeuw: 'Business must be at a profit else it will die. But when anyone tries to run a business solely for profit ... then the business must die as well, for it no longer has a reason for existence.' Winst is nodig voor een bedrijf, net zoals mensen voedsel nodig hebben. Winst is nodig om te investeren in mensen, innovatie, marketing, sales enzovoort. Bedrijven die winst maken, dragen meer dan waarschijnlijk ook op een of andere manier bij aan het algemeen welzijn. Winst is dus een cruciaal element voor een bedrijf, maar het is en blijft een middel en geen doel.

In een artikel in *Harvard Business Review* in 2011 schreven Michael Porter en Mark Kramer een opmerkelijk artikel waarin ze stelden dat de *purpose of business* geherdefinieerd moest worden in de richting van 'creating shared value'. Professor Philippe Naert sluit zich daarbij aan en merkt op dat de purpose of business gelijk staat aan 'creating value'. En dan gaat het zowel om economic value als societal value, waarbij het creëren van beide soorten value gezien kan worden als een winwinrelatie met positieve resultaten voor het bedrijf én de maatschappij.

Deze kijk op het bestaansrecht van een bedrijf gaat er dus van uit dat een bedrijf niet alleen voor zichzelf bestaat, maar ook in relatie tot de wereld rondom het bedrijf. Het is niet alleen: 'Wat kan ik krijgen van de wereld', maar ook: 'Wat kan ik geven aan de wereld.'
Eigen onderzoek leert me dat de meeste mensen er geen probleem van maken dat een bedrijf veel winst maakt, zolang het bedrijf ook iets terugdoet voor de mensen en de wereld.

Het bedrijf en het merk hebben we in bruikleen

Een eerste uitgangspunt voor Happy Profit is dat we het bedrijf of het merk in bruikleen hebben. Wij allemaal hebben als taak om het bedrijf en het merk in een betere staat na te laten dan dat we het gekregen hebben (en dit geldt niet alleen binnen de context van een familiebedrijf). Het is onze taak als ondernemer of manager om het bedrijf en het merk ook op lange termijn te laten groeien en bloeien. Onze tijdshorizon mag niet beperkt zijn tot de jaren dat we een bepaalde job doen.

Maar je zou dit nog verder kunnen optrekken en de verantwoordelijkheid van een onderneming ook in een mondiale context kunnen bekijken. Kijk eens naar de recente verklaringen van Apple baas Tim Cook. Tijdens de Apple-jaarvergadering werden er kritische vragen gesteld over de investeringen van Apple in hernieuwbare energie. Het antwoord van Cook was opmerkelijk: 'Als jullie willen dat ik alleen dingen doe om winst te maken, dan kunnen jullie beter je Apple-aandelen verkopen.' Al snel kreeg Cook openlijk steun van Richard Branson: 'Elk bedrijf moet de visie van Cook delen om de wereld beter achter te laten dan dat we haar gevonden hebben.'

Business is geen zero-sum game

Een tweede uitgangspunt is dat business geen *zero-sum* is. Een bedrijf dat eigen winstmaximalisatie als uitgangspunt hanteert, vertrekt meestal vanuit het principe van trade-offs. Ze zitten in een *win-loose* model: eigen winstmaximalisatie gaat ten koste van anderen. Het lijkt er dan op dat shareholder value helemaal niet samengaat met stakeholder value. En dat is zeker het geval wanneer we kijken naar de economische waarde versus de sociale waarde. Professor Neart: 'In the traditional view of business the creation of economic value and of societal value is a zero-sum game.' We moeten dit principe ombuigen. We moeten bedrijven en merken opbouwen die begrijpen dat duurzame groei komt vanuit synergiën met stakeholders en niet vanuit trade-offs met stakeholders. Happy Profit gelooft dat de totale waarde die we samen met alle stakeholders kunnen creëren per definitie onbeperkt is.

Corporate brand en product brand zijn met elkaar verbonden

Een derde uitgangspunt is dat het geen zin heeft om het corporate merk te scheiden van het product merk. Vroeger waren dit vaak verschillende, van elkaar gescheiden werelden, maar dat is niet meer mogelijk. Daarvoor is de wereld te transparant geworden en de klanten en consumenten te veeleisend. Mensen begrijpen ondertussen perfect hoe marketing in elkaar zit en ze laten zich geen verhaaltjes meer wijsmaken. Het bestaansrecht van een bedrijf is onherroepelijk verbonden met het bestaansrecht van zijn merkenportfolio en omgekeerd. Iedereen moet er zijn eigen identiteit op nahouden en zijn eigen opdracht, maar samen moet het wel een sterk, coherent en authentiek geheel zijn. Happy Profit moet in het hart van de onderneming komen en wordt als zodanig samen door het corporate merk en het product merk gecreëerd.

The purpose of business is the business of purpose

Winst is dus geen doel, maar wel een middel. De echte bestaansreden van een bedrijf of merk is te vinden in de diepere opdracht die het bedrijf zichzelf geeft. Waarom doen we wat we doen? Dat is voor mij de reden om te stellen: the purpose of business is the business of purpose. Het samen met de stakeholders realiseren van je *purpose*, daar ligt de essentie van elk merk of bedrijf.

Generaliserend kunnen we stellen dat het de purpose is voor elke onderneming om redenen te creëren voor mensen om gelukkig te zijn. Of nog anders: om redenen te creëren voor mensen om het gelukkige leven te leiden. Het bedrijf *krijgt* niet alleen van de wereld, maar *geeft* ook aan de wereld. Ga maar eens na voor jezelf: welke redenen creëert jouw merk of jouw bedrijf voor mensen om echt gelukkig te zijn? Veel bedrijven kunnen niet onmiddellijk of niet overtuigend antwoorden op deze vraag.

Optimize life, not consumption

Het uitgangspunt voor een bedrijf en een merk moet zijn om mensen gelukkiger te maken en niet om mensen meer te doen consumeren. Staat dit dan diametraal tegenover zo veel mogelijk verkopen? Nee! Maar het is wel een ander perspectief: 'It's not about producing more stuff, it's about producing more happiness.' Anders gesteld: voor een bedrijf gaat het niet alleen over welke producten of diensten het maakt, maar ook over wat het creëert of maakt dat echt bijdraagt aan de *quality of life* van mensen. De vraag is dus niet wat ik moet doen om meer te verkopen. De vragen zijn: Wat moet ik doen om maximaal bij te dragen aan het geluk van mijn klant? Welke rollen kan ik spelen in het dagdagelijks leven van mijn klant om echt een positieve bijdrage te leveren? We moeten dus in ons denken niet meer de consument centraal stellen, maar de mens. We moeten kijken welke mens er achter de consument zit. We moeten ons er rekenschap van geven dat die mens steeds op zoek gaat naar echt geluk en zingeving. Het zijn dus alle aspecten van het mens-zijn die we moeten aanspreken: ratio, emotie en intuïtie. De centrale vraag wordt dan: raak ik de mensen met wat ik doe en waarom ik het doe?

Winstoptimalisatie versus winstmaximalisatie

Het is misschien een nuanceverschil, maar het is toch wel heel belangrijk. Willen we onze winst duurzaam maken in de tijd, dan moeten we op elk moment optimale winst nastreven en niet maximale winst. Maximaliseren gaat over iets zo groot mogelijk maken. Optimaliseren gaat over iets zo goed mogelijk maken. In deze context kun je daarom ook spreken van het optimaliseren van stakeholder value en niet van shareholder value. Philippe Naert: 'All stakeholders have to receive a fair share of the value a company creates.' Daar waar winstmaximalisatie alleen oog heeft voor het gegeven monetaire winst, houdt winstoptimalisatie rekening met alle stakeholders, met grenzen, met lange termijn, met ethiek en met moraliteit. Kortom, winstoptimalisatie heeft als doel om bedrijven succesvoller te maken door ze te vermenselijken.

B. WINST IS EEN BELONING, GEEN DOEL

Als je er dan ook echt in slaagt om redenen voor geluk te creëren, dan zullen mensen je belonen met hun centen. Winst niet als doel, niet als middel, maar als resultaat, als beloning. Ook Kotler neemt in *Marketing 3.0* dit standpunt in: 'Winst is een beloning van de mensen voor de bijdrage van het merk aan het algemeen welzijn.' Mensen verwachten, nee eisen zelfs dat bedrijven en merken actief meebouwen aan de nieuwe wereld van morgen. Dat ze actief meehelpen om de nieuwe wereld zichtbaar en realiseerbaar te maken. Mensen verwachten dat bedrijven zich actief bekommeren om dat algemeen welzijn en er hun middelen en knowhow voor inzetten.

Winst als doel is mede gebouwd op wat we de profit paradox kunnen noemen, naar analogie met de *happiness* paradox. Als je gelukkiger wilt zijn, dan moet je er niet direct naar streven om gelukkiger te zijn, dan moet je dingen doen die je gelukkig maken. Dit geldt voor mij dus ook voor winst. Als je je winst wilt optimaliseren, dan moet je er niet direct naar streven om meer winst te maken, maar dan moet je die dingen doen waardoor mensen je hun centen geven als beloning.

Winst realiseren vanuit een intrinsieke motivatie rendeert

Optimale winst ontstaat door het werken vanuit een intrinsieke motivatie en niet vanuit een extrinsieke motivatie. Bij intrinsieke motivatie komt de motivatie uit de persoon zelf. Er zijn verschillende onderzoekingen die aantonen dat mensen die starten vanuit een intrinsieke motivatie er een hoger concentratieniveau op nahouden, creatiever zijn, grotere gevoelens van zelfcompetentie en trots ervaren en meer plezier hebben tijdens en door het werken (Wikipedia). Streven naar het maximaliseren van monetaire winst tijdens het neoliberale tijdperk was een typisch gevolg van de extrinsieke motivaties van (financiële) macht en status.

Dit is in het algemeen ook een van onze belangrijkste shifts. In toenemende mate willen we handelen vanuit intrinsieke motivatie. En dit is nu precies wat de verschillende nieuwe economische stromingen met elkaar gemeenschappelijk hebben. De start is telkens een bepaalde vorm van intrinsieke motivatie. Bij de makerseconomie gaat het over de eigen passie, het eigen talent en de voldoening van het zelf (met de eigen handen) maken. Bij de circulaire economie en de non-profit economie staan bijdragen aan een betere ecologische en sociale wereld voorop. In de sharing economie staat samen en solidariteit voorop.

Winst als beloning creëert professionele zingeving

Een van mijn favoriete opdrachten tijdens workshops is dat de deelnemers een grafsteen tekenen. Niet zomaar een grafsteen, maar hun eigen professionele grafsteen. Welke tekst willen ze op hun grafsteen? ('Hij realiseerde altijd het kwartaalplan', 'Hij was obsessief bezig met de groei van de beurskoers', 'Hij heeft een tapijt ontwikkeld dat ook de lucht zuivert'). Ik zou graag hebben dat er op mijn professionele grafsteen komt te staan dat ik de wereld een beetje een betere plaats heb gemaakt door bedrijfsleiders op een andere manier naar winst te laten kijken en bedrijven te bouwen die 'redenen creëren om mensen gelukkiger te maken' als bestaansrecht hebben. Dit is heel vaak voor de deelnemers een zeer confronterende opdracht. Ik doe deze opdracht tijdens de workshop bij voorkeur net voor de lunch, zodat mensen nog even de tijd hebben om er met anderen over te praten. Dit gaat over professionele zingeving. Over trots zijn op wat je doet en waarom je de dingen doet die je doet. Stephen Covey schreef over de 4 L'n van gelukkig zijn: Love, Live, Laugh en Leave a legacy. Wat is jouw professionele *legacy*?

Mooi is dat als je dat voor jezelf helder hebt en ernaar streeft om dit ook echt te realiseren, mensen zich bij jou willen aansluiten. Dan werkt je zingeving ook aanstekelijk voor anderen.

C. HAPPY PROFIT CREËERT EEN NIEUW DUURZAAM SYSTEEM

Happy Profit is monetaire en niet monetaire waarde die door een bedrijf wordt gecreëerd omdat het bedrijf door zijn activiteiten de transformatie bewerkstelligt richting een duurzame economie.

Doordat het bedrijf vanuit de wereld en de issues van de wereld vertrekt, omarmt het een andere manier van denken. Het bedrijf tracht niet het huidige systeem te optimaliseren, maar het creëert een nieuw systeem.

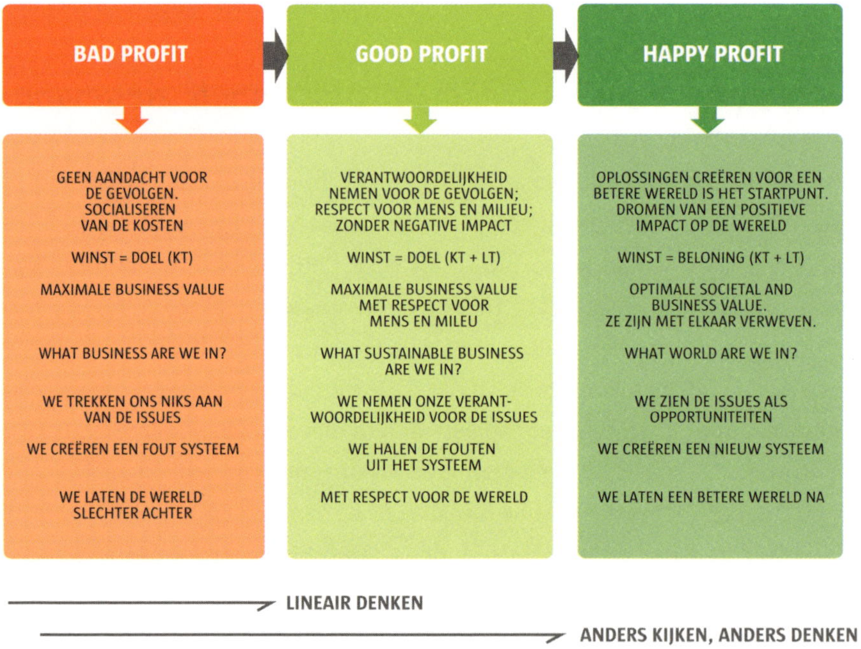

Bad Profit. Maximale business value is de enige echte maatstaf. De focus ligt op kortetermijnprofit, zonder enige aandacht voor de kosten van het verwerven van deze profit. Eigen winst staat voorop en de kosten met betrekking tot het milieu, de maatschappij en toekomstige generaties worden niet in rekening gebracht. Ze worden gesocialiseerd. Het bedrijf denkt in termen van trade-offs. Het is profit met een negatieve 3P-impact (people, planet, profit) en alleen gericht op kortetermijnmaximalisaties. De maximalisatie van de financiële waarde voor de hoofdaandeelhouders is *'by far'* het belangrijkste. Met andere stakeholders wordt geen rekening gehouden, tenzij vanuit een defensieve strategie, als 'greenwashing' strategie. Het bedrijf doet aan CSR (Corporate Social Responsability) omdat het zo hoort, omdat het moet, omdat het goed staat in het jaarrapport, maar eigenlijk draait alles om de financiële return.

Good Profit. Het bedrijf streeft naar maximale business value, maar doet dit met aandacht voor mens en maatschappij. Het is profit met een positieve 3P-balans. Bij het verwerven van de profit houdt het bedrijf rekening met de kosten voor mens, maatschappij en milieu. Alle kosten worden in rekening gebracht en het bedrijf onderhoudt positieve relaties met zijn stakeholders. De profit houdt rekening met een langetermijnperspectief.

Happy Profit. Er is sprake van zowel monetaire als niet monetaire waarde. Het creëren van societal value gaat hand in hand met het creëren van business value. Het is een cirkelbeweging: hoe meer societal value we creëren, hoe meer business value we creëren, hoe meer middelen we hebben om societal value te creëren enzovoort. Happy Profit is purpose en principle driven. Profit is een beloning voor het creëren van een positieve meerwaarde voor alle stakeholders. Het bedrijf maakt integraal deel uit van de maatschappij en denkt op lange termijn. Het bedrijf is niet alleen bezig met zijn eigen resultaat, maar heeft ook als doelstelling om zijn stakeholders te stimuleren en te inspireren op weg naar de invulling van The Happy Life. Het bedrijf levert een duidelijke bijdrage aan de wereld waarin het zich bevindt en het inspireert door zijn visie, gedrag en eigen keuzes. Het bedrijft werkt volgens duurzame businessmodellen.

Veel CEO's en marketeers denken vandaag nog steeds dat winstoptimalisatie op het niveau ligt van Bad Profit. Zodra men rekening houdt met anderen, gaat de winst naar beneden. Ze zijn ervan overtuigd dat zodra ze denken op lange termijn en ook rekening houden met het gemeenschapsbelang, dat de winst dan minder optimaal is. Ze zien alleen het opportuniteitsverlies en noemen 'anders denken'

vaak naïef en niet in lijn met de eisen die de aandeelhouders elk kwartaal stellen. Maar de 'nieuwe consument' en de paradigma's die ik besprak, zorgen er nu voor dat optimalisatie ligt op het niveau van Happy Profit en dat het voor een bedrijf of organisatie cruciaal is om zowel societal als business value te creëren.
Happy Profit sluit in deze optiek ook heel sterk aan bij de visie van Gunter Pauli en zijn blauwe economie: 'Een blauwe economie houdt zich bezig met herstel. Je zou kunnen zeggen dat blauwe economie gaat over ecosystemen die hun evolutionaire weg kunnen voortzetten, zodat iedereen kan profiteren van de eindeloze stroom creativiteit, aanpassingskracht en overvloed van de natuur.'

D. HOE VERHOUDT HAPPY PROFIT ZICH TOT NON-PROFITORGANISATIES?

Een vraag die vaak gesteld wordt is hoe Happy Profit zich tot non-profitorganisaties verhoudt. Want non-profitorganisaties starten toch ook vanuit bepaalde issues en het creëren van oplossingen?

Dat is inderdaad zo. En persoonlijk ben ik ook een enorme supporter van non-profitorganisaties. Want samen met het Happy Profit denken zijn ze een fundamentele kracht in het creëren van dat nieuwe systeem. Alleen stellen non-profit-ondernemers het businessdoel of de winst ondergeschikt aan het sociale doel. Voor non-profitondernemers moet er wel voldoende winst zijn om zichzelf te bedruipen, maar geld blijft ondergeschikt.

En dit is waar het onderscheid zich situeert met Happy Profit. Happy Profit begint inderdaad ook met societal value, maar plaatst het creëren van deze value naast het streven naar business value. Ze zijn met elkaar verweven en even belangrijk. Want voor mij is een optimale winst even cruciaal. Het sluit het beste aan bij de strevende menselijke natuur en we hebben optimale winst nodig om voldoende middelen te hebben voor innovatie, training en andere belangrijke investeringsprogramma's.

HAPPY PROFIT SITUEERT ZICH TUSSEN GOOD PROFIT EN SOCIAL ENTREPRISES

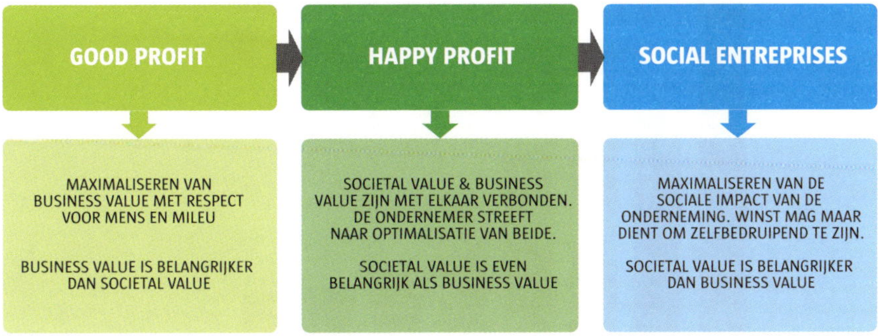

E. HAPPY PROFIT: IMMATERIËLE WAARDE DRIJFT MATERIËLE WAARDE

Willen we de waarde van een merk of bedrijf kennen, dan moeten we voornamelijk kijken naar de immateriële waarde. De echte waarde van een bedrijf of merk bestaat meer uit immateriële waarde dan uit materiële waarde. Dit is een evolutie, of misschien zelfs een revolutie, die zich toch al sinds enkele jaren manifesteert. Ook organisaties zoals Accenture en EY wijzen steeds meer op het belang van immateriële waarde. Accenture: 'During the past 25 years, intangible assets have supplanted tangible assets as the key value drivers in the economy'. EY: 'This change reflects a paradigm shift in market evaluation, where for many companies their intangible value now constitutes the major part of their market value.'

'De echte waarde van een bedrijf bestaat meer uit immateriële waarde dan uit materiële waarde.

MARKET VALUE OF 10 TOP BRANDS IN 2013

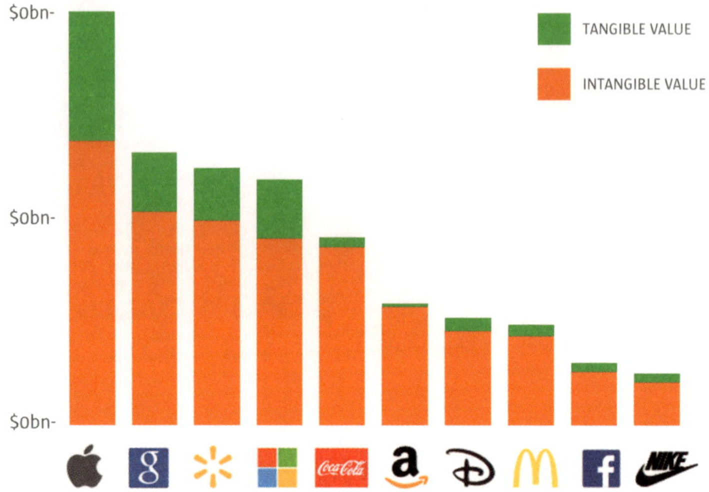

IN THE UNITED STATES TODAY, MORE THAN 50% OF ALL BUSINESS VALUE IS INTANGIBLE

BRON: GLOBAL INTANGIBLE TRACKER 2009

De waarde of waardering van een bedrijf of merk bestaat uit de capaciteit om immateriële waarde te creëren voor elk van de stakeholders. Materiële waarde zal meer dan ooit een soort commodity zijn dat makkelijk kopieerbaar is. Immateriële waarde drijft materiële waarde, en niet omgekeerd. Dit is voor menig CEO, CFO of marketeer een enorme uitdaging. Het startpunt bij elk strategisch plan is dus niet de financiële bottomline, maar de creatie van stakeholder value die niet alleen in geld uit te drukken is.

Er zijn vandaag de dag al verschillende manieren om naar immateriële waarde te kijken. In de praktijk zijn er meerdere voorbeelden hoe bedrijven trachten hun immateriële waarde uit te drukken: goodwill, trademarks, patenten, bedrijfscultuur, processen, menselijk kapitaal, kennis, snelheid, lerende onderneming, vertrouwen, merken, strategisch kapitaal enzovoort.

Ook is er de Dow Jones Sustainability Index. Deze index evalueert de 'sustainable performance' van de 2500 grootste bedrijven die vermeld zijn in de Dow Jones Global Stock Market. Deze index bestaat meestal uit drie grote dimensies: economische, sociale en milieudimensies. Er is dus veel aandacht voor niet-materiële waarden in people, planet en profit. In het kader hiervan hebben een groot aantal ondernemingen de stap gezet van financiële rapportage naar geïntegreerde rapportage. Hiervoor zijn ondertussen al een aantal prima standaarden ontwikkeld die een enorme toegevoegde waarde creëren ten opzichte van een louter financiele manier van rapporteren: The Global Reporting Initiative (GRI), The International Integrated Reporting Council (IIRC), the Global Initiative for Sustainability Rankings (GISR) en The Sustainability Accounting Standards Board (SASB).

En toch mis ik iets. Ik mis een aantal aspecten van de fundamentele paradigmashifts die ik eerder aanhaalde. Men houdt te weinig rekening met veranderende machtsverhoudingen tussen bedrijven en klanten, consumenten, community's en andere stakeholders: Hoe gaat het bedrijf om met bottom-up aspecten en peer-to-peer netwerken? Zijn er nieuwe leiderschapsstijlen? Hoe gaat het bedrijf om met de wereldwijde talentenpool? Slaagt het bedrijf erin om een *trusted friend* te zijn voor zijn klanten? Slaagt het bedrijf erin om deel uit te maken van 'collaborative consumption'? Is er een purpose fit met eigen werknemers en stakeholders?

Een visie op de toekomstige waarde van een merk of bedrijf

Graag presenteer ik een visie over de toekomstige waarde van een succesvol merk of bedrijf. Het is een visie op de soorten kapitaal die er voor een merk/bedrijf echt toe doen, wil het zijn totale waarde optimaliseren. Deze visie tracht ook een aanvulling te zijn op wat ik mis in oude en recente manieren van rapporteren. Het is een startpunt voor discussie en tevens een uitnodiging om deze gedachtegang te verrijken.

Vanuit mijn visie op de nieuwe wereld zijn er vijf soorten kapitaal die de totale waarde van een bedrijf/merk in de toekomst zullen bepalen: Leadership Capital, ESG Capital, Trust Capital, Human Capital en Relationship Capital.

Leadership Capital verwijst naar de leiderschapsrol die het bedrijf op zich neemt in het creëren van een duurzame economie en de mate waarin mensen zich hierbij willen aansluiten.

ESG Capital verwijst naar de effectieve meetbare ecologische, sociale en ethische waarde die het bedrijf creëert.

Trust Capital verwijst naar de reputatie en het vertrouwen dat het bedrijf geniet van de communitiy en alle stakeholders.

Human Capital verwijst naar de 'menselijkheid' van het bedrijf en de manier waarop het bedrijf toegang heeft tot de wereldwijde pool aan talent en intelligentie.

Relationship Capital verwijst naar de manier waarop het bedrijf erin slaagt constructieve, voedende relaties aan te gaan met mensen en met de wereld rondom de onderneming.

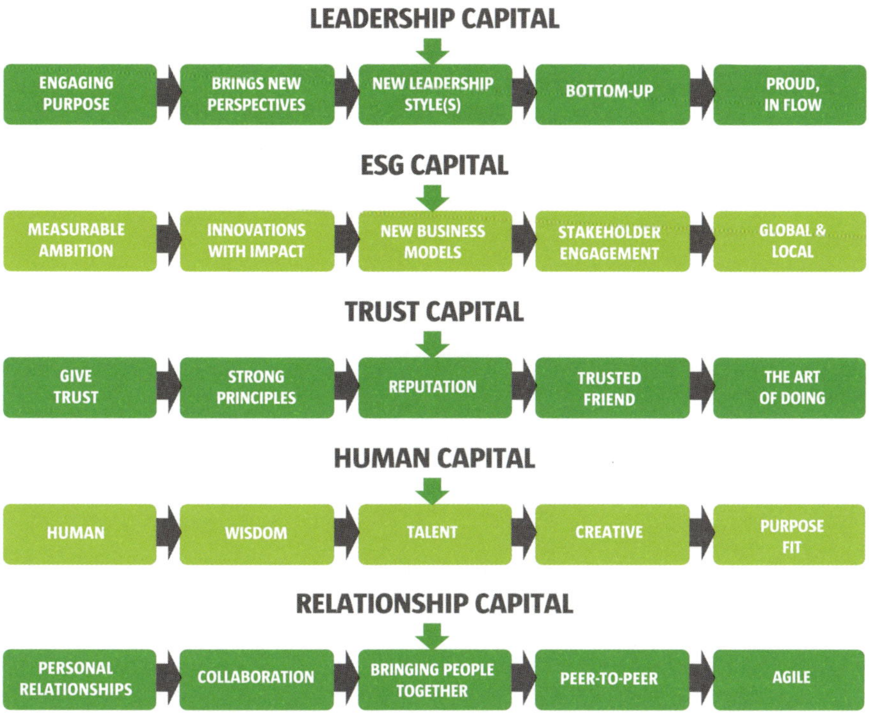

Elk van deze vijf soorten kapitaal heb ik onderverdeeld in vijf deelfacetten. Deze 25 kapitaalbronnen vormen mijn leidraad bij het kijken naar het mogelijke toekomstige succes van bedrijven (en merken en organisaties).

Leadership Capital

Engaging purpose. Het bedrijf heeft een duidelijke en wervende purpose. Stakeholders voelen zich aangesproken en willen zich bij de purpose aansluiten.

Brings new perspectives. Het bedrijf heeft een aspirationele visie op de wereld van morgen. Het is een bedrijf met een stem die men wil horen. Het bedrijf introduceert nieuwe perspectieven in de wereld.

New leadership style(s). Het bedrijf geeft blijk van nieuwe leiderschapsstijlen in de organisatie. Zelfleiderschap, spiritueel leiderschap, collectief leiderschap; er zijn verschillende nieuwe aanpakken, maar wat ze gemeen hebben, is dat ze niet top-down werken.

Bottom-up. Het bedrijf is succesvol in het werken van onderop, zowel in de organisatie als met de verschillende stakeholders.

Proud, in flow. Het bedrijf is in flow en iedereen die erbij betrokken is, is ook echt trots op zijn werk. Het bedrijf heeft een voedende cultuur.

Ecological, Societal, Corporate Governance Capital

Measurable ambition. Het bedrijf stelt zichzelf duidelijk zichtbare en meetbare doelstellingen over de ecologische, sociale en ethische waarden die men wil creeren.

Innovations with impact. Het bedrijf slaagt erin om betekenisvolle innovaties naar de markt te brengen die niet alleen een goed financieel resultaat opleveren, maar die ook een duidelijke ecologische en sociale impact hebben.

New businessmodels. Het bedrijf experimenteert met of werkt volgens nieuwe duurzame businessmodellen.

Stakeholder engagement. Het bedrijf werkt actief en succesvol samen met alle stakeholders. Waardecreatie voor alle stakeholders is een doel op zich en geen middel.

Global and local. Het bedrijf creëert waarde in zijn volledig value netwerk, zowel lokaal als globaal.

Trust Capital

Gives trust. Het bedrijf vertrekt vanuit vertrouwen. Het bedrijf geeft eerst, zelfs zonder de absolute zekerheid dat het ook zal krijgen. Het bedrijf durft los te laten en heeft niet de behoefte om alles en iedereen te controleren.

Strong principles. Het bedrijf heeft een sterke set principes waaruit ook duidelijk blijkt wat het bedrijf niet (meer) doet.

Reputation. Het bedrijf heeft een sterke reputatie.

Trusted friend. Het bedrijf is niet alleen een trusted brand, maar wordt door de stakeholders ook ervaren als een trusted friend. Het bedrijf maakt deel uit van de 'inner circle' van klanten, consumenten en stakeholders.

The art of doing. De stakeholders ervaren dat het bedrijf niet alleen verhaaltjes vertelt, maar dat het ook echt dingen doet. Het bedrijf doet wat het zegt, zegt wat het doet, maar zegt ook wat het niet doet.

Human Capital

Humane. Het bedrijf wordt als menselijk ervaren. Het bedrijf is waardegedreven en draagt ethiek hoog in het vaandel.

Wisdom. Het bedrijf is wijs en beschikt over 'wijze' mensen. Het bedrijf tracht het juiste te doen op het juiste moment. Het bedrijf is in staat om wijsheid toe te voegen aan de enorme hoeveelheid beschikbare data.

Talent. Het bedrijf denk in termen van talenten en niet in termen van competenties. Het bedrijf slaagt erin om talent aan te werven en te behouden, maar ook samen te werken met talenten uit de wereldwijde talentenpool. Door de relatie met het bedrijf kunnen mensen hun talenten verder ontplooien.

Creative. Het bedrijf geeft blijk van creativiteit en scheppende kracht. Het bedrijf creëert voedende relaties met de buitenwereld.

Purpose fit. Het bedrijf kan zich verbinden met mensen die eenzelfde intrinsieke motivatie delen. Veel mensen helpen om de purpose van het bedrijf te realiseren en het bedrijf helpt zijn stakeholders om hun purpose te realiseren.

Relationship Capital

Personal relationships. Het bedrijf vertrekt vanuit het persoonlijk welzijn van mensen en slaagt erin om persoonlijke relaties op te bouwen met consumenten, klanten en andere stakeholders.

Collaboration. Stakeholders willen graag samenwerken met het bedrijf en het bedrijf zelf is goed in samenwerken. Er ontstaan wederzijdse langetermijnrelaties.

Bringing people together. Het bedrijf beschikt over sterk verbindende capaciteiten. Het bedrijf slaagt erin om mensen virtueel en fysiek bij elkaar te brengen.

Peer-to-peer. Peer-to-peernetwerken willen samenwerken met het bedrijf of merk. Het bedrijf slaagt erin om horizontale relaties op te bouwen met de buitenwereld.

Agile. Het bedrijf is heel wendbaar en reageert snel op de buitenwereld en op de veranderende wereld in zijn algemeenheid. Het bedrijf is flexibel en weet om te gaan met complexiteit.

> ‘Stakeholder value is niet alleen in geld uit te drukken.

De manier waarop Ricardo Semler naar een bedrijf kijkt, wordt ook wel eens The Semco Way genoemd. Die kijk is gebaseerd op een open geest en een open managementstijl. De filosofie van het bedrijf is gebaseerd op tien principes (Wikipedia):

1. Een betrouwbaar en geloofwaardig bedrijf zijn.
2. Eerlijkheid en transparantie waarderen boven alle tijdelijke belangen.
3. Een balans zoeken tussen korte- en langetermijnwinsten.
4. Producten en services leveren die door de klant erkend worden als de beste op de markt voor een redelijke prijs.
5. De klant bedienen met gedifferentieerde service; verantwoordelijkheid boven winst stellen.
6. Creativiteit stimuleren en de durver ondersteunen.
7. Iedereen aansporen te participeren; beslissingen die van bovenaf worden opgelegd in twijfel te trekken.
8. Zorgen voor een informele en aangename omgeving, met een professionele houding die vrij is van vooroordelen.
9. Zorgen voor een veilige arbeidsomgeving en voor controle van de industriële processen om personeel en omgeving te beschermen.
10. De moed hebben om eigen fouten te erkennen en te begrijpen dat alles altijd beter kan.

• • •

4. ANDERS KIJKEN NAAR MARKETING EN MERKEN: TRANSFORMATIONELE MARKETING

Een transformerend individu in relatie tot een wereld in transformatie betekent uiteraard dat ook marketing zich fundamenteel opnieuw moet uitvinden. Marketing moet immers een weerspiegeling zijn van de manier waarop onze maatschappij georganiseerd is en functioneert. Het marketingvak is waarschijnlijk het vak dat het meest aan deze transformatie onderhevig is.

Willen we marketing weer relevant maken, dan moeten we weer verbinding maken met de mensen. Mensen vertrouwen marketing vandaag de dag niet meer. En vertrouwen is nu eenmaal een menselijk basismechanisme om dingen samen te doen. We moeten ervoor zorgen dat we als marketeer weer aan dezelfde kant van de omheining staan als de consument.

We moeten als merk diepgaande relaties aangaan met onze klanten, consumenten en andere stakeholders waarbij groei voor beide partijen centraal staat. Hiertoe moeten we het idee dat we mensen moeten verleiden om naar de wereld van het merk te komen, achter ons laten. Wij moeten juist ons merk relevant maken in het alledaagse leven van onze klant. We moeten door mensen uitgenodigd worden om deel uit te maken van hun leven. De focus van het merk kan niet langer liggen op wat ik kan krijgen van consumenten, maar eerder op de rol(len) die ik kan spelen voor mensen in hun zoektocht naar geluk, zingeving, ontplooiing en bewustzijn.

A. HET INDIVIDU/DE GROEP IS DE HELD

Een nieuw tijdperk in marketing & branding

Niet het merk is de held, maar het individu of de groep. Dit is een ware paradigmawissel voor elke CEO en marketeer. Het betekent denken vanuit een fundamenteel andere machtspositie. We moeten als marketeer afstand doen van ons eigen merk-ego. We stellen het eigen merk niet meer zo centraal, en ons ego als marketeer stellen we ook minder cen;traal. De tijd is aangebroken om het individu of de groep nu echt op een podium te plaatsen en niet onszelf. Of zoals Pine en Gilmore het stellen: 'The customer is the product.' We zoeken als bedrijf of als merk niet zozeer naar een share of mind, of een share of heart, maar eerder naar een share of life.

B. TRANSFORMATIONELE MARKETING

Zoals ik al eerder aangaf, gaan mensen in deze transformerende wereld bewuster met dingen om. Ze geven consumeren een andere functie. Consumeren stopt voor hen niet bij het vervullen van functionele of emotionele behoeften, maar ze plaatsen consumeren binnen een ruimer kader: Hoe maakt consumeren mij gelukkiger? Hoe word ik er beter van? Hoe wordt de wereld er beter van? Consumeren moet ook beantwoorden aan het toenemend verlangen om te participeren in een betere wereld. Mensen beseffen dat je, doordat je een consument bent, ook een bepaalde impact kunt hebben op de wereld.

Transformationele marketing tracht hier een antwoord op te geven. De gedachte die aan de basis ligt, is het perspectief dat ik door dingen te kopen de wereld mee vorm kan geven en dat consumptie mij ook als individu kan helpen *'shapen'*.

Transformationele marketing gaat over het bouwen van transformationele relaties. Transformationele relaties zijn relaties waarbij beide partijen groeien door en dankzij de relatie. Dergelijke relaties doen de consument of klant groeien in zijn eigen identiteit en zelfexpressie, in zijn zoektocht naar zijn plaats in de wereld, of bij het vervullen van rollen in het leven: een rol als vader, moeder, partner, collega, werknemer ... Transformationele relaties zijn langetermijnrelaties waarbij de toegevoegde waarde van het merk niet stopt bij de verkoop; net zoals de bijdrage van het individu niet stopt bij de aankoop. Een voorbeeld hiervan zijn Nike+ en Nike Fuelband. Nike helpt me mijn sportieve dromen waar te maken en de relatie met Nike duurt nog lang na aankoop van de loopschoenen. In dit opzicht onderscheiden transformationele relaties zich ook van de typische transactionele relaties waarbij de relatie zich baseert op een transactie. Bij transformationele relaties ontstaat er in en door de relatie ook een groeiproces bij beide partijen, een groeiproces dat betrekking heeft op de diepere verlangens en dromen van individuen en groepen.

Transformationele merken ondergaan een fundamentele shift in hun denken. Van: 'Hoe kan ik iets krijgen uit de relatie met mijn klant?', naar: 'Hoe kunnen we beiden iets krijgen en groeien door onze relatie?' Niet het eigen gewin staat centraal, maar het gezamenlijk proces dat beide partijen kunnen doorlopen. Wat op zijn beurt uiteraard tot winst moet leiden, maar dan wel winst als beloning. Kijk hier ook naar Pampersvillage.com (of hoe Pampers via tips en tricks, foto's, video's en toegang tot allerlei experts jou als onzekere jonge mama of papa met woord en daad tracht bij te staan).

C. EEN STERK MERK IS EEN GROEIPLATFORM

GROEI	=	het merk biedt nieuwe inzichten, helpt om vindingrijk te zijn, geeft een duwtje in de rug, helpt om te achterhalen wat echt gelukkig maakt, helpt bij invulling van zingeving, stimuleert, faciliteert en inspireert.
PLATFORM	=	gemeenschappelijk doel, gemeenschappelijke waarden; het merk biedt een platform, er is vertrouwen, het is een plaats waar we gelijkgestemden kunnen ontmoeten, er ontstaat een wij-gevoel, er is uitwisseling, dialoog en cocreatie, de relatie gaat verder dan de transactie.

Een sterk merk is dienstbaar. Een sterk merk vertrekt vanuit een totaal andere machtspositie en heeft het top-down denken achter zich gelaten. Een sterk merk moet een soort groeiplatform zijn voor zijn stakeholders; vanuit een langetermijnperspectief wordt een duurzame meerwaarde voor het individu of de groep beoogd. Het merk helpt, ondersteunt, motiveert, faciliteert, inspireert het individu of de groep bij verdere ontplooiing, bij persoonlijke groei, bij het beter invullen van rollen in het leven, bij de zoektocht naar zingeving. Denk hierbij opnieuw aan Nike als voorbeeld (hoe Nike+ en Nike Fuelband een platform zijn voor iedere atleet, professional of amateur).

D. DE TRANSFORMATIONELE MARKETINGLADDER

Welke waarde moeten we als merk creëren om relevant te zijn voor mensen in deze sterk transformerende wereld? Hoe kunnen we deze groei nu ook echt realiseren? Om deze vraag te beantwoorden, presenteer ik de transformationele marketingladder.

Transformationele marketingladder = hoe krijg je meer betekenis in het leven van de mensen?

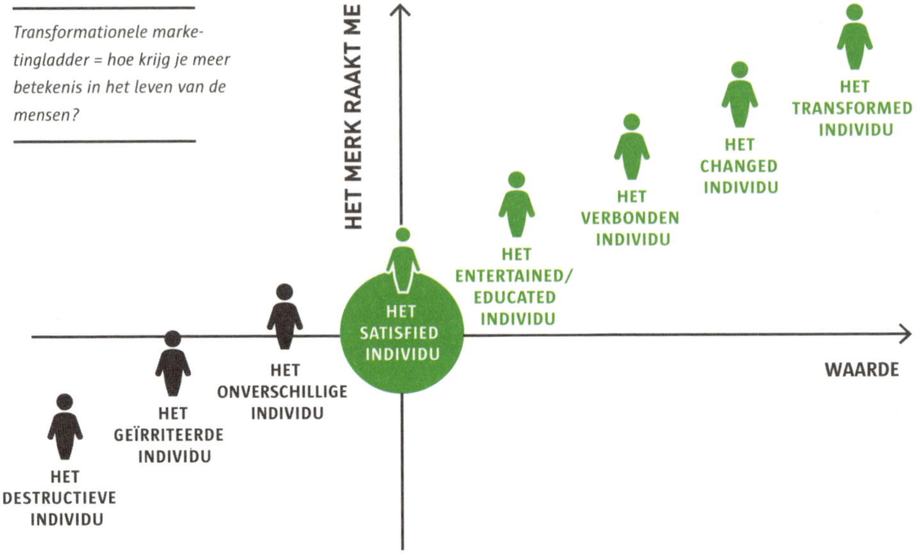

Op de horizontale as vinden we de waarde die het merk aan het individu of de groep biedt. Op de verticale as vinden we de mate waarin het merk het individu of de groep ook echt raakt. De transformationele marketingladder heeft verschillende verdiepingen of verschillende niveaus die aangeven hoe je als merk extra betekenis kunt krijgen in het leven van mensen. Het hoeft niet zo te zijn dat een merk zich lineair op de ladder begeeft. Een merk kan onmiddellijk van een *satisfied niveau* naar een *connected niveau* overgaan, of een merk kan zich onmiddellijk op een *entertained/educated* of een *connected niveau* begeven.

Het satisfied individu. Het 0-niveau is het niveau waar het individu/de klant/de consument tevreden is met wat je doet. Je doet als merk wat je belooft. Het product en de dienst leveren de kwaliteit die de mensen ook van je verwachten. Het merk heeft hier een beperkte relevantie. Vaak kopen mensen het merk uit gewoonte, vanuit routine. Het behoort tot het vaste patroon van de consument of klant. Het merk heeft een waarde, maar consumenten zijn amper of niet bereid zich te engageren met het merk.

Het onverschillige individu. Merken die zich op dit niveau begeven, zijn perfect inwisselbaar voor de klant of consument. Is het merk er niet, dan koopt men een ander. Is er een aantrekkelijke aanbieding van een ander merk, dan koopt men dat. Onverschilligheid is vandaag de grootste vijand van veel merken. Het merk laat de mensen eigenlijk koud. Mensen kopen het merk wel, maar er is geen verbinding, relevantie of betrokkenheid. Het merk raakt de mensen helemaal niet.

Het geïrriteerde individu en het destructieve individu. Internet en allerlei andere sociale media bieden ontevreden consumenten en klanten een ongelimiteerd platform om hun onvrede te ventileren. Individuen hebben nu de kracht om je merk volledig onderuit te halen. In de toekomst zal deze tendens alleen nog maar toenemen.

Het entertained of educated individu. Dit is het eerste niveau waar het merk ook effectief waarde creëert. Dit is ook het niveau waar veel merken vandaag de dag op lijken te zitten. In een wereld vol *gamification* zal het merk proberen om zijn klanten en consumenten te entertainen. Op de vele *touchpoints* doet het merk activaties om een zo groot mogelijke merkbeleving bij het individu te verkrijgen. Op hetzelfde niveau staat *eduction*. Het merk bezorgt de consument en klant informatie, kennis, content, tips en tricks over het product en alles wat ermee te maken heeft. Het merk helpt mensen slimmer aan de slag te gaan, om creatiever te zijn, om bewuster beslissingen te nemen.

Het verbonden individu. Merken creëren waarde voor hun klanten door een platform aan te bieden waar mensen gelijkgestemden ontmoeten. Het merk biedt een platform waar mensen met gelijksoortige passies, dromen, interesses en dergelijke samenkomen. Ze vinden er informatie, ze kunnen dingen met elkaar vergelijken, ze kunnen benchmarken, er zijn tips en tricks, ze kunnen er hun mening kwijt, met anderen in dialoog gaan enzovoort. Het merk krijgt dus extra betekenis, want het verbindt het individu met mensen, peers, organisaties, kennis en platforms die voor het individu ontzettend waardevol zijn.

Het changed individu. Het merk is erin geslaagd om bijvoorbeeld via ingrijpende innovaties of andere content het gedrag van de consument of klant te veranderen en te optimaliseren met betrekking tot het realiseren van persoonlijke doelstellingen, verlangens of ambities. Het merk krijgt betekenis omdat het een fundamentele impact heeft gehad op het gedrag van de klant in zijn streven naar *The Happy Life*.

Het transformed individu. Hier is meer aan de hand dan een veranderd gedrag. Het merk is erin geslaagd om het individu een nieuw perspectief te bieden. Door de relatie met het merk kijkt het individu op een andere manier naar zichzelf, naar zijn rollen in het leven, naar (zijn plaats in) de wereld. Het is meer dan alleen gedragsmatig, want ook mentaal en op zingevend niveau krijgt het individu een nieuw perspectief. Zo geeft Nike+ een extra perspectief aan je individuele mogelijkheden: 'If you have a body, you are an athlete.' Nike+ helpt je bovendien om dit ook in de praktijk te brengen.

• • •

5. RE-IMAGINE THE WORLD YOU ARE IN

We zitten nog steeds in de fase van 'anders kijken' in ons transformatieproces. In de vorige hoofdstukken van dit deel heb ik getracht om de contouren van de nieuwe wereld te zien. En besprak ik nieuwe perspectieven op het gebied van mensen, bedrijfswereld, winst en merken.

Deze nieuwe perspectieven moeten we nu vertalen naar onze eigen bedrijfsmentaliteit. Niet in welke business, maar in welke wereld zijn we actief? En hoe ziet die wereld er straks uit?

A. VAN: WHAT BUSINESS ARE WE IN? NAAR: WHAT WORLD ARE WE IN?

De eerste opdracht hierbij is onszelf een nieuw denkkader aanmeten, een ander perspectief om naar de wereld rondom ons te kijken.

Jarenlang vroegen we ons in onze bedrijven af: what business are we in? We wilden onze business goed kennen en definiëren om zo de prospecten en klanten te bestuderen om van daaruit te kijken hoe we het maximale uit die klanten konden halen. Ons denkkader was met andere woorden: business, klanten, prospecten en de economische waarde die we van daaruit konden creëren. Willen we echter naast economic value ook societal value creëren, dan moeten we een nieuw denkkader ontwikkelen. Voor mij begint dit niet met de vraag: 'what business are we in?', maar met de vraag: 'what world are we in?' Hiermee bedoel ik dan niet de grote macrowereld, maar de wereld waarin de onderneming of organisatie zich bevindt. BMWi zit niet in de business van auto's, maar in de wereld van persoonlijke mobiliteit. Unilever Lifebuoy zit niet in de business van zeep, maar in de wereld van handen wassen of persoonlijke hygiëne.

Als je *binnen* jouw businessdefinitie zoekt naar societal value dan kom je niet verder dan lineair denken en ga je meer van hetzelfde doen. Om anders te denken en nieuwe opportuniteiten te dromen, moet het bedrijf ook anders naar zijn wereld kijken.

B. SEE THE FUTURE FIRST!

Als je jouw wereld bepaald hebt, wat zie je dan? Hoe ziet deze wereld eruit in de toekomst? Wat heeft deze wereld nodig? Waar hebben mensen behoefte aan? Welke dromen en angsten hebben die mensen? En ben jij de eerste in jouw wereld om deze evoluties of revoluties te zien? Ben jij de eerste om de toekomst te zien? Zeker in een wereld in transformatie is dit een niet te onderschatten concurrentieel voordeel.

Wat is de impact van de paradigmawissels op jouw wereld?

Persoonlijk geef ik deze opdracht altijd aan de hand van de hiervoor besproken paradigmashifts. Als je alle paradigmawissels opsomt en bespreekt, welke impact hebben ze dan op de wereld waarin we actief zijn? Welke paradigma's zijn voor onze wereld het meest relevant? Zullen het meest impact hebben? Hoe en in welke vorm? Dat is vaak een heel handige manier om een eigen toekomstbeeld en een visie te vormen. En op die manier ook voor onszelf een totaal nieuwe wereld aan opportuniteiten te zien.

Maak de nieuwe wereld zichtbaar en meetbaar

Uiteraard is het belangrijk om vervolgens deze wereld ook zichtbaar, voelbaar en zo goed mogelijk concreet te maken.

Ook heel belangrijk is om van een visie een gedeelde visie te maken. Woorden worden door mensen anders ingevuld, vandaar dat ik het liefst met een collagetechniek werk. Samen met de groep – in een workshop set-up – creëren we dan een gezamenlijke wereld.

Hier horen ook cijfers. Ook al is dat niet altijd makkelijk in een visieoefening, en is het vaak een beetje koffiedik kijken, toch is het heel belangrijk die tendensen die met onze visie te maken hebben bloot te leggen: 'Better directionally right, then exactly wrong.'

Deze fase is in de praktijk een ongelooflijk belangrijke fase. Het geeft een bedrijf of merk ontzettend veel creatieve en constructieve energie als het een eigen, uniek en ondersteund nieuw perspectief kan creëren op de wereld waarin het actief is. Het maakt soms een verschil tussen leven en dood denk ik vaak.

‘Ben jij de eerste in jouw wereld
om de revoluties te zien?

4. HET MERK
IN ZIJN KRACHT ZETTEN

Dit is de volgende fase van ons transformatieproces. Nu moeten we onze toekomst opnieuw dromen. In de vorige fase hebben we een ander perspectief gekregen op mensen, op de wereld, op winst en op merken. Vanuit dit ander perspectief hebben we nagedacht in welke wereld we actief zijn en hebben we geprobeerd om deze wereld vorm te geven.

Nu moeten we ons eigen merk en ons eigen bedrijf weer in hun kracht zetten. En klaarmaken voor de transitie en de wereld van morgen. *Merken moeten een nieuwe identiteit opbouwen.* Zoals ik eerder al aangaf, heeft een identiteit te maken met *worden* en niet alleen met zijn. Het is mijn stelligste overtuiging dat elk bedrijf, elk merk in de komende jaren een nieuwe identiteit zal moeten opbouwen wil het succesvol zijn in de wereld van morgen. Hierbij moeten we vertrekken vanuit onze essentie, vanuit onze kern in fase 1 van het transformatieproces. We moeten dus het goede behouden en aanvullen met nieuwe keuzes, inzichten en aangepaste normen en waarden.

• • •

1. EEN MERK IN ZIJN KRACHT

Een merk dat in zijn kracht staat, is een merk dat weet wat het doet en waarom het doet wat het doet. Het merk doet die dingen waar het in gelooft, waar het trots op is. En niet omdat het bij de core competenties van het merk hoort. Het merk dat in zijn kracht staat, laat zich niet leiden door vermeende opportuniteiten van de markt omdat het uitgaat van zijn eigen innerlijke kracht. Steeds meer zal het voor CEO's en marketeers duidelijk worden dat dit de 'one million dollar question' is, de vraag die echt het verschil maakt. Waarom doen we als bedrijf de dingen die we doen? Jim Collins zei het in *Good to great*: 'Companies and brand will find increasingly that what they stand for has more weight than what they sell.' Een merk dat in zijn kracht staat, is in flow. Een merk dat in zijn kracht staat, wordt door alle stakeholders als echt, geloofwaardig en authentiek ervaren. C.K. Prahalad in *The New Age of Innovation*: 'Managers hebben geleerd naar buiten en voorwaarts te kijken. Nu zullen ze vooral moeten leren naar binnen te kijken.' Juist door in je kracht te staan, door te vertrekken vanuit de kernfilosofie van het merk kun je de energie creëren om een ongekend arsenaal aan potentieel voor je merk vrij te maken. Door in je kracht te staan, door te weten wat je echt wilt als merk, maak je de ruimte voor groei exponentieel groter.

• • •

2. WHAT ARE YOUR DREAMS FOR IMPACT?

Bedrijven en merken zijn vergeten om te dromen. Doe de droomopdracht maar eens in je eigen bedrijf. Vraag aan een managementteam waar hun bedrijf van droomt. Waar droomt dit merk van? Vaak weten we het niet, of gaan de dromen over geld, marktleiderschap of groeicijfers. Zelden gaan de dromen over de wereld een beetje beter maken. Zelden gaan de dromen over bijdragen aan het algemeen welzijn. Bijna nooit weet het managementteam het antwoord op de vraag: hoe willen we de wereld een beetje beter achterlaten?

Een merk in zijn kracht heeft sterke, ambitieuze dromen. Een merk in zijn kracht wil impact hebben op de wereld, op de macrowereld of de microwereld. Een merk in zijn kracht heeft dromen die door alle stakeholders gedeeld worden. Dromen waarvan mensen deel willen uitmaken. Of zoals Paulo Coelho zegt: 'Eten is voedsel voor het lichaam, dromen zijn voedsel voor de ziel.' Dit geldt ook voor een bedrijf of een merk. Wil je je merk meer ziel geven, dan moet je ook dromen. Paul de Blot: 'Is het feit dat veel bedrijven niet weten welke kant ze op moeten, misschien te wijten aan het feit dat ze niet meer weten wat eigenlijk hun droom, hun ideaal is?'

Om je bedrijf en je merk in zijn kracht te zetten binnen deze nieuwe wereld raad ik volgende opdracht aan: Wat zijn jouw dromen binnen deze wereld? Welke impact wil jij als merk of bedrijf hebben? Hoe wil jij de wereld waarin je actief bent, een beetje beter maken? Doe deze opdracht niet alleen met woorden, maar maak als team collages. Visualiseer je dromen en maak er aan de hand van beelden ook gedeelde dromen van.

• • •

3. BRAND PURPOSE

Brand purpose: great companies have great purposes. Een purpose verklaart waarom je de dingen doet die je doet en verwijst naar de opdracht die je jezelf geeft om relevant te zijn in het leven van mensen. Het bestaansrecht van het merk ligt niet alleen binnen de muren van de eigen organisatie. Het bestaansrecht van het merk moet ook in de buitenwereld liggen, want geen enkel merk of organisatie werkt alleen voor zichzelf. De brand purpose moet ook aangeven wat het merk fundamenteel wil bijdragen aan de wereld. De stakeholders moeten deel uitmaken van de eigen brand purpose en ze moeten betrokken partij zijn bij het realiseren van de brand purpose. Een goede brand purpose geeft zin aan een merk en organisatie. Een brand purpose moet een nieuw perspectief in zich dragen om zo de collectieve energie en zingeving binnen de organisatie, maar ook in relatie tot alle stakeholders, vrij te maken. Een goede brand purpose begint daarom altijd met een werkwoord zodat het ook letterlijk een opdracht inhoudt. Een opdracht voor het merk waar iedereen aan wil meewerken. Een purpose verwijst hierbij ook naar de menselijkheid van een bedrijf. Paul de Blot zegt het zo: 'Een bedrijf heeft menselijke eigenschappen. Het wordt geboren, groeit op, kan open bloeien, creatief zijn, maar ook ongelukkig zijn, ziek zijn en zelfs doodgaan.'

Ik geef enkele voorbeelden:
Nike: 'To bring inspiration & innovation to every athlete in the world.'
Ikea: 'To create a better everyday life for the many.'
P&G: 'Touching and improving more lives, in more parts of the world, more completely.'

Een sterke purpose vindt impliciet ook heel goed aansluiting bij een 'universele menselijke waarheid'. Mackey en Sisodia reiken hier een interessante classificatie aan ter inspiratie om een sterke purpose te schrijven:

- *The Good*: Service to others. Improving health, education, communication and quality of life. E.g. Zappos: 'Delivering happiness.'
- *The True*: The search for truth and the pursuit of knowledge. Discover and learn something that no one had ever known before. E.g. Google: 'To organize the world's information and make it universally accessible and useful.'
- *The Beautiful*: The pursuit of beauty and excellence, and the quest for perfection. E.g. Dove: 'Help encourage girls to develop a positive relationship with beauty, helping to raise their self-esteem and thereby enabling them to realise their full potential.'
- *The Heroic*: Truly try to make the world better, to solve insoluble problems, to do the really courageous things even when it is very risky and to achieve what others say is impossible. E.g. Grameen Bank Bangladesh: 'Help end poverty and transform the world by empowering the poorest of the poor.'

4. BRAND VISION

Stevige, winnende merken hebben een sterke visie op de wereld waarin ze actief zijn en op de rol die ze in die wereld willen spelen. Een brand purpose draagt het langetermijnperspectief in zich. De brand vision geeft aan hoe je op een bepaald moment in de tijd naar de wereld kijkt en het perspectief dat je aan die wereld wilt geven. Een duidelijke visie hebben op je eigen toekomst heeft grote impact op het vrijmaken van het potentieel van het merk. Een goede visie durft aan te geven hoe wij als merk de wereld van morgen denken te beïnvloeden zodat wij succesvol zijn in onze brand purpose. Een mooi voorbeeld van een transformationele visie is die van Stelios Haji-Ioannou, de oprichter van Easyjet: 'Luchtvaart hoeft geen luxeproduct te zijn.'

• • •

5. BRAND PRINCIPLES

Stephen Covey maakt een onderscheid tussen principes en waarden. Principes zijn tijdloos en transcultureel en dat zijn waarden niet altijd. Principes zijn een soort natuurwetten en veranderen niet in de tijd, ze zijn ook niet afhankelijk van opinies of culturen. Zelf werk ik dan ook liever met principes dan met waarden. Je principes kennen is cruciaal voor het opbouwen van een duurzaam merk. Duurzame merken zijn bewuste merken, ze maken bewuste keuzes op basis van zorgvuldig geïdentificeerde basisprincipes. Mijn voorstel zou zijn dat elk merk drie principes als ankers voor zijn krachtencentrum kiest.

Naast de individuele principes op zich is ook het geheel van de principes ontzettend belangrijk. Het is namelijk dit geheel dat het merk vaak uniek maakt in zijn zijn. Bepaalde principes kunnen gedeeld worden door concurrenten, maar de combinatie van principes moet het unieke zijn van het merk zichtbaar maken. Bovendien houden principes ook keuzes in. Bij het definiëren van een principe moet je ook kunnen aangeven wat je dan niet meer doet. Dit is ontzettend belangrijk.

• • •

6. BRAND PERSONALITY

Het is ook ontzettend belangrijk dat de merkpersoonlijkheid deel uitmaakt van een sterke merkenfilosofie. Een merk moet meer menselijk worden en voldoende menselijke karakteristieken uitstralen. Daarbij is de merkpersoonlijkheid cruciaal. Het is dé manier om leven in je merk te brengen, om het hart en de ziel van het merk te tonen. Want klanten en consumenten zullen vaak reageren op een manier die spiegelt hoe het merk hen behandelt. Is het merk koud, oppervlakkig of afstandelijk, dan zullen mensen vaak ook zo reageren naar het merk toe. De merkpersoonlijkheid is cruciaal voor mensen om zich met een merk 'te verbinden'.

Marketeers moeten het wel mogelijk maken dat hun merk een multidimensionale merkpersoonlijkheid ontwikkelt. De persoonlijkheid van een merk moet voldoende rijk zijn, zowel in de breedte als in de diepte. Te veel merkpersoonlijkheden zijn vandaag te eendimensionaal en daardoor niet klaar om relaties aan te gaan met die multidimensionale consument of klant. Mensen verwachten 'de gepaste contextuele oplossing' en daar hoort een aangepaste merkpersoonlijkheid ook bij. Anders krijgen we geen *heart to heart* communicatie.

• • •

7. VISUAL BRAND IDENTITY

De visual identity speelt een cruciale rol om het merk uniek en anders in de markt te zetten. De visuele identity is de directe weg naar het unieke merkconstruct in de hersenen van de consument en de klant. In de wereld van vandaag moet ook de visual identity spannend zijn, maar toch moet de visual identity er voornamelijk voor zorgen dat het merk binnen alle contexten herkenbaar is. Met visual identity bedoel ik het geheel aan visuele elementen, het visuele systeem, dat toelaat om een merk te identificeren via een groot aantal media.

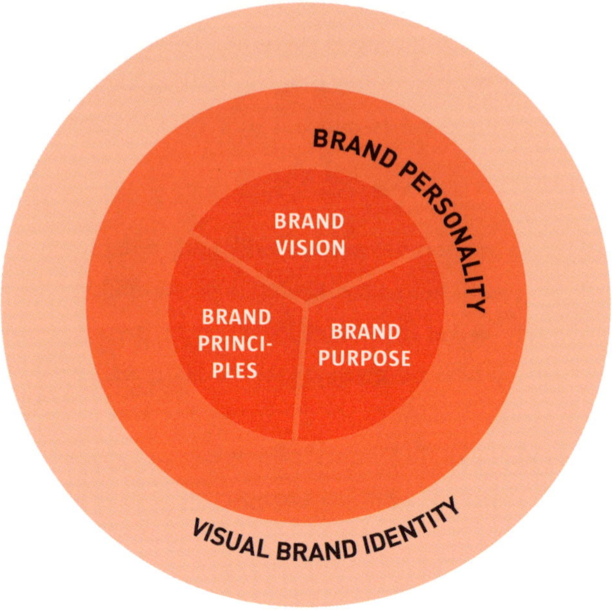

Een krachtige merkenfilosofie is voor elk merk cruciaal.

• • •

8. WAT WIL JE MEENEMEN IN JE RUGZAK? EN WAT WIL JE LOSLATEN?

Welke rugzak neem je mee naar 'de nieuwe wereld'? Dat is een levensbelangrijke strategische oefening. De goede en juiste dingen behouden, versterken en verrijken. En de dingen loslaten die afbreuk doen aan de purpose en visie en die de geloofwaardigheid van een bedrijf of merk in het gedrang kunnen brengen. Beslissen wat je niet meer gaat doen, is een zeer moeilijke opdracht voor een managementteam. Peter Drucker zei het al eerder: 'Strategie heeft veel te maken met beslissen wat je niet meer gaat doen.'

We hebben allemaal een rugzak. Elk bedrijf en merk heeft een rugzak. Op onze weg naar 'de nieuwe wereld' moeten we beslissen wat we in onze rugzak houden, wat we erbij willen stoppen, maar ook wat we weg willen doen. Nieuwe dingen in de rugzak van een organisatie stoppen, is vaak niet het moeilijkste. Wel moeilijk is durven beslissen wat je niet meer gaat doen, vanuit een langetermijnovertuiging. Ook al kost dit geld op korte termijn. Elke lange termijn strategische opdracht die niet duidelijk aangeeft vanuit purpose, visie en principes wat je wilt loslaten, is een waardeloze opdracht.

Een cruciale vraag is uiteraard: heb je als bedrijf eerst een existentiële crisis nodig vooraleer je in staat bent om moeilijke beslissingen te nemen en opportuniteitskosten of andere dingen die geld kosten los te laten? Ed Vroeman: 'We zijn het erover eens dat niet altijd een crisis nodig is, maar in ieder geval ervaringen die het hart raken.'

Absoluut belangrijk is dat door je aan je principes te houden en te beslissen wat je niet meer gaat doen, je innerlijke kracht als bedrijf of merk echt sterker wordt. Paul de Blot: 'Door innerlijk steeds sterker te worden en honger naar geld en macht steeds meer los te laten, kun je je in moeilijke omstandigheden staande houden. Dan heb je geleerd je uiterlijke zekerheden te kunnen missen en toch vooruit te gaan.'

• • •

9 . OOK LEIDERS MOETEN IN HUN KRACHT KOMEN

Ik ben het helemaal eens met Bruno Rouffaer is zijn geweldig boek *No Way. Big bad boss era is over*: 'We hebben toekomstige leiders nodig met een sterke emotionele, mentale en spirituele intelligentie. Met als streefdoel: gelukkig zijn als individu en geluk brengen als lid van een gemeenschap.'

De leiders van onze huidige bedrijven en organisaties moeten zichzelf ook opnieuw uitvinden. Een bedrijf in zijn kracht zetten binnen de context van een transformerende wereld betekent zich als individu en als groep een nieuwe leiderschapsstijl eigen maken. Voornamelijk het loslaten van een top-down benadering is een hele uitdaging. Een leider moet niet alleen zijn bedrijf of merk door een transformatieproces loodsen, hij moet voornamelijk zelf een persoonlijke transformatie doormaken. En dit zonder de korte termijn uit het oog te verliezen. Jan Jonker: 'De leider van een succesvol transformatieproces is zowel visionair en krachtig als praktisch en dienstbaar. Ondanks de altijd overheersende kortetermijnbelangen, is deze leider in staat de onderneming op sleeptouw te nemen naar een nieuwe toekomst die verder weg ligt dan het volgende boekjaar.' Nieuwe leiders moeten niet alleen een visie neerzetten, maar ook de organisatie meenemen. En daarom moeten er ook snel in het transformatieproces kleine succesverhalen zijn.

Er zijn verschillende visies op het type leiderschap van de toekomst. Happy Profit wil díé leiderschapsstijlen omarmen die een uiting zijn van een groeiend bewustzijn: het is een leiderschap dat vertrekt vanuit het diepere zelf en dat groeit van binnenuit, dat gericht is op het welzijn en de groei van de ander, dat iedereen als een potentiële leider beschouwt, dat in harmonie is met de wetten van de natuur en dat ruimte geeft voor persoonlijke groei en iedereen in staat stelt zijn eigen Purpose in Life in te vullen.

Mogelijke invullingen van nieuw leiderschap zijn spiritueel leiderschap, zelfleiderschap, dienend leiderschap, natuurlijk leiderschap, participerend leiderschap, transformationeel leiderschap en authentiek leiderschap.

SPIRITUEEL LEIDERSCHAP

Paul de Blot spreekt over spiritueel leiderschap. Dit soort leiderschap gaat eerder over begeleiden. Het is niet top-down. Het komt van binnenuit.

Authenticiteit

Goed leiderschap begint bij jezelf, bij zelfkennis. Je moet weten wat je kracht en je zwakte is, en van daaruit opereren. Als dromen weer tot leven komen, ben je ineens in staat om jezelf en anderen te inspireren.

Helpen ontdekken

Een goede leider schept ruimte voor het ik van de mensen en voor hun ontwikkeling. Het belangrijkste instrument daarvoor is hun eigen kracht. Met andere woorden: een goede leider helpt mensen hun bestemming te bereiken.

Positief

Een spiritueel leider doet niet zozeer andere dingen, maar doet dezelfde dingen op een andere manier: respectvol, voorzichtig, stimulerend. Hij zorgt voor een prettige sfeer en beloont gewenst gedrag. Maar ruimte bieden voor recreatie is ook een wezenlijk element.

Delegeren

Spiritueel leiderschap kenmerkt zich door een goede balans tussen centrale en decentrale elementen. Voor de Blot is de ideaalvisie iets dat op het centrale niveau thuishoort, terwijl het operationeel beleid best gedelegeerd kan worden naar mensen op de werkvloer.

Ondersteund

Business spiritualiteit moet in de hele organisatie en breed draagvlak hebben. Ieder moet op zijn eigen plek de spiritualiteit bewaken en op zijn beurt een leider zijn. Ook mensen van de schoonmaakdienst kunnen op hun eigen terrein leider zijn en de spiritueel geladen bedrijfscultuur dragen.

DIENEND LEIDERSCHAP

De essentie van dienend leiderschap is dat je je afvraagt wat je aan een organisatie kunt toevoegen (en dus niet wat je uit een organisatie kunt halen). Dienende leiders richten zich op het bevorderen van het gemeenschapsgevoel en de persoonlijke groei van hun medewerkers. Inge Nuijten schreef in haar boek: 'Een dienend leider stelt de belangen van anderen op de eerste plaats, heeft de wijsheid om te zien wat nodig is, de capaciteiten om daar iets mee te doen en de moed om daarnaar te handelen.'

Ed Voerman van de stichting Servant-Leadership: 'Je bent verantwoordelijk voor je eigen daden. De scheiding tussen wij en zij bestaat niet. Je bent je eigen leider die dient en die zich verbetert, zich ontwikkelt. Een Servant-Leader gaat niet primair voor eigen gewin, maar wil ten dienste staan van de mensen aan wie hij leiding geeft. Kernbegrippen zijn de bereidheid om te luisteren, empathie, overtuigingskracht en groepsgevoel, niet "top-down" met van bovenaf opgelegde directieven, maar samenwerking op basis van vertrouwen.'

Paul de Blot: 'Je bent je eigen leider en ontdekt dat anderen dat in potentie ook zijn. Als je jezelf niet kunt leiden, dan kun je geen goed leider zijn.'

NATUURLIJK LEIDERSCHAP

Ook de Foundation for Natural Leadership heeft de overtuiging dat de eenentwintigste eeuw vraagt om nieuw leiderschap. Men spreekt over vanzelfsprekend leiderschap dat de mens en natuur centraal stelt in haar handelen om daarmee relevante vragen uit de markt te bedienen. Centrale begrippen zijn: verbinden, leren, synchroniciteit, intuïtie, in het nu, eenvoud, dialoog, aandacht, reflecteren.

PARTICIPEREND LEIDERSCHAP

Bij participerend leiderschap nodigt de leider de medewerkers uit om mee te denken, mee te praten en vaak ook mee te beslissen. Participerende leiders creëren voornamelijk de juiste randvoorwaarden zodat medewerkers optimaal kunnen functioneren, maar ook gestimuleerd worden om zelf initiatieven te nemen.

Boy van Droffelaar (Coeus Coaching & Consulting bv) legt voornamelijk de nadruk op transformationeel leiderschap en authentiek leiderschap.

TRANSFORMATIONEEL LEIDERSCHAP

Bernhard Bass heeft het begrip transformationeel leiderschap ontwikkeld. Transformationeel leiderschap is het proces waarbij de leider de prestaties van de groep of een organisatie boven verwachting bevordert door een sterke gevoelsband met zijn of haar volgers, gecombineerd met de collectieve wil om een hoger doel na te streven. Dit model bestaat uit vier pijlers, de 4 'I's:

- *Idealized influence,* waarbij de leider visie toont en zichzelf ziet als rolmodel voor de volgers.
- *Inspirational motivation,* de teamspirit gericht op het bereiken van de doelen.
- *Intelectual stimulation,* waarbij de leider zijn of haar volgers prikkelt, uitdaagt tot creativiteit, innovatie en zorgvuldige probleemoplossing.
- *Individualized consideration,* waarbij de leider een ondersteunende omgeving creëert die aansluit bij de individuele en uniek behoeftes van de volgers.

Transformationeel leiderschap zet zich daarbij af tegen Transactioneel leiderschap dat twee componenten bevat, namelijk 'contingent reward', ofwel belonen naar prestatie, en 'management by exception', dat het gebruik van constructieve kritiek omvat. Lager op de schaal van betrokkenheid van de leider bevindt zich dan nog 'laisser faire'-leiderschap.

AUTHENTIEK LEIDERSCHAP

Sinds het begin van deze eeuw is het begrip authentiek leiderschap ontstaan. Van dit concept, dat door Luthans, Avolio, en Walumba is gedefinieerd, wordt ook wel gezegd dat het een 'root'-concept is. Het betrekt de *bron* van leiderschap in het geheel, terwijl andere concepten, zoals transformationeel leiderschap meer alleen 'purpose'-gericht zijn.
Authentiek leiderschap rust op vier pijlers:

- *Balanced processing,* dit betreft het analyseren en betrekken van alle informatie, ook informatie die het oorspronkelijke standpunt tegenspreekt. Dus goed kunnen luisteren.
- *Internalized moral perspective,* de leider wordt geleid door zijn of haar interne kompas en handelt dienovereenkomstig, zelfs als het indruist tegen groeps-, organisatie-, of sociale druk.
- *Relational transparence,* het open delen van informatie en duidelijk zeggen wat je denkt en voelt, weliswaar in de juiste context.
- *Self-awareness,* een proces van het bereiken van diep begrip van de eigen sterktes en zwaktes. Dit houdt in dat het eigen 'zelf' constant tegen het licht wordt gehouden door ontvankelijk te zijn voor feedback van anderen en bewust te zijn van de eigen invloed op anderen.

‘We hebben toekomstige leiders nodig
met een sterke emotionele,
mentale en spirituele intelligentie.

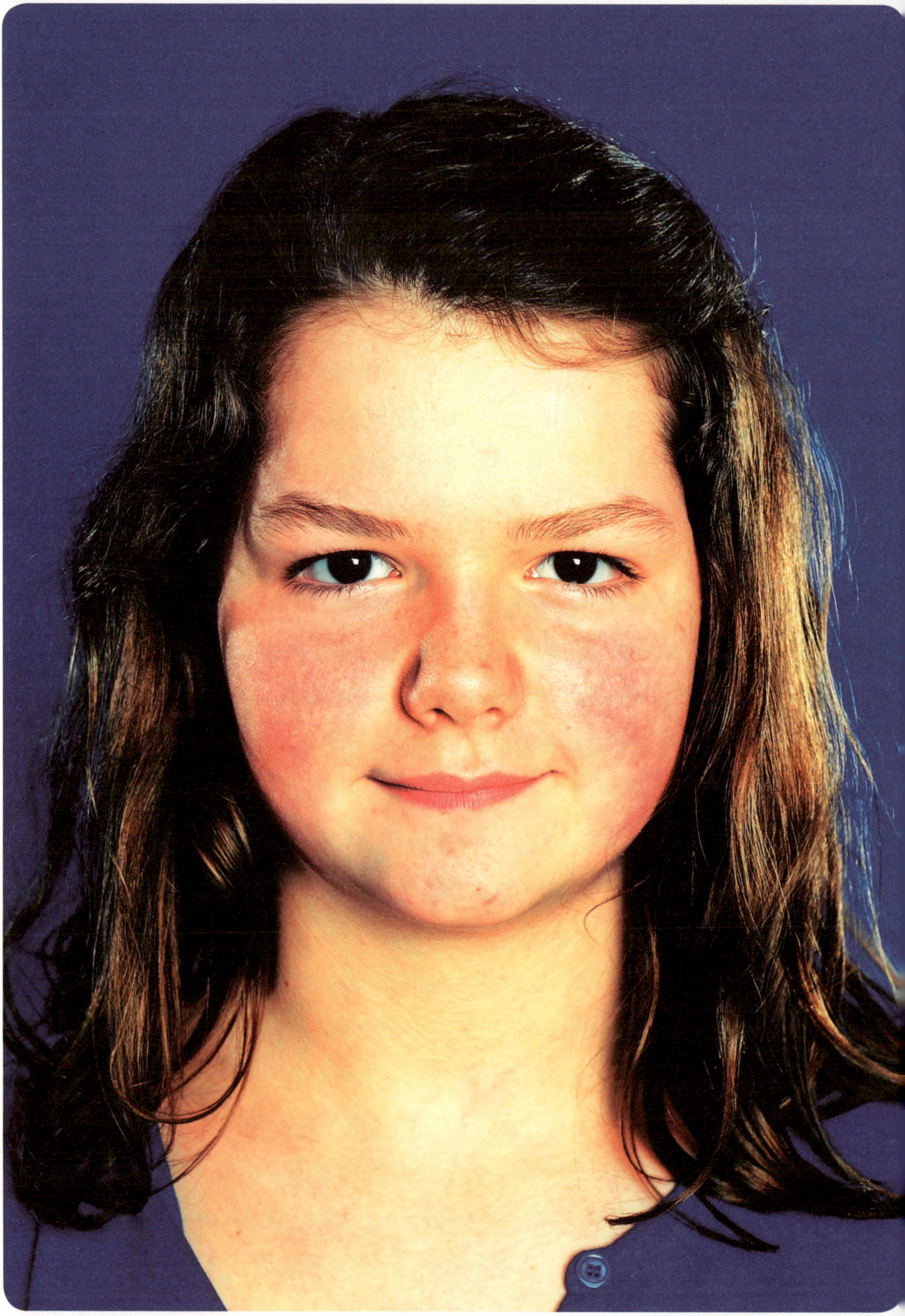

5. NEGEN HAPPY PROFIT HIGHWAYS

Hoe doe je dit nu? Hoe bouw je nu Happy Profit op? In dit deel van het boek bespreek ik dus voornamelijk het *hoe*.

Hiertoe heb ik negen *highways* gedefinieerd. Negen manieren voor een bedrijf of merk om te groeien, om nieuwe opportuniteiten te zien en ook waar te maken. Het zijn ook negen manieren om immateriële waarde te creëren, wat op zijn beurt ook zal leiden tot meer materiële waarde.

Iedere CEO of marketeer zou dit schema aan de muur moeten hangen ter inspiratie om plannen voor groei te zien. Investeerders zouden het schema als leidraad moeten gebruiken om te beslissen in welke merken of bedrijven ze investeren.

'Negen manieren voor een bedrijf om te groeien.

• • •

1. HET MERK, ONS MERK, MIJN MERK

Om die negen highways toch enigszins te structureren, maar ook om de extra betekenisdimensie achter de highways weer te geven, maak ik een onderscheid op drie gelijkwaardige niveaus: Het Merk, Ons Merk en Mijn Merk.

Het niveau van Het Merk heeft betrekking op de purpose en de visie van het merk. Uit dit niveau moet blijken dat het merk niet alleen maar verhaaltjes vertelt, maar ook echt doet. Dat het merk ook werkelijk streeft naar impact. Walk the talk. Het resultaat van dit niveau is een aspirationeel merk.

Het niveau van Ons Merk betekent dat het merk zich bijna letterlijk opent om samen met alle stakeholder en peer-to-peernetwerken een gedeeld merk te creëren.

Het derde niveau is het niveau van Mijn Merk. Op dit niveau kan de stakeholder er ook bijna letterlijk zijn merk van maken. Het merk dat het best bij hem past. Het merk krijgt een rol in het persoonlijk leven van de klant of consument. En hij kan er ook een eigen invulling aan geven.

De drie niveaus geven ook de mate van openheid weer. Op het niveau van Het Merk hoeft het merk zich nog niet helemaal open te stellen. Hoe meer je op het niveau komt van Mijn Merk, hoe opener het merk moet worden, zelfs heel open. Het merk moet mensen en community in het hart van het businessmodel toelaten. En moet het ook mogelijk maken dat mensen er hun merk van maken.

WELKE HIGHWAYS KIES JE NU ALS MERK OF BEDRIJF?

Een bedrijf of merk moet hier waarschijnlijk een keuze in maken. Je kunt voor een individueel merk of bedrijf waarschijnlijk niet alle negen highways bewandelen, tenzij je over veel middelen beschikt.

Mijn advies bestaat uit drie aandachtspunten:

1. Maak keuzes op basis van je purpose, je visie en je cultuur. Welke highways zorgen er het beste voor dat je je dromen ook echt waar maakt? Welke highways sluiten het best aan bij jouw cultuur, bij jouw DNA? Bij welke highways heb je echt het gevoel dat je in flow bent als organisatie?

2. Kies voor die highways die binnen jouw wereld zowel stakeholder value creëren als financiële waarde.

3. Kies zeker highways op alle niveaus: zorg voor highways op het niveau van Het merk, Ons Merk en Mijn Merk. Deze drie niveaus zijn onontbeerlijk om een sterk merk van de toekomst op te bouwen.

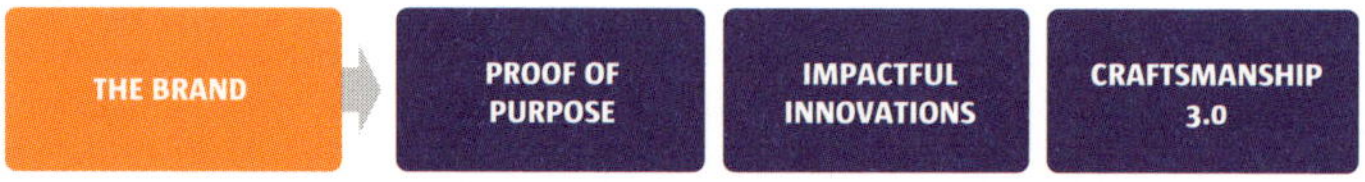

• • •

2. HAPPY PROFIT HIGHWAYS OP HET NIVEAU VAN HET MERK

Het Merk van de toekomst heeft een stem en een duidelijke visie op de wereld van morgen, het staat ergens voor en neemt een leidende rol in het creëren van een duurzame economie, van een duurzaam systeem. Het toont aan dat het zijn verantwoordelijkheid neemt voor het creëren van een duurzamere maatschappij en engageert zich voor een betere toekomst van morgen, niet alleen voor zijn eigen sterke ik, maar ook voor een beter wij. Het Merk is een echte thought leader.

Het Merk spreekt me aan als klant omdat ik me aangesproken voel door de purpose en de principes erachter. Het Merk toont ook duidelijk aan dat het niet alleen over verhaaltjes gaat, maar dat het ook werkelijk actie onderneemt om de wereld van morgen te creëren. Ik als klant zie dit onder andere via de vele nieuwe innovaties en de producten of diensten waar een ziel in zit.

Het Merk is innovatief en begrijpt dat we dingen anders moeten aanpakken. Je voelt als klant en als stakeholder ook aan dat dit in zijn kern zit. Dat het geen nieuwe verkoopverhaaltjes zijn, maar dat het waarde creëert voor alle stakeholders. Het Merk neemt niet alleen van de wereld, het geeft ook aan de wereld.

A. PROOF OF PURPOSE

Van issue:
Bedrijven en marketeers vertellen verhaaltjes, greenwashing
Naar opportuniteit:
Niet alleen vertellen; ook doen, proof of purpose zichtbaar en meetbaar maken

Immateriële waarde

- Een purpose verwijst naar de positieve impact die je wilt hebben in de wereld.
- Een purpose sluit idealiter aan bij 'a human truth', dat menselijke waarden promoot.
- Het vervullen van de purpose leidt tot het delen van optimisme en positieve energie.

Materiële waarde

- Een sterke purpose trekt mensen aan: consumenten, klanten, toptalenten en andere key stakeholders.
- Als de purpose duidelijk is, kun je snellere en betere beslissingen nemen.
- Een purpose leidt tot een andere kijk op de wereld en dat leidt tot nieuwe producten en nieuwe markten.
- Het vervullen van de purpose leidt tot acties, tot doen. En niet alleen maar vertellen.

In het voorgaande wees ik al op het belang en de kracht van een sterke purpose. Maar het op papier zetten van een purpose is niet voldoende. We moeten ook duidelijke daden stellen om deze purpose telkens weer te realiseren. Vandaag vertellen de meeste merken te veel verhaaltjes. Te vaak is het alleen een zin zonder daadkracht. Een purpose zonder uitvoering blijft in je fantasie zitten en verliest geloofwaardigheid en relevantie. Een brand purpose moet begin- en eindpunt zijn en moet zijn effect krijgen in de dagdagelijkse realiteit van een bedrijf en een merk. Consumenten en klanten hebben nu weet van marketing en internet zorgt voor een ongekende transparantie. Het gevolg is dat consumenten en klanten het onmiddellijk door hebben wanneer het merkverhaal alleen maar blablabla is. We komen in een tijdperk van doen, doen en nog eens doen. De meeste bedrijven hebben al jaren een missie. Sommige hebben ondertussen ook een duidelijke purpose gedefinieerd. Zelden echter krijg je van het bedrijf of merk een duidelijke inkijk in de realisatie van die missie en/of purpose.

Proof of purpose

Proof of purpose is het gedrag dat een merk of bedrijf stelt om zijn purpose ook daadwerkelijk te realiseren. Dit gedrag zorgt ervoor dat de purpose ook zichtbaar en geloofwaardig wordt voor alle stakeholders en vermindert daardoor ook het risico op greenwashing.

Purpose drijft winst en talent. Of anders gesteld: als je er als bedrijf in slaagt om je purpose te realiseren en je doet dit uiteraard met de nodige *business sense*, dan volgen klanten, toptalenten, leveranciers enzovoort, en zal deze proof of purpose de financiële bottomline sterk positief beïnvloeden. John Mackey (CEO van Wholefoods): 'From profit maximization to purpose maximization. By recognizing and responding to the hunger for meaning that is a quintessential human condition, companies can unlock vast sources of passion, commitment, creativity, and energy that lie largely dormant in their team members and other stakeholders.' Willen we ons potentieel als merk en bedrijf volledig ontplooien dan moeten we dingen doen, risico's nemen en sociale waarde creëren die buiten onze onmiddellijke comfortzone ligt. Daarom ook is het cruciaal dat in elk purpose-proces veel aandacht besteed wordt aan het *hoe* en *wat* van het realiseren van de purpose. Het Why is niets zonder het How en het What.

Voor Pampers is dat onder andere Pampersvillage.com waar jonge mama's en papa's terechtkunnen met al hun vragen, niet alleen over het gebruik van pampers zelf, maar ook over de zwangerschap, slapen, opvoeden, speel- en leeractiviteiten, veiligheid enzovoort. Dell heeft onder andere zijn YouthConnect programma waar kansarme kinderen binnen en buiten de US geholpen worden bij het ontwikkelen van hun technologische mogelijkheden. Always heeft programma's lopen in Afrika en andere delen van de wereld waar het oplossingen biedt voor jonge meisjes en hun maandelijkse hygiëne, zodat ze naar school kunnen blijven gaan. Nike heeft Nike+ en Fuelband, maar Nike bouwt ook stadions en speelterreinen en organiseert ook allerlei toernooien.

Proof of purpose moet dus leiden tot een tsunami aan nieuwe ideeën, producten en diensten. Proof of purpose moet energie geven en moet leiden tot creativiteit en bezieling.

Deze nadruk op doen en niet alleen op vertellen wordt de komende jaren een zeer belangrijk aandachtspunt voor marketeers en CEO's. Een geweldig voorbeeld hiervan is het project Storydoing.com: 'The premise of the project is that there are two kinds of companies in the world today: storytelling companies that convey the story of their brand, business or product by telling that story, usually through PR or paid advertising; and storydoing companies that consciously convey their story through direct action. Storydoing companies use their core story as an organizing principle for activities throughout the company: new product development, recruiting, compensation, partnerships, as well as any communication that they create. Our hypothesis is that storydoing companies spend fewer dollars on paid media, and the dollars they do spend work harder which makes storydoing companies more efficient.'

De volgende tip is hier relevant: als je in een workshop een brand purpose gedefinieerd hebt, verzin dan ook onmiddellijk een opdracht rond deze proof of purpose. Als je het moeilijk vindt om tastbare activiteiten te bedenken, dan is jouw purpose 'te vaag' of 'te hoog' gedefinieerd. Ga niet zitten op het niveau van 'world peace', maar zorg ervoor dat je purpose ook 'kan landen' in de dagdagelijkse wereld waarin je actief bent.

Maak je proof of purpose meetbaar en zichtbaar

Een cruciale opdracht die een merk of bedrijf moet aandurven, is om zijn proof of purpose meetbaar en zichtbaar te maken. Veel bedrijven formuleren wel een purpose, maar koppelen er geen *duidelijke, meetbare doelstellingen* aan vast. En dan wordt de purpose een holle zin die slechts tijdelijk zijn kracht behoudt. Het gaat hierbij over doelstellingen die niet te maken hebben met het eigen product of dienst, maar met duidelijke meetbare doelstellingen qua impact op de wereld. Het Sustainable Living Program van Unilever is hier een best-in-class voorbeeld. De meetbare doelstellingen maken een essentieel deel uit van de positionering van elk strategisch merk. Zo promoot het Self-Esteem Fonds van Dove het zelfvertrouwen bij jonge vrouwen. Hiervoor heeft Dove een verzameling materiaal en hulpmiddelen ontwikkeld die ter beschikking staan van jonge meisjes. Sinds 2005 heeft het bedrijf al 8,5 miljoen vrouwen bereikt. In 2015 is de doelstelling om 15 miljoen meisjes te helpen en te ondersteunen. Lifebuoy, een van 's werelds leidende zeepmerken, wil het verschil maken door het promoten van gezonde, persoonlijke hygiënerituelen. In 2015 wil Lifebuoy het 'handwassen-gedrag' van 1 miljard mensen positief beïnvloeden.

Het is ontzettend belangrijk dat een purpose niet alleen maar een aantal woorden is. Een bedrijf of merk moet dus actief zijn purpose trachten te realiseren door daden. Of zoals Paul de Blot het stelt: 'De interne zekerheid moet ook gematerialiseerd worden. De externe zekerheid is ook belangrijk. Je moet ook doen, anders ga je zweven. De creatie, de energie ontstaat pas als "de purpose" in beweging komt, geleefd wordt. De hoogste idealen zijn onze innerlijke zekerheden en dat wat we in de werkelijkheid doen, resulteert in uiterlijke zekerheden.'

Proof of purpose als magneet voor stakeholders

Een sterke purpose en duidelijke, meetbare doelstellingen met bijbehorende activiteiten zijn een magneet voor allerlei stakeholders. Consumenten, klanten, leveranciers en overheden willen graag deel uitmaken van enthousiaste en zinvolle merken en bedrijven. Een purpose moet je niet in je eentje trachten te realiseren. Proof of purpose moet een uitnodiging zijn aan alle stakeholders zodat het een soort team-effort wordt van alle betrokken stakeholders van een bedrijf of merk.

Stakeholders moeten zich betrokken voelen bij de diepe purpose van een merk en moeten zich ook trots voelen dat ze actief deel uitmaken van het verhaal.

Eerst return on purpose, dan return on investment

Een purpose levert duurzame winst op. Return on purpose drijft return on investment. Verschillende auteurs deden recentelijk onderzoek – met de S&P 500 index als referentiepunt – naar de financiële resultaten van bedrijven die gedreven werden door een duidelijke purpose of duidelijke idealen. Umair Haque in *The New Capitalist Manifesto*, John Mackey en Raj Sisodia in *Conscious Capitalism* en Jim Stengel in *GROW* kwamen tot de conclusie dat dergelijke bedrijven duidelijk beter scoorden dan het gemiddelde van de S&P 500 index. Volgens Mackey en Sisodia scoorden de 'firms of endearment' een factor 10.5 beter dan de index. Stengel stelde een lijst op van vijftig merken die loyaliteit wisten op te bouwen door hun focus op idealen. Deze top vijftig merken deden het 400% beter dan de bedrijven uit de S&P 500 index. Uiteraard is het hierbij belangrijk om op te merken dat deze return voortkomt uit het feit dat de purpose en de proof of purpose in het hart van het businessmodel moet zitten. En geen afzonderlijke afdeling is die zich bezighoudt met 'sociaal' verantwoorde activiteiten.

Proof of purpose creëert vertrouwen

In de wereld van vandaag en morgen wordt vertrouwen een cruciaal concurrentievoordeel. Zonder vertrouwen gaan klanten en consumenten geen duurzame relatie aan met een merk of bedrijf. Zo moet je als merk en bedrijf niet zeggen dat je te vertrouwen bent, maar moet dit vertrouwen blijken uit de activiteiten van elke dag. Een merk dat alleen verhaaltjes vertelt zonder te handelen, krijgt een averechtse reactie uit de markt en zal binnen community's als niet-*trustworthy* worden geafficheerd.

Kiezen is winnen

Bij proof of purpose hoort ook keuzes maken. En dat is vaak heel moeilijk voor managers. Want vaak denken ze nog dat kiezen gelijk staat aan verliezen. In een wereld waar klanten, consumenten en de publieke opinie van ons verwacht dat we 'voor iets staan', dat we ons verantwoordelijk gedragen en dat we actie ondernemen om een duurzame wereld te creëren, moeten we ook zeggen wat we niet gaan doen. Vaak is dit zelfs de eerste stap in een transformatieproces: stoppen met activiteiten of gewoonten die misschien wel geld opleveren, maar die niet meer passen bij de purpose en de visie die we voor onszelf hebben geformuleerd. Als je dit als bedrijf kunt, is de tijd rijp voor de 'transformatiereis'. Ook hier moeten we dus ons denkpatroon omgooien en geloven dat kiezen ook winnen is. In plaats van het verlies op korte termijn levert dit op lange termijn een duidelijke winst op, want het is in lijn met onze purpose. Peter Drucker stelde eigenlijk ook al jaren geleden: 'De essentie van strategie is zeggen wat je niet gaat doen.' Zo besliste ik binnen mijn eigen bedrijfje om niet meer te werken voor sigaretten. Ook al betekende dit een belangrijk opportuniteitsverlies, het was toch mijn enige mogelijke keuze. En het heeft ons in mijn beleving alleen maar geloofwaardiger gemaakt.

B. IMPACTFUL INNOVATIONS

Van issue:
Innovaties zonder relevantie leiden tot te veel stuff en overconsumptie
Naar opportuniteit:
Innovaties introduceren die ook echt een betere wereld creëren

Immateriële waarde

- Het merk neemt initiatieven en vertelt niet alleen maar verhaaltjes.
- Het merk streeft naar impact op de wereld en niet alleen naar betere bottom-line resultaten.
- Van stakeholder management naar stakeholder engagement.

Materiële waarde

- De businessopportuniteit van de circulaire economie.
- Totaal nieuwe kijk op groei en innovatiemogelijkheden.
- Innovaties die waarde creëren voor alle stakeholders.

De issues die de wereld vandaag kent, moeten een inspiratiebron zijn voor fundamentele innovaties die werkelijk impact hebben op het leven van alledag en op de wereld. Een bedrijf moet streven naar echte, meetbare impact. Impact op macroniveau door een positieve duurzame bijdrage aan een betere leefomgeving en op microniveau door het dagdagelijks leven van mensen ook echt een beetje beter te maken. Het merk moet een meetbaar positief verschil maken. De tijd is er meer dan ooit rijp voor. We moeten een nieuw duurzaam systeem installeren. De bewustere klant zal er ons voor belonen met zijn centen. We beschikken als merk over de kracht om iets bij te dragen aan de wereld van morgen. Elk op zijn niveau. Doing good en doing well gaan perfect samen. Shareholder value én ESG value (Ecological, Social Governance) moeten gecreëerd worden. Het mag geen keuze zijn tussen beide.

We staan aan de vooravond van een geweldige tijd vol opportuniteiten. Enerzijds dienen zich een aantal exponentiële technologieën aan voor doorbraken in het leven van alledag. Denk aan zonne-energie, nanotechnologie, 3D-printing, the internet of things enzovoort. Deze technologieën staan ons ter beschikking als bedrijf om ons innovatiebeleid op een ander, hoger niveau te tillen en de transformatie die we voor ogen hebben ook daadwerkelijk te bewerkstelligen. Anderzijds zijn we als bedrijfsverantwoordelijken meer dan ooit bereid om de natuurlijke ecosystemen als voorbeeld en inspiratiebron te gebruiken om zelf circulaire kringlopen binnen de schoot van onze organisatie te installeren.

Een sterk innovatiebeleid is voor elke organisatie cruciaal bij het creëren van een duurzame toekomst. We kunnen als bedrijf geen impact hebben zonder een sterk en ambitieus innovatiebeleid. Fundamentele innovaties leggen nog steeds de basis voor de toekomst van elk bedrijf. We hebben de voorbije decennia veel discussie gehad over incrementele versus radicale innovaties, en welke van de twee nu de meeste aandacht verdient in onze NPD-portfolio. Vandaag de dag kunnen we beter denken in termen van transformationele innovaties. Innovaties die niet alleen leiden tot een nieuw product of dienst, maar *innovaties die ons economisch systeem hertekenen en duurzaam maken*. Het zijn innovaties die niet alleen ontstaan en opereren binnen de huidige businessmodellen, maar die voornamelijk experimenteren met duurzaamheidsprincipes en nieuwe producten, diensten en businessmodellen. En dat is ook dé manier om de duurzame economiegedachte te verankeren in het hart van elk bedrijf. Als we erin slagen om deze opportuniteiten te zien, zullen we er ook in slagen om onze eigen toekomst opnieuw te creëren. Uiteraard zullen incrementele innovaties heel belangrijk blijven voor onze bottomline, ze zullen echter niet de toekomst van een merk of organisatie veilig stellen.

Deze transformationele innovaties bieden enerzijds een antwoord op de fundamentele problemen en dromen van mensen, anderzijds zijn deze innovaties gebouwd op de principes van de circulaire economie. De purpose van de betrokken innovaties moet verankerd liggen in de uitdagingen en de dromen van het dagelijks leven; de innovatie zelf creëert een andere realiteit. Op die manier moeten we waarde creëren voor al onze stakeholders.

Ontelbare cases leveren het bewijs dat je engageren om de uitdagingen van de wereld aan te pakken niet alleen een non-profit gedachte is. Het creëren van maatschappelijke, ecologische en ethische waarde leidt tot een significante positieve financiële bottomline impact. In *Harvard Business Review* van mei 2013 publiceerden R.G. Eccles en G. Serafin een baanbrekend artikel: *The Performance Frontier*. Hun punt: betere financiële resultaten kunnen perfect samengaan met een beter duurzaam beleid. 'Investment in sustainability often require tradeoffs in companies' financial performance, but this doesn't have to be. By strategically focusing on the environmental, social, and governance (ESG) issues that are the most relevant – or material – to shareholder value, firms can simultaneously boost both financial and ESG performance.' Deze auteurs gaan eigenlijk nog een stapje verder en wijzen op de kracht van bedrijven om een vooraanstaande rol te spelen in het creëren van een duurzame maatschappij: 'By building sustainable strategies, the world's most influential and innovative firms – perhaps more effectively than nations themselves – can pave the way to a sustainable society, one that meets the needs of the current generation without sacrificing those of generations to come.'

Embrace a totally new perspective: the issue becomes the opportunity

Ondernemers en marketeers moeten de behoeften van de maatschappij zien als een bron van nieuwe groei. Dat is precies het tegenovergestelde van het afwentelen van de kosten op mens en milieu dat we de voorbije decennia maar al te vaak gedaan hebben. In een aantal bedrijven waar ik kom, zie ik vandaag geweldige ontwikkelingen: van het negeren van de eigen negatieve impact op mens en milieu naar het zien van de uitdagingen voor mens en milieu als een bron van inspiratie en fundamentele innovatie. Het duurzaamheidsverhaal wordt dan een positief, waardecreërend verhaal en geen verhaal dat ontstaan is vanuit moeten omdat verschillende stakeholders druk uitoefenen, of omdat we bang zijn om negatief in de media te komen. We kunnen er zelfs steeds meer van uitgaan dat de kapitalisatiewaarde van een merk of bedrijf mede bepaald zal worden door zijn potentieel om een oplossing te bieden voor een aantal van 's werelds grootste uitdagingen. Wayne Visser: 'Businesses of the future will be judged on whether they can seed and grow farms of apps that provide solutions to the world's most serious challenges.' Impactvolle innovaties zijn dus innovaties die een nieuw, duurzaam systeem helpen bouwen.

Uitgangspunt is het leven van mensen en niet de productcategorie

Een nieuw systeem opbouwen impliceert vertrekken vanuit een fundamenteel andere invalshoek. Het uitgangspunt om impactvolle innovaties te creëren is niet de eigen categorie, maar het leven van mensen met zijn uitdagingen en dromen: de aspiratie van The Happy Life. We moeten hierbij zowel rekening houden met het dagelijks leven van het individu als met de ruimere leefomgeving van het individu. BMW vertrekt met zijn i-programma niet vanuit auto's, maar vanuit de uitdagingen van persoonlijke mobiliteit, om van daaruit te kijken naar spanningsvelden en oplossingen die het bedrijf kan bieden. BMW stelt zich op deze manier open voor alle mogelijke oplossingen, want ze beperken zich niet tot bestaande producten, diensten en businessmodellen. Unilever is een ander voorbeeld: men gaat uit van de noodzaak en het belang van persoonlijke hygiëne en handen wassen en niet vanuit de categorie zeep. Het sustainable living programma van Unilever is gebaseerd op zeven pijlers: health & hygiene, improving nutrition, greenhouse gases, water, waste, sustainable sourcing en better livelihood. Philips is actief in de wereld van de gezondheidszorg, vergrijzing, urbanisatie en energie-efficiëntie.

Bedrijven en organisaties kunnen dus de grote uitdagingen van vandaag als uitgangspunt nemen om nieuwe groei te verwezenlijken en zowel businesswaarde als maatschappelijke waarde te creëren: mobiliteit, vergrijzing, armoede, eenzaamheid, milieu, gezondheid, obesitas, water, luchtkwaliteit enzovoort.

Er dient zich dus een belangrijke paradigmawissel aan bij het uitstippelen van een transformationeel innovatiebeleid. Niet denken vanuit de categorie, maar vanuit de fundamentele uitdagingen van het dagelijkse leven van mensen. We moeten onze denklogica dus omdraaien en vertrekken vanuit de echte wereld en echte mensen en we moeten dus onze innovatieambities ook durven formuleren in termen van sociale, ecologische of ethische waarden en niet alleen in termen van financiële waarden. Welke problemen, uitdagingen en dromen die zich afspelen in het dagdagelijks leven en de leefomgeving van mensen, willen we aanpakken?

Deze manier van denken biedt ontzettend veel nieuwe perspectieven en ze helpt ook bij het loslaten van bestaande dominante logica's. Het belemmerend harnas van de huidige categorie en de huidige businessmodellen laten we op die manier los. We creëren voor onszelf een zeer open innovatieruimte, maar wel eentje met een duidelijke purpose voor ogen.

Uiteraard gaat dit gepaard met heel veel onzekerheden en angsten. Hoe zorg je ervoor dat je je bestaande volumes in stand houdt, terwijl je toch deze fundamentele switch maakt in denken en doen. Met andere woorden: hoe doe je aan zinvol risicomanagement? Het is immers niet zomaar vanzelfsprekend om de bestaande (illusionaire) zekerheden los te laten. Sommige bedrijven durven dit pas als het niet anders meer kan en het water tot aan de lippen staat. Er zijn dan geen andere mogelijkheden meer dan een noodzakelijke transformatie van het bedrijf of de sector. Denk maar aan de muzieksector en wat er gebeurd is met de verschillende majors. Of de uitdagingen in de auto-industrie en de landbouw met betrekking tot hun impact op het milieu. Mijn advies: begin er zo snel mogelijk mee. Zeker als je cashflow het nog toelaat om te experimenteren en fouten te maken. Dit is een proces van trial-and-error. Maar wel een met een vast ankerpunt, namelijk de purpose van het bedrijf of merk.

De blauwe economie

Een bijzonder inspirerende invalshoek ten aanzien van het gegeven dat onze issues vandaag een geweldige opportuniteit zijn om een nieuwe, duurzame wereld op te bouwen is de visie van Gunter Pauli. Hij spreekt over de blauwe economie: 'De blauwe economie heeft een eenvoudig uitgangspunt: welke uitdagingen de mens ook kent, de natuur biedt daar een oplossing voor. We moeten de natuurlijke systemen goed bestuderen. Als we eenmaal begrijpen hoe de natuur het doet, kunnen we die oplossingen overbrengen naar onze moderne wereld en alles opnieuw ontwerpen. Door van de innovaties van de natuur gebruik te maken en door te proberen de oplossingen van het ecosysteem te evenaren, zullen we duurzaam zijn in alles wat we doen. De groene economie is duur en hangt af van subsidies. De blauwe economie is duurzaam en innovatief. En wat goed is voor mens en natuur, is goedkoop. Enkele voorbeelden van blauwe economie zijn het kweken van paddenstoelen op pulp uit de koffiebonenteelt, het gebruik van slachtafval in de wormenteelt, waterdamp opvangen op de manier zoals de Namibische woestijnkever dat doet en een efficiëntere opwekking van zonne-energie volgens het proces van fotosynthese.'

Zowel ESG waarde als financiële waarde opbouwen

Transformationele innovaties, of innovaties die op een succesvolle manier een nieuw duurzaam systeem helpen opbouwen, zijn cruciaal voor een bedrijf om zowel shareholder value als ESG value te creëren. Zonder dergelijke radicale innovaties is het voor een bedrijf niet mogelijk om echte impact te genereren en tegelijkertijd ook waarde te creëren voor alle stakeholders. Te vaak zitten de duurzame initiatieven van een bedrijf nog begraven in een CSR-afdeling, of zijn het losse activiteiten die beantwoorden aan een defensieve strategie om toch maar geen marktaandeel of gezichtsverlies te lijden.

Laten we nog even teruggaan naar het artikel *The Performance Frontier* van Eccles en Serafeim. Zij creëren een framework om duurzame strategieën op te bouwen die zowel de financiële als de ESG prestatie een boost geeft: 'A sustainable strategy must increase shareholder value while at the same time improving the firm's performance on environmental, social, and governance dimensions. By strategically focusing on the environmental, social, and governance (ESG) issues that are the most relevant – or "material" – to shareholder value, firms can simultaneously boost both financial and ESG performance. Companies must do four things to achieve this: (1) Identify which ESG issues are most critical in their particular business. (2) Quantify the financial impact that improvements on those issues would have. (3) Undertake major innovation in products, processes, and business-models to achieve the improvements. (4) Communicate with stakeholders about those innovations. Integrated reporting is an effective way to do this.'

Prioriteiten stellen aan de hand van een materialiteitsmatrix

Om de prioriteiten voor een onderneming te bepalen, wordt vaak gekozen voor de materialiteitsmatrix. In deze matrix worden de onderwerpen waar de stakeholders het meest bezorgd over zijn, afgezet tegen die onderwerpen die de grootste invloed hebben op het succes van de onderneming. Deze matrix ontstaat na onderzoek bij alle relevante stakeholders. Een belangrijke opmerking die vaak gemaakt wordt in deze context is The Reporting Trap. Dit betekent dat men deze matrix wel gebruikt om de MVO strategie te rapporteren, maar men vergeet aan de hand van de analyse ook echt waarde te creëren.

Meaningful innovations: bringing Happy Life insights

Dat innovaties er zeker niet altijd in slagen om echt relevant te zijn in het leven van mensen bleek uit de 2013 Meaningful Innovation Index van Philips. Deze index is een studie in vijf landen waar de onderzoekers met 5000 mensen gesproken hebben over de behoeften en verwachtingen inzake innovatie. De belangrijkste conclusie luidt: 'The survey shows that even with the recent advances in technology, there is huge appetite for innovations that will make a real difference in people's everyday lives.'

Als we baanbrekende, voor mensen relevante innovaties willen ontwikkelen, dan moeten deze ook een purpose in zich dragen. Ga dus op zoek naar die specifieke uitdagingen en oplossingen die mensen helpen in het betekenis geven en realiseren van The Happy Life. In ons voorbeeld van BMW is dit persoonlijke mobiliteit. In het voorbeeld van Unilever is dit persoonlijke hygiëne en handen wassen. Ga dus niet zomaar op zoek naar consumer insights binnen je eigen, bestaande categoriedefinitie. Zoek naar spanningen binnen de aspiratie van het hogere streven naar The Happy Life, zowel op micro- als op macroniveau. Zorg ervoor dat elke innovatie een duidelijke purpose heeft. De oude, traditionele consumer insights zijn vaak te eng en te oppervlakkig en dragen geen purpose of transformatiekracht in zich. Het is vaak meer van hetzelfde. Ze zitten te veel vast in het huidige consumptiedenken. Bied antwoorden op het nieuwe menselijke streven naar beter, naar The Happy Life voor iedereen. Welk perspectief kom je brengen met je innovatie? Hoe biedt het merk oplossingen voor de uitdagingen van vandaag? Uiteindelijk moet elke marketeer hier de shift maken in zijn denken: 'It's not the insight we get from people, it's the insight we give to people.' We moeten als merk of bedrijf ook werkelijk iets komen brengen naar de mensen.

Echt betekenisvolle innovaties kunnen alleen tot stand komen als ze als cultuur volledig zijn ingebed in een bedrijf. Niet als aparte afdeling, maar in het hart van elke geleding. Eigen mensen, maar ook alle stakeholders moeten betrokken zijn en mee kunnen doen. De juiste bedrijfscultuur moet aanwezig zijn, met het juiste leiderschap, inclusief processen, beloning, incentives enzovoort.

De inspiratie van sociale entrepreneurs en reverse innovations

Het creëren van een nieuw systeem dat streeft naar een duurzamer leven voor iedereen inspireert mensen en bedrijven om fundamentele nieuwe wegen in te slaan.

Sociale entrepreneurs vertrekken vanuit het verbeteren van de wereld. Ze ondernemen vanuit de drang om een positieve bijdrage te leveren aan de wereld. Ze zoeken in eerste instantie niet naar een optimalisatie van de business value, maar naar een optimalisatie van een sociale, ecologische of ethische waarde. De businesswaarde is hierbij ondergeschikt aan de sociale of ecologische waarde. Het grootste gedeelte van de winst wordt ook geherinvesteerd om zo de sociale impact van hun bedrijf te maximaliseren. Volgens de eerste Social Enterprise Monitor 2012-2013 in Nederland is de werkgelegenheid bij non-profitorganisaties sinds 2010 met 25% gestegen. 90% van de bedrijven verwacht dat die groei zich de komende jaren ook zal doorzetten.

Reverse innovation verwijst naar innovaties die ontstaan zijn in de minder ontwikkelde wereld alvorens ze ook succesvol zijn in meer ontwikkelde gebieden. In eerste instantie zijn het innovaties die ontwikkeld zijn voor minder vermogende mensen of mensen die geen toegang hebben tot een bepaalde infrastructuur. Daarna worden deze producten als low-cost product geïntroduceerd in de westerse wereld. Vijay Govindarajan en Chris Trimble beweren in hun boek (*Reverse Innovations*) dat deze innovaties zo goed als elke industrie zullen transformeren: transport, gezondheidszorg, consumentenproducten, energie enzovoort. Bedrijven zoals Coca-Cola, P&G, General Electric en Levi's hanteren ondertussen deze aanpak. Zo ontwikkelde P&G goedkopere pampers voor de Braziliaanse markt voor mensen die de duurdere pampers niet konden betalen. Ondertussen is dit aanbod in andere westerse markten beschikbaar onder de naam Simply Dry: 'Pampers Simply Dry nappies are the perfect solution for mums looking to get more value out of every day. They offer trusted dryness at a price that suits your family budget, so it doesn't cost much to make the most of the time you spend with your baby.' Het merk Denizen is een merk van Levi's en vindt zijn oorsprong in de Aziatische markt (Indië en China). Bij reverse innovation wordt dus niet gekeken hoe men een bestaand product zo goedkoop mogelijk kan maken, maar ontwikkelt men een product vanuit een andere context.

Meer waarde creëren = meervoudige waardecreatie voor alle stakeholders

Een van de cruciale elementen van Happy Profit is het bewustzijn dat profit niet alleen maar een monetair begrip is. We moeten Happy Profit creëren voor elk van de stakeholders, ons hierbij realiserend dat profit zowel economische, sociale, ecologische als ethische waarde kan zijn.

Hiertoe zijn de stakeholders dus geen middel om het doel van maximale economische profit te realiseren, maar moet waardecreatie voor elke stakeholder *een Happy Profit doel op zich* zijn. Zo moet elke stakeholder beloond worden voor zijn aandeel in de waardecreatie. Voor Makey en Sisodia vormen de verschillende stakeholders zelfs de essentie van het bedrijf: 'Stakeholders make up a company. They include all the people who impact and are impacted by a business. We must honour them as people first before treating them according to the role they happen to be playing. They all contribute to the creation of value, and it is therefore vital that they share fairly in the distribution of that value.'

Ook is het zo dat de aandeelhouders niet noodzakelijk de meest belangrijke stakeholders hoeven te zijn voor een bedrijf. Ieder bedrijf of organisatie zou daar toch eens grondig moeten over nadenken op topmanagementniveau. Zo stelt Patagonia onomwonden dat 'de natuur of de planeet' zijn belangrijkste stakeholder is. Voor de Tata groep uit India is de gemeenschap de belangrijkste stakeholder. R. Gopalakrishnan: 'We think and act as citizens first, rather than as corporations. Our corporate credo is that in a free enterprise, the community is not just another stakeholder in the business. It is in fact the very purpose of its existence.' Beide bedrijven kunnen op zijn minst als zeer succesvol kunnen worden beschouwd.

We kunnen alleen maar duurzaam succesvol zijn als we met onze producten, diensten en processen erin slagen om waarde te creëren voor alle stakeholders. We moeten dus evolueren van een enge kijk op onze business naar een meer holistische kijk waarbij we ons realiseren dat we deel uitmaken van één groot systeem. John Mackey (CEO van Whole Foods): 'If business leaders become aware that their business is not a machine but part of a complex, interdependent, and evolving system with multiple constituencies, they will see that profit is one of the important purposes of the business, but not the sole purpose. They will also begin to see that the best way to maximize long-term profits is to create value for the entire interdependent business system.' Ook bij Patagonia maakt dit stakeholder denken een fundamenteel deel uit van hun strategie: 'We try to make all stakeholders feel like they're part of the tribe. Transparency, great customer service, highest quality, environmental activism – all of those things matter to employees and customers and all of our stakeholders. We really don't see any difference across our stakeholders, and (we) treat them all as one.'

Elk bedrijf kan ontzettend veel Happy Profit genereren door een constructieve, verstandige samenwerking met alle stakeholders. Het is een onmiddellijke bron van waardecreatie. Leonard en Jeurissen: 'Hoe meer verbindingen je maakt met allerlei uiteenlopende soorten stakeholders en hoe vaker je ze betrekt, hoe meer dimensies je in de werkelijkheid kunt ontdekken. Hoe meer inzicht je verwerft, hoe meer disruptieve ideeën kunnen opborrelen, hoe beter je je diepe processen kunt aanpassen en hoe wendbaarder je wordt, hoe beter je kunt groeien.'

Jan Jonker stelt dit voor als een waar transformatieproces: 'Het transformatieproces naar meervoudige waardecreatie overstijgt de grenzen van een onderneming en strekt zich uit over de keten. Samenwerking en meervoudige waardecreatie zijn essentieel en op termijn noodzakelijke onderdelen van de circulaire economie. Bij meervoudige waardecreatie onderzoeken sleutelpartners in de keten met elkaar hoe alle belangen zo goed mogelijk gediend zijn, zonder negatieve gevolgen voor de ander of de leefomgeving. Waarde niet alleen uitgedrukt in economische termen, maar ook in maatschappelijke en ecologische termen van de onderneming en die zich uitstrekt over de keten.'

Van stakeholder management naar stakeholder engagement

Velen maken de stap van shareholder naar stakeholder. Weinigen echter hebben al de stap gemaakt van stakeholder management naar stakeholder engagement. Leonard en Jeurissen: 'Stakeholder engagement gaat duidelijk een stap verder dan "management". Engagement gaat over verbinding maken, over nauw betrokken zijn bij iets of iemand. Verbinding maken kun je maar wanneer je jezelf herkent, in gemeenschappelijke waarden, een gemeenschappelijk doelstelling, zorg, bekommernis of uitdaging. Stakeholder management wordt vaak beoefend om "iets" te verkrijgen of om "iets" te vermijden, vanuit risicobeheer. Er is niet meteen sprake van wederkerigheid en evenwicht, eerder van eenrichtingsverkeer, waarbij de ene organisatie iets wil gedaan krijgen of iets wil verkrijgen van de andere.'

Volgens deze auteurs moeten we overgaan tot het vormen van een *stakeholder coalitie*: 'Dit betreft een groep stakeholders samenbrengen rond een gemeenschappelijk belang en dat je tot waardecreatie kunt komen die de som van de delen overstijgt. Bij stakeholder engagement gaat het over het opzetten van een netwerkorganisatie waarin middelen, informatie, activiteiten en competenties worden gedeeld ten behoeve van een gemeenschappelijk doel. Het is dus niet de bedoeling om risico te vermijden, maar om samen waarde te creëren voor elke partij rond de tafel. Naast het gemeenschappelijke doel wordt ook het individuele doel van eenieder die betrokken is, scherp gesteld.'

Think synergies, not trade-offs

Een belangrijke paradigmawissel in ons stakeholder denken is dat we als bedrijf moeten denken in termen van synergieën in plaats van trade-offs. Dit betekent onder andere dat we het zero-sum denken achter ons moeten laten. De winst van de een moet dus niet noodzakelijk ten koste gaan van de winst van de ander. Iedereen kan waarde creëren en dit kan simultaan gebeuren. Zo hoeft de winst van een bedrijf niet ten koste te gaan van het milieu, of hoeft de winst van het ene bedrijf zelfs niet ten koste te gaan van de winst van een ander bedrijf. Ik kom hier nog uitgebreid op terug in de Happy Profit highway 360° collaboration. Als een bedrijf op deze open manier leert kijken dan biedt de hypergeconnecteerde wereld van vandaag een onuitputtelijke bron aan potentiële partners. Mackey en Sisodia: 'Conscious capitalism recognizes that business is the ultimate positive-sum game, in which it is possible create win for all the stakeholders and the business. No one has to lose, not even competitors; if competitors see each other as potential teachers and allies in helping each other improve they can all become better and less antagonistic or complacent.'

Instrumenten voor een duurzaam businessmodel

Tal van instrumenten en denkkaders worden vandaag verder ontwikkeld en uitgewerkt om het duurzame denken in het hart van ons businessmodel te brengen.

Biomimicry

Jan Jonker verwijst naar biomimicry als de wetenschap en de kunst van het nabootsen van de beste biologische ideeën in de natuur om menselijke problemen op te kunnen lossen. Janine Benyus is de grondlegger van de biomimicry: 'Een bedrijf functioneert het best zoals een bos: werkt met hernieuwbare energie, verspilt geen energie, is niet over-engineered, recycleert alles, optimaliseert door samen te werken in de keten, past zich aan aan lokale omstandigheden en aan schaarste en heeft een breed scala aan oplossingen.'

BIODESIGN

'The future will be soft and hairy.' Het is een uitspraak van Salvador Dali in een oplaaiende discussie over architectuur met niemand minder dan Le Corbusier. Dat de kunstschilder uit Catalonië de meest wilde fantasieën had over hoe de wereld er kan uitzien, kan iedereen zich voorstellen. Toch was zijn toekomstbeeld visionair. Steeds meer wetenschappers delen de opvatting dat de relatie tussen mens en natuur gebroken is, en dat een derde industriële revolutie zal bestaan uit het herstellen van die relatie. Wanneer je de grenzen tussen menselijke creativiteit, de natuur en wetenschap weghaalt, ontstaat een breed pallet nieuwe mogelijkheden. Biodesigners laten zich niet enkel inspireren door hoe de natuur bepaalde zaken oplost (zoals het voorgenoemde Biomimicry) Ze gaan nog een stap verder. Ze betrekken levende micro-organismen in het het design- en productieproces zelf. De frontlinie in deze nieuwe stroming argumenteert dat we biodesign hard nodig zullen hebben om stijgende energieprijzen en materiaalschaarste het hoofd te bieden. Wat heeft Biodesign tot vandaag al opgeleverd? Ecover, de producent van ecologische was- en kuismiddelen uit Malle heeft al een heel gamma producten op de markt op basis

van ‘ecosurfactants’, een natuurlijk alternatief voor detergent, geproduceerd door een gist. De oppervlakteactieve werking van dit natuurproduct is voor het eerst ontdekt in hommelkolonies. Ecover is de gisten op grote schaal gaan produceren. Ecover wil nog veel verder gaan in de biodesigngedachte door onder meer levende organismes actief in te zetten in het schoonmaakproces. We spreken dan van probiotic cleaning, of ‘working with nature, not against it’.
Maar de mogelijkheden zijn nog veel gekker. Wat als we dankzij fluorescente algen lichtgevende bomen kunnen kweken? Of wat als we morgen lederen jassen kunnen kweken in een gistbad? Of kunnen mensen binnenkort hun eigen energie produceren in een algaerium (een aquarium met algen ...)? Over de grote veelzijdigheid aan concepten en prototypes werden door de avant-garde van biodesigners zelfs al demonstraties in het Guggenheim en Museum of Modern Art in New York gegeven.

Veel andere voorbeelden van biodesign vind je op www.bioneering.eu, een initiatief van Studio Spark ter promotie van biodesign in Europa.

Cradle-to-cradle

Afval is voedsel. We streven naar een complete, milieuneutrale kringloop. Afval van de een is grondstof voor de ander. Hierbij mag geen kwaliteitsverlies optreden.

Front-end design

Producten zo ontwikkelen dat alle grondstoffen opnieuw te gebruiken zijn en makkelijk te demonteren als ze zijn afgedankt. Elk item moet op het einde van zijn levenscyclus op zich ook weer een grondstof zijn voor een nieuw product. Is het werkelijk gedaan met het product? Dan moet het maximaal afbreekbaar zijn in de natuur, waar het dan weer onderdeel wordt van een nieuwe levenscyclus.

Modulair design of modulaire productie

Jan Kriekels: 'We moeten gebruiksvoorwerpen maken die meegroeien met elk stadium in het leven van de gebruiker. We moeten producten zo ontwikkelen dat aanpassingen mogelijk zijn, zodra de technologie weer een stapje verder staat. Zo is het onnodig om een volledig product weg te gooien op het moment dat de industrie met een innovatie uitpakt.'

Urban mining

Is het verwerken van afval uit oude elektronica en andere producten tot grondstoffen om daarmee nieuwe producten te produceren.

Life cycle analyses

Een LCA analyseert de impact dat een product heeft op zijn omgeving. Een LCA kijkt verder dan het eigen product en maakt een analyse van de totale keten. Er wordt rekening gehouden met alle stadia van een product: van ontginning, tot productie, distributie, gebruik, onderhoud, vervuiling, en recycling. LCA houdt rekening met de rol van alle partijen: leverancier, producent, eindgebruiker. Jan Jonker: 'De LCA wint als instrument snel aan belangstelling. Dit leidde tot het diepgaand inzicht dat de grootste uitdaging niet ligt in aanpassing van de primaire grondstof, de productie, of de logistiek, maar in de gebruiksfase. Een LCA stelt het bedrijf ook in staat om duidelijke verwachtingen te creëren voor leveranciers en hen te vragen drastische en praktische innovaties te bedenken die het bedrijf helpen de impact van hun producten aanzienlijk te verkleinen. Zo gaan koplopers in de duurzaamheidsbeweging nog een stapje verder. Ze verbinden de kennis die ze met deze analysen hebben opgedaan aan radicale transparantie: ze geven in de markt openlijk aan waar ze zelf niet uitkomen. Ze lanceren in het openbaar hun innovatie-uitdagingen, terwijl derden worden uitgenodigd via een proces van co-creatie mee te werken aan de oplossingen. LCA geeft aan waar innovatie en groeimogelijkheden liggen en met welke stakeholders daarvoor dient samengewerkt te worden.'

Clean technologie

Clean technologie impliceert zowel producten, diensten als processen. Clean technologie tracht de combinatie te maken tussen excellente prestaties tegen lagere kosten, in combinatie met het reduceren of verminderen van een negatieve ecologische impact, in combinatie met een verantwoord gebruik van onze natuurlijke hulpbronnen. Clean technologie staat voor een afvalvrije en duurzame manier van produceren. Zero carbon emission is de ultieme doelstelling. Wat we vervuild hebben, moeten we weer zuiver maken en dat wat we vanaf nu produceren, moet zuiver zijn.

Bio-based economie

Een biobased economie is een economie waarin de bouwstenen voor materialen, chemische stoffen en energie afkomstig zijn van hernieuwbare grondstoffen in plaats van fossiele (niet-hernieuwbare) grondstoffen, zoals aardolie of afgeleide producten.

Gebruik maken van de kracht van de community

Het basisprincipe is dat je niet alles zelf tracht op te lossen. Dit is te traag, te weinig effectief en te weinig zelfkritisch. De impact van je innovaties kan aanzienlijk verbeterd worden door samen te werken met de crowd of de gemeenschap. Zo lanceerde Sony samen met het World Wildlife Fonds het Open Planet Ideas forum. Doelstelling was een diverse groep van mensen samen te laten nadenken over duurzame uitdagingen. General Electric gebruikte het OpenEyeWorld forum zodat duurzaamheidsexperts frank en vrij hun mening konden geven over het duurzaamheidsbeleid van GE.

C. CRAFTSMANSHIP 3.0

Van issue:
Overstandaardisatie van producten; we gooien te veel en te snel weg
Naar opportuniteit:
Producten en diensten met een ziel, met een verhaal. Unieke, authentieke en schone producten en diensten die lang meegaan

Immateriële waarde

- Producten en diensten met een ziel, als antwoord op de wegwerpcultuur.
- Vakmanschap gaat over mensen.
- Schone, kwaliteitsvolle dingen gaan veel langer mee.

Materiële waarde

- Mensen willen weer betalen voor kwaliteit, voor 'het beste'.
- Nieuwe technologieën creëren nieuwe marktmogelijkheden voor de ambachtsman.
- Mensen willen producten met een verhaal ontdekken.

Mensen willen weer producten en diensten met een ziel. Vakmanschap en echte expertise zullen opgewaardeerd worden. Ook handgemaakte producten die echt uniek en authentiek zijn, zullen aan populariteit winnen. Kijk maar naar het succes van P2P-marktplaatsen zoals Etsy en DaWanda.

Daarom zullen bezieling en begeestering voor een vak opnieuw het verschil maken in de markt. En niet standaardisatie, functionaliteit en efficiëntie. Passie maakt weer onderscheid tussen de verschillende merken en bedrijven. Liefde voor wat je doet en waarom je de dingen doet die je doet, laat mensen bewegen richting jouw merk. Menselijke skills, vaardigheden, talenten en vakkennis worden weer gewaardeerd. We hebben opnieuw oog voor iemands metier.
Die vakkennis wordt vervolgens verrijkt met de nieuwste technologieën. Het nieuwe perspectief is dat de nieuwste technologieën een zegen zijn voor de ambachtsman en geen bedreiging. Technologieën zorgen ervoor dat vakmensen een nieuwe dimensie kunnen creëren voor hun specialiteit. Bovendien zorgt web 2.0 ervoor dat ambachtslieden elkaar vinden in de virtuele wereld, met elkaar praten, ideeën uitwisselen en elkaar op die manier beter maken.

Als je merk in zijn kracht staat, als je weet wat jouw bestaansrecht en jouw visie is, vertaal dit dan ook in een bezieling en begeestering voor wat je doet en hoe je het doet. Sta stil bij je vakmanschap en zorg ervoor dat je de beste bent in de markt. Alles wat 'middle of the road' is gaat eruit.

Mensen willen producten en diensten met een ziel

De hoogtijdagen van producten en diensten die een gevolg zijn van de grote standaardisatie- en efficiëntiegolf zijn over. Mensen willen weer producten en diensten met een ziel, met een echt verhaal. Klanten willen producten en diensten die teruggaan naar de essentie. Bedrijven moeten de nutteloze ballast rondom producten en diensten overboord gooien, zodat klanten weer de echte skills en de echte vaardigheden achter het product of dienst kunnen zien. Whole Foods noemt dit 'doing business from the heart'. 'Inc.' is in mensentaal synoniem voor het industriële apparaat dat alle echtheid uit de producten heeft weggezogen in zijn streven naar steeds meer efficiëntie en winst. Steeds meer mensen hebben aandacht voor de passie waarmee een product gemaakt is en voor de beleving en expressiewaarde van een product of dienst. Ineke Strouken, directeur erfgoedcentrum Nederland, sprak over deze ontwikkeling naar aanleiding van de Dutch Design Week 2013: 'Het oude ambacht wordt te veel geassocieerd met nostalgie en vergane glorie.' Dat is volgens haar vooral het gevolg van de toenemende waardering afgelopen decennia voor leren met het hoofd ten koste van handmatig verrichte arbeid. Het tij lijkt te keren, want bij de consument neemt de interesse toe voor vakmanschap omdat mensen zaken waarderen die in het verlengde daarvan liggen, zoals duurzaamheid, het regionaal product en kwaliteit.

In *Transformeren om te overleven* heb ik dit 'van angst naar liefde' genoemd. Waar gaat de liefde over bij een bedrijf of merk? Hoe merken consumenten het verschil tussen een product dat gemaakt is vanuit een winstgedachte en een product en een proces waar passie en toewijding achter zit? Liefde voor producten of diensten is synoniem voor de-commercialisatie, de-industrialisatie, verdieping, nietoppervlakkig, niet voor de massa, vermenselijking, verpersoonlijking, essentie in wat en hoe, duurzaam.

Een mooi voorbeeld van deze ontwikkeling is het wereldwijde succes van micro beer breweries: kleine brouwerijen die bol staan van authentieke symboliek. Er is een echt verhaal te vertellen, van echte mensen. Er is een oorsprong, een verhaal en een ziel. Het zit in het product, in de regio waar de brouwerij is gevestigd, in de mensen, in de historie, in de gebouwen. Voor consumenten (en zeker de jonge twintigers) zijn dit pas echt de speciale bieren die ze willen ontdekken, proeven en erover vertellen. De mainstream pilsen hebben het steeds moeilijker om daar een goed antwoord op te vinden. Volgens de Brewers Association in de Verenigde Staten groeide de ambachtelijke brouwerij-industrie in 2012 met 15% terwijl de totale bierverkoop slechts met 0,9% groeide. Reuters raamde de totale business op 12 miljard dollar; dat is dus niet echt meer een nichemarkt. Ander voorbeelden, ook uit de drankenwereld, zijn het succes van single malt whiskeys en authentieke gins. Elke single malt whiskey en elke gin heeft zijn eigen unieke verhaal. Mensen staan open voor de verhalen, gaan ernaar op zoek, doen aan whiskey travelling enzovoort.

Het bestaansrecht van een product

In de eerste Happy Profit highway heb ik gewezen op het belang van een purpose en hoe mensen weer waardering opbrengen voor het bestaansrecht van merken en bedrijven. En dit geldt ook voor individuele producten en diensten. Daarom zullen we de komende jaren een enorme opkomst zien van de ambachtseconomie. Nicole Uniquole, van het Platform Ambachtseconomie in Nederland, verwoordt het als volgt: 'Vanuit de passie van de maker of vakman ontleent ieder voorwerp of product zijn individueel bestaansrecht: aangezien mensen meer en meer op zoek zijn naar purpose, sluiten producten die gemaakt zijn vanuit passie voor het product en ambacht hier dus op aan.' Voor sociaal filosoof Richard Sennett staat de ambachtsman stil bij 'waarom' hij dingen maakt en 'waarom' hij de dingen die hij maakt, wil verbeteren. De vakman staat stil bij het bestaansrecht van de dingen die hij maakt, deze producten zijn dus ontstaan vanuit een diepere purpose en een intrinsieke motivatie van de maker. Vandaar dat vakmanschap ook perfect aansluit bij de ontwikkeling naar een duurzame economie.

De beste zijn

Zorg ervoor dat je de beste bent. De beste in wat je doet, maar ook in hoe je de dingen doet. Zorg dat mensen bij jou komen omdat je de referentie bent in jouw business, niet omdat je het grootste reclamebudget hebt. Zorg ervoor dat mensen over je product of je dienstverlening praten vanuit respect en bewondering. We moeten er weer voor zorgen dat we echt trots zijn op de dingen die we maken en die we doen. Als we het product uitgepakt hebben, wat zien we dan? Dit betekent ook oog hebben voor alle mogelijke details van je product. Hoe je het maakt, het proces, de consumptie enzovoort.

We zien overal dat mensen weer dingen zelf gaan maken. Zelf creëren, zelf produceren. Dit zal ertoe leiden dat mensen meer oog zullen hebben voor het vakmanschap en de deskundigheid van anderen. Mensen zullen zich meer vragen stellen en er vaker over praten. Mensen zullen weer bewondering krijgen voor wie ongelooflijk goed is in zijn vak. Zorg dus voor de beste product- of dienstenervaring die in jouw business ook maar enigszins mogelijk is.

Nieuwe technologieën zijn een zegen voor de ambachtsman

Ook hier is er een enorme opportuniteit als we ons perspectief omdraaien. De nieuwste technologieën zijn geen bedreiging voor de traditionele ambachten, maar een geweldige opportuniteit. Technologie kan gebruikt worden om de traditionele ambachten en om de kennis en kunde van de ambachtsman naar een hoger en meer gepersonaliseerd niveau te tillen. *Craftsmanship* mag niet iets zijn wat zich alleen in het verleden afspeelt. We moeten vandaag en morgen onze deskundigheid relevant maken voor mensen.

Voor cultuurfilosoof Patrick Van Der Kroef is 'de herwaardering van het oude ambacht meer dan een uiting van nostalgie: er ontstaat een synthese met de moderne technologie. Het uitbouwen van traditionele ambachtelijke werkwijzen wordt echter steeds vaker creatief gekoppeld aan de inzet van de modernste technieken. Op die manier wordt moderne technologie steeds meer een verlengstuk van de ambachtelijk werkende mens, in plaats van omgekeerd. Technologie wordt dus een tool in de ambachten van de eenentwintigste eeuw en niet, zoals in de twintigste eeuw, dat technologie gezien werd als een bedreiging voor de ambachten door industrialisatie en massaproductie.'

Back to the future noemt de The Left Shoe Company dit. Ze hebben shops in Helsinki, Los Angeles en Dubai. Ze combineren traditionele op maat gemaakte schoenen met de nieuwste 3D-technologie. Je voeten worden eerst gescand zodat er van je voeten een virtueel 3D-model ontstaat. Vervolgens wordt dit model gebruikt om je schoenen op maat uit de catalogus te zoeken en te maken. Het is ook een 'custom-order' model waardoor de schoen pas gemaakt wordt nadat hij is besteld en betaald. Dit betekent onder andere een enorme besparing aan voorraad en voorraadkosten (dat is dus de perfecte afstemming van vraag en aanbod). *Admci* noemt zichzelf The School for Digital Crafsmanship en staat voor purposeful design dat de combinatie tussen ambacht en technologie promoot: 'We're combining old-world tradeschool models that fulfill traditional skills-based needs with next-generation techniques helping you get a handle on the soft stuff.'

Niet alleen het wat maar ook het hoe

Denk hierbij niet alleen aan *wat* je maakt, maar ook *hoe* je de dingen maakt. Zo las ik recent een interessant artikel van Bas van de Haterd over de invloed van 3D-printen op oude ambachten. Hij wijst op het beroep van goudsmid waarbij in Nederland vijf jaar geleden misschien 5% van de goudsmeden iets deed met 3D-printers en nu zit dat aantal al boven de 80%. Ze gebruiken nieuwe technologie om een oude productiemethode die al vele jaren bestaat te verbeteren. Hierbij maken ze nadrukkelijk ook gebruik van de nieuwe mogelijkheden van deze productiemethode, want met een 3D-printer zijn vormen mogelijk die anders niet gemaakt zouden kunnen worden. Vervolgens wordt het goud weer op een traditionele manier gegoten.

Ambachtslieden maken schone, duurzame producten

De vakman denkt na over het volledige productieproces en staat stil bij alle aspecten van dit proces. Eigenlijk is de vakman een systeemdenker en een 'op maat denker'. Hij heeft vaak het totale proces voor ogen en tracht dit telkens weer te optimaliseren, zodat de kwaliteit steeds beter wordt. Ook streeft hij ernaar om de producten zo duurzaam mogelijk te maken met zo weinig mogelijk afval of uitval. Gabriel Brandy (CEO van Gränfors Bruks, een bedrijf dat de beste hakbijlen in de wereld maakt): 'What we take, what we make and what we waste are in fact all questions of ethics. We have, an unlimited responsibility for "The Total", a responsibility that we try but do not always succeed in taking. One part of that responsibility is the quality of the product and how many years it will endure.'

Teruggaan naar de essentie van ons ambacht is dus een van de manieren om duurzaamheid weer in het hart van onze producten en diensten te brengen.

Tegen de wegwerpcultuur

We horen constant in ons marktonderzoek dat steeds meer mensen de strijd aangaan met de wegwerpcultuur. Dingen moeten weer langer mee, echt kwaliteitsvol zijn, een ziel hebben, duurzaam zijn, een verhaal vertellen. Het interieur van ons huis moet niet noodzakelijk elke drie tot vijf jaar vernieuwd worden. We willen weer een tafel die jaren meegaat en waar krassen op staan. De hernieuwde interesse voor het ambacht sluit hier dus perfect op aan. Ambachtslieden maken mooie, kwaliteitsvolle dingen. En mooie, kwaliteitsvolle dingen die met zorg en passie zijn gemaakt, gaan nu eenmaal veel langer mee.

Iedereen een vakman

Iedereen een maker betekent ook dat iedereen een potentiële vakman is. 'Heb je het gekocht, of heb je het zelf gemaakt?', wordt een van de meest gestelde vragen de komende jaren. Zelf iets maken is zelfs een vorm van status of uniek zijn. We starten vanuit een passie en/of een intrinsieke motivatie en we gaan zelf aan de slag. Via internet bekijken we filmpjes, we volgen blogs, we zijn actief in gespecialiseerde community's en we vervolmaken ons in onze passie. Ook de verschillende open systemen laten toe dat we ons specialiseren in zeer zorgvuldig gekozen domeinen. Denk bijvoorbeeld aan Wikispeed, de open systeem autobouwer. Wel, ik weet dan misschien weinig van auto's af, maar ik kan wel een specialist vakman zijn in, zeg maar, autoklinken. En daar dan me echt in bekwamen.

Vakmensen verbinden zich met elkaar over de hele wereld

Onze hypergeconnecteerde wereld zorgt er bovendien ook voor dat je je kunt verbinden met andere vakmensen over de hele wereld. We krijgen gespecialiseerde, min of meer gesloten netwerken van mensen die een vak met elkaar delen. Die elkaar inspireren en beter maken en values met elkaar uitwisselen. Dit zijn dan mensen die zowel professioneel als in hun vrije tijd met dit domein bezig zijn. Het onderscheid tussen beide is dan irrelevant geworden. Als je maar heel goed bent in dit vak en iets te vertellen hebt. Zo kunnen we lokaal een beroep doen op vakmensen en tegelijkertijd gebruik maken van de kennis en expertise die wereldwijd te vinden zijn.

Vakmanschap gaat over mensen

Naast de intrinsieke waarde van de dingen, willen we producten, processen en diensten ook weer vermenselijken. We willen weten wie het product gemaakt heeft. Wie de man of vrouw is die het ambacht vertegenwoordigt. Wat de menselijke factor is in het proces. Of waar de mens iets wezenlijks toevoegt aan wat machines, computers of robots doen. We willen die mensen aan het werk kunnen zien of ermee praten. We willen zien hoe ze het doen, we willen het kunnen ruiken en voelen. Denk hierbij aan de opkomst van de gespecialiseerde shop in de shop in verschillende retailformules. Een deel van de ervaring van het shoppen is het aan het werk zien van de vaklieden. Merken moeten er echter wel voor zorgen dat hun ambacht openstaat voor anderen. Zodat mensen het ambacht kunnen delen en er bijna ook letterlijk in kunnen stappen. Dat mensen die jouw passie delen er ook met jou over kunnen praten en dingen kunnen uitwisselen.

Met de handen werken

We gaan weer meer met onze handen werken. Enerzijds is er de beweging naar de kenniseconomie, anderzijds gaan we meer met onze handen aan de slag. Met de handen werken, heeft een duidelijk spirituele dimensie. We hebben dit nodig om als mens in balans te zijn. Met de handen werken, iets zelf bouwen, het zit in ons als mens. Denk maar terug aan je eigen kindertijd en hoe je met blokken of LEGO aan de slag ging. Digitalisering, 3D-printers, robots: veel van deze innovaties zullen inderdaad dingen kunnen maken die ons sterk aan StarTrek doen denken, maar anderzijds zullen we zelf ook veel meer dingen zelf willen creëren en maken.

Lokaal gemaakt verkoopt steeds beter

Made in Holland, Made in the US, Made in Belgium. Er is een duidelijke beweging die erop wijst dat mensen weer meer willen betalen voor producten die in eigen land gemaakt worden. Vandaar dat het ook perfect past in de glocalisation beweging. Een ambacht is vaak verbonden aan een stad, een regio of een land. Naast het verhaal achter het product, de ziel en de kwaliteit horen we in ons marktonderzoek ook dat mensen zich willen engageren om de lokale ambachten een hart onder de riem te steken door ze meer te kopen.

> ‘Mensen willen weer producten en diensten met een ziel.

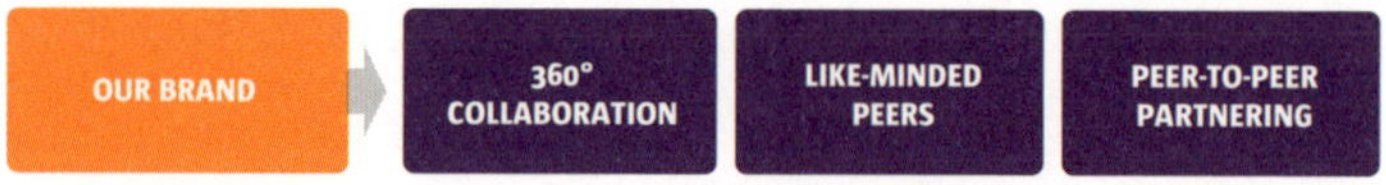

• • •

3. HAPPY PROFIT HIGHWAYS OP HET NIVEAU VAN ONS MERK

Op dit niveau moet het merk zich openen, loslaten, de wereld omarmen, delen, van het eigen ego loskomen. En voornamelijk aantonen dat er ook voor het merk een *ik* en een *wij* is. Dat het voor het merk niet alleen gaat over een sterk *ik*. Ook het merk begrijpt de kracht van een *ik* en een *wij*. De bedoeling is om er Ons Merk van te maken. Het merk is verbonden met zijn stakeholders. Shared value krijgt hier nog een extra betekenis. Het merk toont respect voor zijn klanten, consumenten en shareholders. Het merk toont aan dat het belang hecht aan de mening van zijn klanten, dat het in dialoog gaat met zijn klanten en consumenten.

De stakeholders vinden het merk niet alleen aspirationeel, maar voelen zich ook betrokken. Ze willen meewerken met het merk, ze willen energie geven aan het merk. De stakeholders zijn actief betrokken bij het merk en ze willen dat ook. Hierbij kunnen en willen stakeholders verschillende rollen vervullen: ze kunnen input geven, rangschikken, oordelen, problemen oplossen, co-creëren enzovoort. Afhankelijk van wat je zelf wilt als stakeholder en afhankelijk van de mate waarin je je betrokken voelt. Stakeholders worden op deze manier zelfs beetje ambassadeurs van het merk.

Het merk stelt zich open, er is een 'ons' gevoel rondom het merk. Er ontstaat (al of niet tijdelijk) een soort communitygevoel bij het merk. Je voelt dat het merk beseft dat het samen met zijn stakeholders een toekomst moet creëren.

Het merk is ook actief in het verbinden van mensen. Het merk is niet alleen met zichzelf bezig, maar is ook actief in het verbinden van mensen. Het helpt mensen om hun interesses en passies te delen, het helpt mensen om gelijkgestemden te vinden.

Daarnaast is het merk ook bereid om de open source gedachte en het idee van peer-to-peernetwerken te omarmen. Het merk bewijst hiermee dat het kan loslaten, dat het beseft dat de wereld ook in deze richting evolueert. Het merk gaat de nieuwe wereld niet bevechten, maar eerder omarmen en samenwerken.

Loslaten betekent ook loslaten van de top-down gedachte. Door zich aan te sluiten bij peer-to-peer initiatieven toont het merk ook dat het zijn ego zodanig aan de kant kan schuiven dat het zich ook best aan wil sluiten bij initiatieven die vanuit bottom-up of door de community gecreëerd worden.

A. 360° COLLABORATION

Van issue:
Rationeel economisch en elk voor zich, vaak in win-loose relaties
Naar opportuniteit:
Samenwerken en co-creëren met alle stakeholders als belangrijke groeimotor

Immateriële waarde

- Samenwerken om shared value te creëren.
- Creëren van zelfwaarde voor iedereen die meewerkt.
- Betrokkenheid bij een community of netwerk; tegen isolement.

Materiële waarde

- Samenwerken als groeimotor.
- Talenten en problem solvers zitten overal: intelligence of the crowd, global platforms.
- Van value chain naar value network.

Een van de belangrijkste, misschien wel de belangrijkste groeipool voor bedrijven is samenwerken. Samenwerken met alle stakeholders, inclusief de concurrenten. Zeker in dit domein geldt dat immateriële waarde materiële waarde creëert. Ben je goed in samenwerken? Werken mensen graag met jou samen? Ben je een aantrekkelijke partner voor anderen? Willen klanten met je samenwerken? Waarom zouden mensen met jou samenwerken en niet met jouw concurrent? Dit soort vragen worden cruciaal voor het groeipotentieel van een merk. *Samenwerken is waarschijnlijk hét concurrentieveld van de toekomst.*

Het open bedrijf

Bedrijven ondergaan een fundamentele transformatie. De muren worden letterlijk neergehaald. Ook voor bedrijven geldt de nieuwe dimensie van ik en wij.
Die dimensie zorgt voor een transformationele kracht die ons huidig denken over het bouwen van een waardeketen volledig ter discussie stelt. Het Porter model is aan een grondige herziening toe, want dat model vertrekt vanuit een gesloten, hiërarchische top-down insteek, gebaseerd op de 'make' of 'buy' beslissing. Waarbij 'make' alleen op zelf maken slaat en 'buy' steunt op eigen lineaire relaties met vaste partners. Het managen van menselijk kapitaal wordt in het Porter model zelfs als een ondersteunende functie beschouwd. De toekomst vereist een totaal andere insteek. Zo moet de toegang tot het menselijk kapitaal het hart van elke onderneming zijn. En dan spreken we niet alleen over het menselijk kapitaal binnen onze eigen organisatie, maar over het menselijk kapitaal 'overal in de wereld'. Interactie en samenwerken met mensen en community's moet plaatsvinden binnen alle geledingen van een organisatie. Mensen en community's krijgen een actieve rol binnen elke fase van de waardeketen. 'The crowd' wordt deels ons R&D-centre. Idee, logistiek en productie worden losgekoppeld waardoor iedereen de productie voor zijn rekening kan nemen, inclusief de 3D-printers bij iemand thuis. De community is deels onze marketingafdeling geworden, waarbij peer-to-peer communicatie cruciaal is binnen de communicatiestrategie. Sociale media zorgen ervoor dat iedere klant ook een potentiële verkoper is. Marketing, verkoop en IT moeten naadloos in realtime bij de klant zijn met de juiste propositie.
We kunnen, met andere woorden, niet anders dan een zeer open bedrijf zijn. We moeten inhaken op de collectieve, globale flow aan mogelijkheden. Ons merk moet als het ware één groot creatief brein zijn met open verbindingen met alle actoren in de buitenwereld. Collectieve intelligentie en collectieve creativiteit maken ons bedrijf slimmer, innovatiever, sneller, goedkoper en meer flexibel.

Unique cooperation propositions (UCP's)

We kunnen het niet meer alleen. De wereld is te complex, te veranderlijk en te contextueel geworden. Willen we ook in de toekomst succesvol zijn, dan moeten we samenwerken. Het is de enige manier om voldoende snelheid, inzicht en innovatiekracht te ontwikkelen om onze marktpositie veilig te stellen en te laten groeien, als individu én als bedrijf. Samen hebben we meer kans om te overleven. Naast de noodzaak tot samenwerken is er ook de enorme opportuniteit en de kracht van samenwerken. Straks zijn we met 3 miljard mensen online, realtime en mobile. Alle mogelijke culturen, demografische groepen, geslacht, ontwikkelde en onderontwikkelde landen zijn met elkaar verbonden. Wat een diversiteit, wat een rijkdom om te gebruiken. We spreken met zijn allen de gemeenschappelijke taal van social media.

Samenwerken wordt daarom meer dan ooit een competentie en een talent. Hoe goed zijn we als bedrijf en als team in samenwerken? Hebben we samenwerken ingebed in onze bedrijfscultuur? Hebben we daar positieve ervaringen mee? Hebben we daar de juiste processen voor? Doen we het centraal, of decentraal, of een mengvorm? Durven we ons voldoende open te stellen en los te laten? Zijn we actief op de juiste platformen? Geldt samenwerken al als norm binnen alle afdelingen van ons bedrijf? Dit zijn zeer cruciale vragen die we ons moeten stellen.

Maar er is ook het perspectief van de 'andere kant': Hoe kijken stakeholders naar onze relatiecapaciteit? Willen mensen met ons samenwerken? Wat hebben we te bieden? Bieden we monetaire waarde of niet-monetaire waarde? Waarom zou een consument of andere stakeholder met ons willen samenwerken en niet met iemand anders? Als iemand een idee heeft, waarom zou hij dit met ons willen delen? Wat geven we terug? Waarom zou een start-up met ons willen samenwerken? Waarom zou iemand ons willen inspireren? Ons helpen om onze problemen op te lossen en onze toekomst veilig te stellen? Wat als straks elke klant of consument geen tientallen reclame-uitingen meer ziet, maar tientallen verzoeken krijgt om mee te werken aan co-creatie, namen kiezen, kleuren selecteren, designs goedkeuren enzovoort? Gaat die klant dat echt doen?

Daar waar we vandaag concurreren op het verkopen van producten en diensten, zullen we in de toekomst waarschijnlijk concurreren op het aantrekken van de juiste samenwerkingsverbanden. Willen mensen hun talent, hun creativiteit, hun energie aan ons geven en niet aan onze concurrent? Geen USP's meer maar UCP's: *unique cooperation propositions*. Creëren we voldoende redenen voor mensen om met ons samen te werken? Om met ons te delen?

Brand relationship equity

Zo is het als merk niet zozeer onze brand equity die van belang is, maar wel onze brand relationship equity. Je kunt een sterke brand equity hebben en toch niet relevant zijn in het leven van mensen. Brand relationship equity verwijst naar de capaciteit en de kracht van een (corporate) merk om relaties aan te gaan met de stakeholders, met de buitenwereld. Het geeft de mate aan waarin het merk erin slaagt om dicht bij zijn omgeving te komen, een constructieve rol te spelen in het leven van zijn omgeving, tweerichtingsrelaties aan te gaan en om deze relaties ook duurzaam in de tijd te maken. Het geeft ook aan in welke mate stakeholders bereid zijn om te investeren in de relatie met het merk. En met investeren bedoelen we aandacht schenken, betrokken zijn, dialoog aangaan, tijd, geld of energie investeren in de relatie enzovoort.

De beste talenten zitten overal

Uiteraard doen we als bedrijf ons best om de beste talenten aan te werven en ze verder op te leiden. En zeer terecht zijn we er vaak van overtuigd dat onze eigen mensen ons belangrijkste asset zijn. En toch ontstaan er door de revolutie op het gebied van internet en open source denken heel interessante nieuwe mogelijkheden. Chris Anderson verwijst hier naar de wet van Joy: 'Wie je ook bent, de meeste slimme mensen werken meestal bij iemand anders. We werken eerder met diegenen die ons bedrijf heeft weten in te huren.' Of anders gesteld: we waren altijd toch enigszins gelimiteerd door geografische of fysieke beperkingen om een beroep te doen op talent.

Vandaag gelden deze beperkingen niet meer. Dit is een grote paradigmawissel: talent is overal te vinden. En talent heeft niets te maken met diploma, afkomst of ervaring. Het is totaal irrelevant of het consumenten zijn of professionals, of studenten, of drop-outs van school, of mensen uit hoge of lage sociale klassen, of mensen uit onderontwikkelde landen ... talent is talent. Weet jij ze te vinden? Weet jij ze te motiveren? Weet jij er een relatie mee op te bouwen?

We kunnen onze innovatiekracht dus ontzettend verhogen door een beroep te doen op en aantrekkelijk te zijn voor alle mogelijke talenten wereldwijd. Gooi je merk en bedrijf open op verschillende manieren om allerlei talenten uit te nodigen om mee te werken en hun inzichten, ideeën en inspiratie te delen (via online wedstrijden, user generated content initiatieven, tv-programma's, YouTube-filmpjes enzovoort).

Heineken organiseerde de Heineken Open Design Explorations Edition1: The Club. Doelstelling was het co-ontwerpen van de ultieme nightclub. Een rijke en bonte verzameling interieurarchitecten, product designers, grafisch designers, fashion designers enzovoort werkte mee. Een ander initiatief van Heineken is de Heineken Ideas Brewery. Hierbij nodigde Heineken wereldwijd creatieven uit om een concept te bedenken voor de 60+ generatie, rekening houdend met hun behoeften en lifestyle. Meer dan 150 topideeën werden op deze manier gegenereerd. In India lanceerde Tanishq (Tata Group) recent de tweede editie van zijn My Expression initiatief. Consumenten worden uitgenodigd om ideeën en creaties voor juwelen in te sturen voor wat ze hun Working Women Line noemen. Winnaars krijgen niet alleen geld, maar kunnen ook samenwerken met de top designers van Tanishq. Coca-Cola deed een online verzoek aan consumenten om uitdrukkingen te verzamelen rondom het thema Energizing Refreshment. Op die manier werden foto's, tekeningen, video's, animatiefilmpjes en andere illustraties verzameld die gebruikt kunnen worden voor wereldwijde campagnes. E.ON in Groot-Brittannië gebruikte een infotainment tv-programma om aan de klanten en kijkers te vragen om nieuwe ideeën in te sturen voor nieuwe E.ON producten en diensten.

Mensen, of moeten we zeggen 'talenten', kunnen dus verschillende toegevoegde waarde creëren: genereren van inzichten en ideeën, helpen bij het designen en het maken van dingen, genereren van eigen content, selecteren van producten, inschatten van potentieel enzovoort.

Iedereen een problem solver

Zelden is een probleem een echt uniek probleem. Met bijna absolute zekerheid kunnen we stellen dat ergens in de wereld iemand jouw probleem kan oplossen omdat die persoon al naar vergelijkbare oplossingen heeft gezocht. En vandaag de dag hebben we meer dan ooit toegang tot deze oplossingen. Ga ervan uit dat iedereen een mogelijke problem solver is die jouw probleem kan oplossen. Het is dus wenselijk om je (deel)problemen open te stellen voor 'the crowd'. 3 miljard mensen online betekent een enorme opportuniteit aan mogelijke oplossingen. Het is een totaal achterhaald idee om te denken dat je zelf al je issues moet oplossen.

Ontzettend boeiend is het gegeven dat het vaak mensen zijn uit totaal andere vakdomeinen of achtergronden die jouw problemen op kunnen lossen. Brynjolfsson en McAffee verwijzen in deze context naar bevindingen van Jeppesen en Lakhani: 'They found that people whose expertise was far away from the apparant domain of the problem were more likely to submit winning solutions. In other words, it seemed to actually help a solver to be "marginal" – to have education, training, and experience that were not obviously relevant for the problem.'

Jovoto is zo'n specifiek platform voor creatieve projecten. Het brengt meer dan 50.000 professionele creatieven uit de hele wereld samen. Hun overtuiging is dat interdisciplinaire samenwerking nodig is om de complexe problemen van vandaag op te lossen: 'We believe that solving today's complex problems requires interdisciplinary talent, deeper insights and broader inspiration. Imagine how powerful a creative process can get, fueled by thousands of architects, product designers, inventors and artists, all thinking about the same problem at the same time.'

Ondertussen zijn er ontelbare voorbeelden van bedrijven die experimenteren met deze vorm van problem solving. Microsoft werkte samen met consumenten om door co-creatie formats te ontwikkelen die meer *engaging* waren en die ook een hogere toegevoegde waarde hadden. General Electric werkte via een gedeeld innovatiecentrum samen met klanten en de overheid om een nieuw waterfiltersysteem te ontwikkelen. eYeka is een van 's werelds grootste oplossingcreërende platformen. Het verenigt mensen uit meer dan 150 landen. Ze gebruiken hun gezamenlijke kennis en expertise voor het oplossen van 'real-world' problemen. Leg jouw probleem voor aan de community en eYeka verandert jouw probleem in een creatieve wedstrijd. Op 1 juni 2013 sloot Unilever een deal met eYeka. De 250.000 mensen binnen de eYeka community worden nu wereldwijd ingezet voor het genereren van innovatieve ideeën voor de totale Unilever brand portfolio.

Co-creatie als relatiebouwer met klanten en consumenten

Co-creatie is meer dan een tool om ad hoc informatie in te winnen. Steeds meer bedrijven creëren eigen platformen om directe langetermijnrelaties aan te gaan met klanten en consumenten. Ze zien co-creatie niet alleen als een business opportunity voor nieuwe producten en diensten, maar ook als een geweldige opportuniteit om een grotere betrokkenheid te creëren bij mensen. Zo kun je de tevredenheid en de loyaliteit positief stimuleren en zelfs echte ambassadeurs creëren onder klanten en consumenten. Co-creatie is een manier om te leren van elkaar en om op die manier transformationele relaties met elkaar op te bouwen. Er is dialoog en uitwisseling. We leren bij, we stimuleren elkaar en groeien door de relatie.

P&G geldt als een van de *pioneers* in open innovation via hun eigen P&G connect+develop aanpak. Enerzijds maken ze hun behoeften en hun uitdagingen publiek, inclusief hun technische, commerciële en andere uitdagingen, zodat mensen hun ideeën kunnen insturen. Anderzijds worden mensen die zelf een nieuwe technologie, verpakking of andere innovatie bedacht hebben, uitgenodigd om hun ideeën naar P&G te sturen.

Recent lanceerde P&G het P&G Co-Creation Channel: 'The P&G Co-Creation Channel is a new crowd-sourcing community platform running multiple open innovation contests to co-create with exceptionally talented creative thinkers and creators around the world. The concepts will be evaluated by experts from P&G and voted for by the online community. All participants are invited to evaluate the designs in the competitions, thereby supporting the jury and increasing their activity counter. They can do so by giving a 1 to 5 rating to other proposals. Beside the possibility of evaluating the ideas of others, participants can also post comments on every submitted proposal or reply to the comments of others. Participants can also leave public messages to other community members on their profiles by using the message function on the member's profile. Leaving comments and messages also increases the participant's activity counter.'

Een ander voorbeeld is Dell. Dell lanceerde IdeaStorm waarbij het zijn klanten vraagt welke producten of diensten ze graag ontwikkeld zien worden. Dell genereerde op die manier al meer dan 16.000 ideeën en implementeerde er daarvan al meer dan 500. In 2009 lanceerde Dell Storm Sessions: Dell post een specifiek topic en vraagt vervolgens aan klanten om ideeën in te sturen. Het nieuwste van Dell is Storm Extension: daar kunnen mensen ook op elkaars ideeën reageren.

Kraft creëerde de Collaboration Kitchen waarbij mensen ideeën voor recepten of *flavors* kunnen doorsturen. Daarnaast is er ook de Kraft Foods Innovation Needs Gallery site. Waarbij men product-, proces-, ingrediënt- of verpakkingsideeën kan insturen.

Coopetition: samenwerken met concurrenten is een prima idee

Voor veel bedrijven is dat waarschijnlijk een van de laatste taboes, maar er schuilt een enorme groeipool in het samenwerken met concurrenten. In verschillende sectoren vindt dit volop ingang. Ook hier geldt dat samenwerken noodzakelijk is om bijvoorbeeld de noodzakelijke investeringen te kunnen doen of om voldoende innovatiesnelheid te ontwikkelen.

BMW zit met Toyota aan tafel voor het uitbreiden van het Roadster aanbod. BMW blijft de baas over het interieur- en exterieurdesign, maar doet een beroep op de hybride technologie van Toyota en Lexus. Mercedes werkt samen met Volkswagen aan een bestelwagen (de Sprinter). Renault werkt samen met Opel om de Trafic en Master te produceren. Renault werkt ook samen met Mercedes: ze delen dieselmotoren.

YouView is een project van de BBC met ITV, Channel 4, Five, BT en TalkTalk. Stievie in België is een gezamenlijk platform van alle grote Vlaamse tv-zenders (VTM, één en Vier).

Bol.com heeft zijn platform opengesteld voor allerlei gespecialiseerde resellers. De partners zijn betrokken bij de promotie van het platform en de geografische verspreiding.

Er zijn veel redenen waardoor samenwerken met de concurrenten een enorme bron van waardecreatie kan zijn: uitwisselen van data over de klant of consument om zo een optimale customer journey voor de klant te creëren, samen platformen creëren om realtime bij de klant te geraken, zware digitale investeringen delen, innovatiesnelheid, gebruik maken van elkaar aanvullende technologie enzovoort.

Samenwerken met start-ups en universiteiten

Het wordt voor elk bedrijf een enorme opgave om voldoende innovatiesnelheid te ontwikkelen. Het wordt al zeker een uitdaging als men ook technologisch voorop wil lopen. De technologische ontwikkelingen gaan zo ongelooflijk hard. Zoals ik al eerder vermeldde, zijn er verschillende exponentiële technologieën die vandaag helemaal doorbreken en dan ook nog op elkaar inwerken. Het is onmogelijk als individueel bedrijf om dit allemaal te volgen.

Daarom is het voor elke innovatieve onderneming zeer aanbevelenswaardig om een brug te slaan naar die enorme explosie van start-ups en kleine zelfstandigen zoals beschreven in de makerseconomie. We moeten als bedrijf contacten leggen met deze gediversifieerde wereld van kleine ondernemers. De inschatting van de Wereldbank en het IMF is dat in 2013 25% van de wereldwijde corporate R&D-budgetten verschoven is in de richting van open innovatieprogramma's en samenwerkingen met start-ups.

Ook universiteiten winnen aan belang als strategische partners voor bedrijven. Zo heeft P&G een structureel partnership afgesloten met de Universiteit van Leeds voor het ontwikkelen van nieuwe hightech producten. Eind 2014 verhuist 3M naar het science park Technopolis nabij de Technische Universiteit Delft. Volgens 3M past deze locatie uitstekend bij de kernkwaliteit van 3M: The innovation company.

De immateriële waarde is de echte waarde van een duurzame samenwerking

Samenwerken wordt dus een heuse concurrentiestrijd. En de winnaar is degene die het beste aansluit bij 'de mens achter de coöperant', degene die het best in staat is om ook niet-monetaire, menselijke waarde te creëren in en door de samenwerking. Het immateriële bepaalt de sterkte van de samenwerking.
Er is toenemend bewijs dat klanten en consumenten willen samenwerken, niet zozeer vanwege prijzen of andere monetaire waarde, maar vanwege verschillende vormen van niet-monetaire waarde. Uiteraard begint alles met vertrouwen en het feit dat het bij 'de ander' niet alleen over meer geld verdienen mag gaan. Het bedrijf moet veel teruggeven. Wat is voor mij als klant de waarde van mijn relatie met het bedrijf? Welke waarde zit er in de verbondenheid met het merk?
De immateriële waarde van de relatie kan zich op vier niveaus situeren: functioneel, emotioneel, mentaal en *meaning*. UCP's (unique cooperation propositions) moeten zich dus op alle niveaus manifesteren.
Functioneel niveau. Als eerste nieuwe producten verkrijgen, er is een oplossing voor een dagdagelijks probleem, er is iets wat mijn leven aangenamer maakt.
Emotioneel niveau. Plezier, fun, gamification element, verbondenheid met anderen, interactie, delen binnen de gemeenschap, samen iets doen, anderen helpen, deel uitmaken van een community, betrokkenheid bij de gemeenschap (maar ook erkenning krijgen van de gemeenschap), sociale status, erkenning krijgen van het bedrijf.
Mentaal niveau. (Samen) bijleren, kennis delen, advies krijgen, (samen met anderen) mijn talenten en skills ontwikkelen, mezelf kunnen uitdrukken, empowered zijn om iets te kunnen beïnvloeden.
Zingevend niveau. Eigenwaarde, meewerken aan een hoger doel, sociale doelstellingen, meewerken aan een betere wereld, nadenken over mijn eigen plaats in de wereld, geven aan anderen.
Uiteraard maakt geld zeker deel uit van het beloningssysteem. Denk hierbij aan geldprijzen, kortingen, gratis producten enzovoort. Alleen zullen deze geldelijke motivatoren nooit in staat zijn om een langetermijnrelatie op te bouwen.

Crowding out

Er ontstaat dus een enorm potentieel aan energie wanneer mensen willen samenwerken en zich willen inzetten om een gemeenschappelijk doel te realiseren. Op die manier ontstaan er vaak enorm sterke community of crowd effecten. Wanneer het vertrouwen van de groep echter beschaamd wordt omdat het doel toch niet zuiver op de graat was of als het alleen maar over geld ging, dan kan de crowd zich onmiddellijk tegen de initiatiefnemers keren met alle gevolgen van dien. Dan kan zich een crowding out effect voordoen waardoor de community in een mum van tijd een lege doos wordt.

De noodzaak tot samenwerken sloopt de silo's in elk bedrijf

We moeten de klant, de consument en bij uitbreiding elke stakeholder ook letterlijk centraal stellen. Onze aanpak moet beginnen vanuit het leven van de mensen en we moeten kijken hoe we positieve relatiepunten kunnen creëren. We moeten klantenoplossingen aanbieden en niet businesslijnen of businessunits verkopen. Een klant denkt niet in termen van afdelingen of in termen van marketing of verkoop. Een klant denkt in termen van oplossingen en onvergetelijke ervaringen. Die klant wil 24/7 in realtime op zijn wenken bediend worden. De klant, de consument, wil een oplossing aangereikt krijgen op het voor hem juiste moment. De klant denkt mobile. De klant denkt omni-channel. We moeten realtime met de klant in dialoog gaan, reageren op wat hij zegt, doet, vraagt.

We kunnen deze oplossingen en ervaringen in realtime pas bieden als we de muren in ons bedrijf slopen. We hebben niet de tijd om iets door te geven aan een andere afdeling of te wachten tot een andere afdeling ons een bepaald stukje informatie biedt. We moeten onmiddellijk kunnen reageren met de nodige informatie over producten en diensten, prijzen, leveringen, klantenservice, peer reviews enzovoort. We kunnen dit alleen doen door de muren binnen ons bedrijf te slopen en een echt *wij* te creëren met als gemeenschappelijk doel: een customer driven organisatie opbouwen. Sales, marketing en informatietechnologie moeten samen acuut kunnen reageren om die totale customer service te leveren. De bottomline doelstellingen van de diverse units moeten samensmelten tot gedeelde klanten- en consumentendoelstellingen. Dat is een enorme uitdaging, maar we hebben geen keuze. De kpi's moeten zich situeren op het niveau van de klant en niet op het niveau van de individuele afdeling of business line.

Van value chain naar value network

Elke afdeling binnen het bedrijf moet samenwerken in de richting van die ultieme customer experience. Daarnaast heeft elke afdeling ook haar eigen ecosysteem van samenwerking en coöperatie. Het zijn een groot aantal systemen, loops die door elkaar lopen. Dit alles zorgt ervoor dat de waarde van een bedrijf steeds minder bepaald wordt door zijn value chain, maar eerder door de sterkte en de rijkdom van het volledige netwerk. De waarde van de organisatie wordt dus bepaald door het value network.

We kunnen de toekomst van ons bedrijf alleen veiligstellen door ons bedrijf als een relatienetwerk te zien. Het bedrijf is een open netwerk van relaties, dat constant in beweging is. Per definitie moeten we een dergelijk netwerk voor een deel loslaten, want we kunnen het niet helemaal zelf controleren. Het netwerk beweegt zich zelfs voor een deel volgens zijn eigen ritme en dat is ingegeven door het ritme van de klant. Kortom: het bedrijf is een soort ecosysteem van relaties.

B. LIKE MINDED PEERS

Van issue:
We hechten te veel belang aan oppervlakkige, extrinsieke waarde
Naar opportuniteit:
Vertrekken vanuit passie, vanuit intrinsieke waarde en mensen hieromheen samenbrengen

Immateriële waarde

- Werken vanuit een intrinsieke motivatie.
- Samen met gelijkgestemden beter worden in wat je heel graag doet.
- Respect voor privacy.

Materiële waarde

- Gedeelde intrinsieke motivatie leidt tot hoge betrokkenheid en hoge output.
- Crowdstorming met gelijkgestemden.
- Nieuwe markten, producten en diensten door onverwachte mix van gelijkgestemden.

Het gegeven is op zich heel simpel. Je vertrekt vanuit een *sterke intrinsieke motivatie*: je passie, je overtuiging, je vakmanschap of je specifieke kijk op de wereld of op je business en je zoekt mensen of groepen mensen die er net zo over denken of er net zo bij betrokken zijn. Dit zijn dan (tijdelijke) gelijkgestemden. Dit kunnen klanten, consumenten, leveranciers of concurrenten zijn. Hen nodig je dan vervolgens uit om samen producten of diensten te ontwikkelen, aan co-creatie te doen, dingen te maken, nieuwe initiatieven op te starten of gewoon van gedachten te wisselen. Deze aanpak kan een enorm groeipotentieel vertegenwoordigen. Door jezelf te omringen, zowel in de fysieke als in de virtuele wereld, met mensen en organisaties die eenzelfde intrinsieke motivatie delen, ontstaat er een soort van flow die tot opmerkelijke resultaten kan leiden.

In vergelijking met het gebruik van de geheel open samenwerking via de grote bekende netwerken ontstaat er dus een soort van selectief of (semi)gesloten netwerk. Niet om uit te sluiten, maar om samen een speciaal soort dynamiek te creëren. Bij het werken met (semi)gesloten netwerken van gelijkgestemden is er minder ballast, want iedereen is gefocust op hetzelfde onderwerp en bovendien bieden deze semigesloten netwerken nadrukkelijk meer privacy.

Deze highway sluit dus ook één op één aan met wat ik eerder in dit boek al uitdrukkelijk opmerkte, namelijk het toenemend belang van werken vanuit een intrinsieke motivatie en minder vanuit een extrinsieke motivatie. Bedrijven, organisaties en mensen die zich met elkaar verbinden rondom een gedeelde intrinsieke motivatie creëren op die manier een afgebakend, maar sterk wij.

Deze (semi)gesloten gemeenschappen kunnen ook bottom-up ontstaan. Consumenten of klanten organiseren zich rondom een gedeelde intrinsieke motivatie. Niet zomaar iedereen is welkom; er is een soort poortcontrole.

Ongelimiteerde, wereldwijde toegang tot like minded peers

Internet heeft inderdaad alle belemmeringen weggenomen om gelijkgestemde zielen te vinden. Om het even wat je vertrekpunt is, ergens zijn er mensen die net zo betrokken zijn als jij. Ook al heb je een heel specifieke passie, uitdaging of behoefte, ergens is er iemand die je kan helpen. In het pre-internet tijdperk waren we beperkt tot mensen in onze onmiddellijke, fysieke omgeving. Vandaag hebben we toegang tot bijna 3 miljard mensen om gelijkgestemden te vinden. Zowel mensen als organisaties gaan de kracht hiervan steeds meer beseffen.

Omarmen van consumer initiated community's

Het initiatief voor het creëren van like minded peer netwerken kan ook uitgaan van consumenten en klanten. Het merk stelt er zich voor open en werkt samen met klanten en consumenten die op deze manier hun passie willen delen.

Niketalk is de ultimate sneaker community. LUGNET is de: 'International LEGO Users Group Network, global community of LEGO enthusiasts. LUGNET unites LEGO fans worldwide through forums, web pages, and services.' Zoals deze voorbeelden aangeven, is het een manier voor mensen om nog beter te worden in hun passie en hun passie nog beter te beleven. Door zich te connecteren met gelijkgestemden worden tips en tricks uitgewisseld, problemen besproken, unieke oplossingen aangereikt en unieke inzichten met elkaar gedeeld.

Het ultieme netwerkeffect van like minded peers

Door de juiste groep mensen samen te brengen die allemaal betrokken zijn bij het onderwerp, kun je de collectieve intelligentie en de collectieve creativiteit ontzettend sterk verhogen. Je kunt een ultiem netwerkeffect creëren door like minded peers samen te brengen. Je brengt dan mensen samen met ideeën die aansluiten bij een gemeenschappelijke motivatie en dat trekt op zijn beurt weer mensen aan die zich hierbij betrokken voelen enzovoort. Zo kun je een gigantisch effect op gang brengen.

Chemelot is een voorbeeld van een like minded peers initiatief: 'Chemelot is niet voor iedereen, maar niet iedereen denkt dan ook als wij. Als u onze filosofie deelt, nodigen wij u graag uit om uw denken te verplaatsen naar Chemelot, de chemical innovation community. Diverse bedrijven van wereldfaam hebben hier de meest succesvolle en innovatiegedreven chemie- en materialen community van Nederland tot stand gebracht. Dit gebeurt in een omgeving waar gelijkgestemde bedrijven van elke leeftijd en omvang profiteren van gedeelde kennis, korte afstanden, uitstekende faciliteiten en open innovatie om de ontwikkeling van nieuwe producten en producttoepassingen te versnellen.' Edge Amsterdam werkt met het concept Elite Sourcing: 'Crowdsourcing with the right crowd. You better have 5 great ideas than 20 mediocre ideas. We decided to build an online network where young talent could find their peer group. And we have selection at the gate. We only want people in who are good and have the skills we like to see in our network.' In de sales pitch van het wereldwijde platform Jovoto staat: 'Think 50.000+ like minded creative talents solving real challenges together.' Hypios is een Franse onderneming die zich specialiseert in het oplossen van specifieke R&D-uitdagingen: 'Challenges are not broadcast to the entire world, but "narrowcast" to relevant expertise in a pre-selected range of scientific discipline.' Petities.nl is een platform voor het verzamelen van gelijkgestemden rondom een maatschappelijk thema. TOMS Marketplace is een virtuele showroom en presenteert producten van dertig kleinere bedrijven die een gemeenschappelijke sociale missie delen: onderwijs, gezondheid, gezonde voeding, schoon water.

Jongeren en (semi)gesloten netwerken

Het belang van (semi-)closed netwerken zien we heel sterk opkomen bij jongeren (van 12 tot 22 jaar). Dit bleek ook uit ons onderzoek voor het jongerenmerk JIM in België. De meeste jongeren zijn inderdaad actief op Facebook en YouTube, maar ook in ettelijke kleinere netwerken. Dat voldoet aan hun zoektocht naar gelijkgestemde jongeren en naar meer afgeschermde omgevingen waar hun privacy meer gewaarborgd wordt.

Het belang van like minded peers voor deze jongeren is drieledig:

1. Like minded peers als bron van inspiratie, kennis, informatie, tips en tricks om nog beter te worden in je passie. Like minded peers zijn voor jongeren de zo noodzakelijke supporters om ervoor te durven gaan.
2. Like minded peers waarmee ze kunnen samenwerken om hun ambitie waar te maken en hun eigen toekomst te creëren. Like minded peers zijn belangrijk om samen een alternatieve toekomst met meer mogelijkheden te creëren. Samenwerken om de wereld open te breken, weg van de klassieke paden.
3. Ze hebben like minded peers nodig om op een relevante manier aan elkaar te kunnen geven en om een zingeving te creëren voor zichzelf.

Het merk brengt like minded peers samen

Uit hetzelfde onderzoek bleek ook dat merken best wel een actieve en relevante rol kunnen spelen in het leven van jongeren. Zelf gaven ze aan dat like minded peers voor hen belangrijk zijn, maar ze merkten ook op dat het niet altijd zo evident is om deze like minded peers te vinden. Ze gaven in ons onderzoek aan dat merken hier best op mogen inspelen.

De voorgestelde ideeën waarin merken een relevante rol kunnen spelen voor jongeren in functie van like minded peers zijn:

- De ideeën die like minded jongeren met elkaar verbinden.
- De ideeën waarin ze samen met andere like minded jongeren kunnen groeien in hun passie.
- De ideeën die hen dichter bij de ambitie brengen om samen met like minded jongeren te bouwen aan een alternatieve toekomst.

Purpose fit met werknemers

Ook binnen de eigen organisatie en het HR-beleid is het concept van like minded peers ontzettend relevant. Bij de selectie van mensen kunnen we beter niet uitgaan van de hard of soft skills van een kandidaat, maar vooral ook van de mogelijke 'purpose fit' tussen kandidaat en onderneming. De kandidaat moet zich aangesproken voelen door de purpose van de onderneming en moet er actief en met begeestering aan willen meewerken en het bedrijf moet zich engageren om de purpose in het leven van de kandidaat mee te helpen realiseren. Groei voor de organisatie, voor het bedrijf en voor de werknemer ontstaat dan door mensen met dezelfde dromen samen te brengen, door mensen te verenigen die eenzelfde interne zelfmotivatie delen. Purpose gedreven motivatie is intrinsieke motivatie en is veel effectiever en krachtiger dan extrinsieke, financieel gedreven motivatie. Persoonlijke passie, het bestaansrecht of purpose van een bedrijf en businessresultaten zijn allemaal elementen van dezelfde vergelijking. Paul de Blot verwijst naar de organisatiespiritualiteit: 'Die begint aan de basis. De wortels van haar spirituele kracht ontstaat bij haar geboorte. De eerste generatie werknemers wordt ermee bezield en draagt deze bezielende ondernemingscultuur over aan de volgende generatie.' De invulling van Happy Profit concretiseert zich dan door het samenbrengen van mensen en organisaties met een gedeelde intrinsieke motivatie, zodat er flow kan ontstaan.

C. PEER-TO-PEER PARTNERING

Van issue:
Mensen zetten zich af tegen bedrijven en organisaties en gaan zich anders organiseren, zoals ze het zelf willen, los van bestaande structuren
Naar opportuniteit:
Ons gedragen als een peer en ons gedragen als mens onder de mensen en zo samenwerkingsverbanden aangaan

Immateriële waarde

- De dynamiek van het netwerk creëert de gebruikswaarde.
- De purpose van het netwerk is leidend.
- Onderstreept het belang van mensen samenbrengen, delen, ruilen, uitwisselen enzovoort.

Materiële waarde

- Samenwerken met peer-to-peernetwerken: nieuwe markten, nieuwe producten en diensten, nieuwe distributiemogelijkheden, kostenbesparing.
- Mensen samenbrengen creëert businesswaarde.
- Positief antwoord op consumer-to-business initiatieven.

Ondertussen hebben we allemaal wel gehoord van Airbnb, weten we dat we in Parijs een beroep kunnen doen op Uber taxi's, dat we ergens kunnen overnachten via Couchsurfing of dat het zelfs mogelijk is om via social lending geld te lenen rechtstreeks van andere mensen zonder tussenkomst van een bank. Maar zijn dit nu tijdelijke modegrillen ontstaan in de schoot van een rebellerende internetgeneratie of is er iets fundamenteels aan de hand? En moeten we dit als bestaand bedrijf, organisatie of overheid nu zien als een bedreiging of een opportuniteit?

De nog steeds toenemende wereldwijde penetratie van (mobiel) internet heeft een fundamentele impact op ons samenleven en samenwerken. De reikwijdte van deze impact is helemaal nog niet duidelijk. We staan ook hier aan de vooravond van een transformerende omwenteling in onze manier van met elkaar omgaan en de manier waarop we ons maatschappelijk en economisch systeem zullen ordenen.

Een van de drijvende factoren achter deze omwenteling is het feit dat mensen zich nu zelf kunnen organiseren in peer-to-peernetwerken. Hierdoor kunnen mensen dingen zelf creëren, maken of produceren en daarbij hebben ze de bekende, traditionele structuren niet meer nodig. Als we als peergroep iets willen bewerkstelligen, dan kunnen we dit nu ook doen. Niet alleen lokaal of regionaal, maar wereldwijd. Er is geen houden meer aan. Internet heeft ons niet alleen met elkaar verbonden, maar heeft ook een gemeenschappelijke taal en toolbox gegeven om ons te organiseren.

Peer-to-peer is een totaal nieuwe communicatie-, organisatie- en productievorm. Voor Michel Bauwens, de wereldautoriteit op gebied van P2P, is het zelfs een sociale structuur op zich: 'Het verwijst naar een relationele logica waarbij elk individu als burger kan bijdragen aan een gemeenschappelijk project. Dankzij het fenomeen van peer-to-peer productie wordt de civiele maatschappij dus productief. Peer-to-peer maakt het mogelijk om "van onder naar boven" iets op te bouwen, om op een nieuwe manier waarde te scheppen en om aan zelforganisatie te doen. Door de nieuwe technologie kunnen mensen op aarde zaken doen die vroeger buiten hun bereik lagen.'

Sommigen spreken in deze context over de 2.0 gemeenschap. Waarbij we nieuwe vormen krijgen van waardecreatie en productie, samen met andere vormen van democratie, sturing en samenwerking. Sommigen spreken in deze context zelfs over de weg naar een postkapitalisme.

Peer-to-peer kent vandaag vele invullingen en hybride vormen. De basis is bijna steeds dat mensen – gelijkwaardig en vanuit een intrinsieke motivatie – op vrijwillige basis samenkomen en werken aan een gemeenschappelijk doel. De verschillende dimensies ontstaan door mengvormen van een aantal variabelen: centraal of decentraal georganiseerd, winst of gemeenschap als primair doel, creëren van gebruikswaarde en/of ruilwaarde, commerciële spelers en non-profit ondernemers.

Sommigen bekijken deze P2P-mengvormen als een dynamiek op zich, anderen, zoals Michel Bauwens, beschouwen dit als een transitiefase: 'Een van mijn stellingen is dat we evolueren naar een maatschappij waarin de economie weer gebaseerd zal zijn op de productie van rechtstreekse gebruikswaarde en waarbij de eventuele ruilwaarde (de verkoop op de markt) slechts een middel is om het doel te realiseren.' Deze laatste zin geeft ook duidelijk het spanningsveld aan tussen peer-to-peer, bottom-up initiatieven en de kapitalistische markteconomie.

Het lijkt mij voor iedereen belangrijk om vandaag de dag de totale context van deze peer-to-peernetwerken grondig in ogenschouw te nemen. Het is duidelijk dat peer-to-peer denken een transformerende kracht uitoefent op de manier waarop we ons maatschappelijk en economisch moeten organiseren. Zoals ik eerder aangaf, plaats ik zelf sociale waarde en economische waarde op gelijke hoogte. Of we al dan niet echt evolueren naar een postkapitalistische samenleving waarbij winst ondergeschikt is aan het sociale doel, laat ik in het midden. Wel laat peer-to-peer productie ons vandaag al toe om nieuwe groeibronnen aan te spreken, die onze huidige organisaties en onze businessmodellen helpen hertekenen en die ook toelaten om op een positieve en constructieve manier gemeenschappelijke, immateriële waarde te creëren.

Hierna geef ik eerst een definitie van de betekenis van peer-to-peernetwerken en peer-to-peer productie. Vervolgens schets ik hoe bestaande organisaties kunnen samenwerken met verschillende vormen van peer-to-peer platformen om nieuwe vormen van waardecreatie en groei aan te boren.

Mensen en de community creëren zelf waarde

De basis van de peer-to-peer dynamiek is dat het de mensen zelf zijn die samen waarde creëren. We stellen onze kennis, expertise of passie ter beschikking. We geven input om samen iets te creëren of samen problemen op te lossen. We hebben vrije tijd over die we zinvol willen besteden. We hebben een auto die we niet altijd optimaal gebruiken. Ons huis heeft kamers over, we koken meer dan dat we zelf nodig hebben, we beschikken over meer energie dan we gebruiken, we hebben tijdelijk geld te veel waarmee we anderen helpen die tijdelijk geld willen lenen. Of we willen ons als buurt meer organiseren om zo maximaal aan zelfvoorziening te doen. Echter, ook onvrede of wantrouwen kan aan de basis liggen van gezamenlijke waardecreatie.

Peer production of sociale productie

Wikipedia definieert peer production als volgt: 'Peer production (also known by the term mass collaboration) is a way of producing goods and services that relies on self-organizing communities of individuals who come together to produce a shared outcome. The content is produced by the general public rather than by paid professionals and experts in the field. In these communities, the efforts of a large number of people are coordinated to create meaningful projects.'

Voor Michel Bauwens heeft peer-to-peer 'betrekking op de capaciteit van mensen om als gelijken samen waarde te creëren zonder daarvoor toestemming te moeten vragen. Het is een systeem waarbij elk individu op vrijwillige basis bijdraagt aan een project dat hij wil ondersteunen. Neem Wikipedia. Niemand schrijft een tekst voor Wikipedia onder dwang of om geld te verdienen. Het model wordt aangestuurd door intrinsieke motivatie. Anders gesteld: peer-productie is passionele productie en vertegenwoordigt een verschuiving van extrinsieke naar intrinsieke motivatie. Peer-to-peerprojecten werken altijd rond een gemeenschappelijk doel en zijn zodanig ontworpen dat het individuele belang samenvalt met het gemeenschappelijk belang.'

Michel Bauwens ziet P2P als een derde soort productiemethode, naast de markt en de overheid. 'Deze productiemethode heeft drie eigenschappen:

1. De productie van waarde geschiedt doordat producenten allemaal toegang hebben tot eigen productiemiddelen en daarmee vrijwillig samenwerken om tot resultaat te komen.
2. Sturing vindt plaats door de gemeenschap van deelnemers, niet door marktwerking of hiërarchische sturing. Dit heet P2P governance.
3. Het resultaat is vrijelijk te gebruiken en eigenaarschap is geregeld via een gemeenschappelijk eigenaarsmodel, bijvoorbeeld GPL of creative commons (dus niet via privé- of staatseigendom).'

Peer-productie genereert wat men noemt *commons*. Dit zijn diensten of producten die gemeenschappelijk ontwikkeld zijn door de community. Ze worden ook 'onderhouden' door de community en werken volgens bepaalde principes. Zo er is vrijheid van gebruik, openheid om wijzigingen en verbeteringen aan te brengen en vrijheid om deze vervolgens ook weer te delen. Deelnemers aan de commons zijn dus zowel producenten als consumenten. Ze werken mee op voet van gelijkheid en doen mee om een gemeenschappelijk doel te bereiken en niet om geld te verdienen.

Kapitalisme versus postkapitalisme

Volgens velen ligt de essentie en de doelstelling van een peer-to-peer platform dus in het realiseren van een gemeenschappelijk doel en niet in het verdienen van geld. Vandaag is de realiteit echter anders en is er een wisselwerking tussen P2P en het vrijemarktmechanisme. Bauwens: 'Niet alleen is P2P afhankelijk van de markt, de markt is ook afhankelijk van P2P. Voor de verspreiding van boodschappen bijvoorbeeld, maar denk ook aan samenwerkende netwerken van zelfstandige vakmensen, aan IBM, dat gebruik maakt van en investeert in open sourcesoftware, en bedrijven als Google en Facebook, die afhankelijk zijn van de bijdragen van hun gebruikers.'

Bauwens wijst hier ook op een mogelijke transitiefase en illustreert dit aan de hand van de twee kanten van Facebook: 'Een kapitalistisch bedrijf dat zoveel mogelijk winst wil maken, maar aan de andere kant investeert Facebook miljarden in de uitbouw van een peer-to-peernetwerk. Dus, inderdaad, het kapitalisme gebruikt peer-productie in zijn eigen voordeel. Meer nog, kapitalisten hebben peerproductie nodig om te kunnen overleven. En allicht kan het systeem daardoor nog een paar decennia langer blijven bestaan. Maar tegelijk helpen Facebook, Google en co. mee aan de opbouw van een nieuw systeem binnen het oude.'

Peer-to-peer classificatie

Er is, zeg maar, de pure peer-to-peer, maar ondertussen zijn er ook verschillende mengvormen die delen gebruiken van de peer-to-peer productiegedachte.
De sociale coöperatie van peer-to-peer samenwerkingsvormen en het kapitalisme zijn van elkaar afhankelijk. Michel Bauwens heeft een zeer interessante classificatie gemaakt om de verschillende soorten P2P-economieën in kaart te brengen. Zo creëert hij vier kwadranten aan de hand van twee assen: gecentraliseerd vs gedecentraliseerd en winstgedreven vs maatschappelijk nut gedreven.

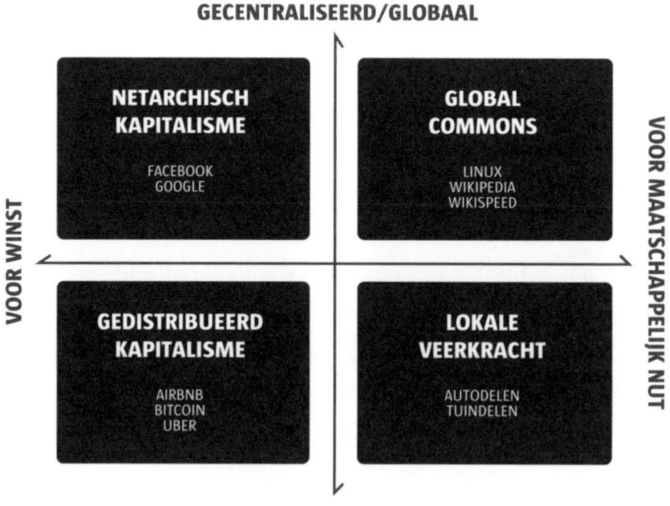

Netarchisch kapitalisme. Voorbeelden in dit kwadrant zijn Facebook, Google, YouTube, Flickr enzovoort. Het zijn zuiver commerciële bedrijven die kapitaal investeren mogelijk maken en bevorderen. Maar die platformen worden gecontroleerd, beheerd en geëxploiteerd door de investeerders. De front-end kan P2P zijn, maar de back-end wordt centraal gecontroleerd. De relatie tussen netarchische kapitalisten en gebruikers steunt op een onuitgesproken sociaal contract. De gebruikers begrijpen dat de infrastructuur geld kost en tolereren dat de netwerkbeheerders winst maken, zolang ze bij hun communicatie en samenwerking zonder al te veel hinder gebruik kunnen maken van het platform. De gebruikers creëren de gebruikswaarde, de eigenaars realiseren de ruilwaarde en houden deze ook volledig voor zichzelf.

Gedistribueerd kapitalisme. Voorbeelden in dit kwadrant zijn Airbnb, Bitcoin, Uber enzovoort. Dit is een decentraal en winstgedreven kwadrant. De drijfveer is geld verdienen. Het zijn platformen die mensen toelaten om extra geld te verdienen, bijvoorbeeld door een logeerkamer te verhuren, taxichauffeur te spelen, spullen te verkopen op eBay of wat dan ook. Een ander voorbeeld is social lending, waarbij kredietverstrekkers en kredietnemers rechtstreeks met elkaar in contact komen via kredietplatformen. De gelduitwisseling is voordelig voor beide partijen omdat de gage van de tussenpersoon – de bankier – wegvalt. Deze platformen geven de gebruikers duidelijk meer macht, maar ze blijven opereren binnen het kader van de vrijemarkteconomie of winsteconomie.

Lokale veerkracht. De entiteiten in dit kwadrant zijn niet zozeer winstgericht, dan wel gemeenschapsgericht. De verschillende soorten crises doet het besef groeien dat we een tijdperk van schaarse energiebronnen en grondstoffen tegemoet gaan. Mensen bereiden zich steeds meer voor om lokaal te kunnen overleven. Voorbeelden hiervan zijn de Transition Towns (of de transitiebeweging): een netwerk van burgers die hun manier van leven, wonen en werken duurzamer en socialer willen maken om de overgang naar een duurzame wereld te versnellen. Stadslandbouw, plaatselijke hernieuwbare energie en lokale munten zijn andere voorbeelden van de beweging.

Global commons. Dit is het kwadrant dat Michel Bauwens en zijn P2P Foundation verdedigt. We moeten wereldwijd samenwerken op het vlak van kennis, ideeën, wetenschap, cultuur enzovoort, maar plaatselijk een productieapparaat uitbouwen om zo veel mogelijk lokaal te produceren. Zo leg je de nadruk op globale samenwerking en structuren en houd je rekening met fenomenen die alleen wereldwijd kunnen worden opgelost. Entiteiten in dit kwadrant streven voornamelijk naar het creëren van maatschappelijk nut. Organisaties mogen wel winst maken, maar die is ondergeschikt aan het sociale doel.

Uiteraard rest dan de vraag hoe je daar het beste mee om kunt gaan als je een bestaande organisatie bent. Mijn advies is zeker om deze opkomst van P2P-initiatieven niet te minimaliseren, noch om ze alleen maar als een bedreiging of concurrent te zien. P2P is een ontzettend belangrijke en disruptieve beweging waar je als bestaand bedrijf het beste snel ervaring mee kunt opdoen. Ik zie hier verschillende mogelijkheden.

Opportuniteit 1: zelf experimenteren met het opzetten van P2P-marktplaatsen

Een voorbeeld hiervan is mijn uitgeverij Lannoo. LannooMeulenhoff en WPG zetten een gemeenschappelijk initiatief op waarbij lezers via een abonnementenservice onbeperkt e-boeken kunnen lezen. Zo trachten ze zelf een antwoord te geven aan Amazon en Bol.com.

Datzelfde Bol.com heeft zijn platform geopend voor derden en is daardoor zelf een P2P-marktplaats geworden. Ook particulieren kunnen er tweedehands boeken kopen en verkopen.

In Groot-Brittannië hebben een aantal banken Paym opgericht. Paym is een netwerk waar bankklanten veilig peer-to-peer betalingen kunnen doen op basis van mobiele telefoonnummers. Er komen geen codes of bankrekeningen aan te pas.

BMW heeft sinds 2011 een joint venture met Sixt voor het aanbieden van autodelen. Deze diensten zijn beschikbaar in diverse steden in Noord-Amerika en Europa.

In januari 2013 kocht Avis voor een slordige $500 miljoen Zipcar. Zipcar is een P2P-netwerk voor autodelen. De auto's worden door individuele eigenaars ter beschikking gesteld en kunnen gehuurd worden voor enkele uren of een dag. Op het ogenblik van de aankoop had Zipcar een netwerk van 760.000 leden en meer dan 10.000 voertuigen.

In september 2013 lanceerde DHL het MyWays platform in Stockholm. Hier kunnen mensen zelf een centje bijverdienen door zelf pakjes bij mensen thuis af te leveren: 'With the pilot, individuals now have the opportunity to deliver packages with products ordered online directly to other end consumers. Using a specifically developed mobile app, the service connects individuals who ask for flexible deliveries with those offering to transport parcels along their daily routes for a small fee.'

Opportuniteit 2: samenwerken met de P2P-marktplaatsen

Groeimogelijkheden ontstaan door samen te werken met peer-to-peernetwerken of peer-to-peer marktplaatsen en ze niet alleen maar als concurrenten te zien. Zo kunnen bestaande ondernemingen extra service deals afsluiten met bestaande netwerken, ze kunnen partijen samenbrengen binnen een peer-to-peer dynamiek en hun kennis en expertise ten dienste stellen, of ze kunnen zelf extra producten of diensten in het peer-to-peernetwerk inbrengen.

Patagonia werkt samen met eBay en heeft een marktplaats gecreëerd waar mensen hun tweedehands Patagonia spullen kunnen verkopen.

In de Verenigde Staten heeft de NFL Players Association een partnership afgesloten met Uber, zodat de spelers een speciaal soort dienstverlening krijgen. Het is een eerste stap voor Uber om in de toekomst meer van dit soort partnerships af te sluiten. Mastercard organiseerde samen met Uber een campagne om zijn klanten iets unieks te bieden. De actie liep in New York, Chicago, Los Angeles, Dallas en San Francisco.

Ook Airbnb is open voor extra partnerships. Zo is een van de plannen het afsluiten van lokale servicedeals, onder andere voor het schoonmaken van de verhuurde ruimte, het verversen van de lakens en het vullen van de ijskast voor nieuwe gasten.

In Nederland zijn er banken die hun kennis en knowhow leasen binnen de context van een peer-to-peer banking system. De banken brengen ondernemers samen die aan elkaar geld lenen. Banken spelen dus een verbindende rol. Om belangrijke bedragen aan elkaar te lenen, heb je een banklicentie nodig en banken leasen dan hun licentie. Soms spelen banken ook een actieve, adviserende rol en worden daar dan voor betaald.
Een andere mogelijkheid voor bestaande ondernemingen is om eigen, overtollige capaciteit ter beschikking te stellen van peer-to-peernetwerken: denk hierbij aan ruimtes, materiaal, auto's enzovoort.

Opportuniteit 3: waarde creëren rond de commons

Een andere mogelijkheid voor bestaande ondernemingen is om rond de commons producten en diensten te ontwikkelen met een directe financiële return: denk aan consulting, opleidingen, materiële productiefaciliteiten, verzekeringen enzovoort.

Een bekend voorbeeld hiervan is hoe IBM actief meewerkt met het Linux OS systeem. Ook rond Bitcoin zijn er een groot aantal start-ups ontstaan, inclusief electronic wallet systemen of zelfs fysieke ATM machines.
Ook kan men zich perfect voorstellen dat er op diverse plaatsen in de wereld fysieke microassemblagefabrieken ontstaan om de Wikispeed auto te produceren.

Opportuniteit 4: zelf hybride vormen creëren

Een volgende manier om waarde te creëren is om het eigen businessproces op te knippen en te kijken in welke fase van de eigen waardecreatie sociale productie een toegevoegde waarde kan creëren. Op die manier krijg je een soort slimme businessmodellen die optimale combinaties trachten te maken van 'nieuwe en oude' methoden. Een voorbeeld hiervan is T-shirt fabrikant Threadless die het ontwerpproces organiseert volgens de P2P-principes. De rest van hun waardecreatie verloopt dan volgens de traditionele marktmechanismes: 'Threadless designs are created by and chosen by an online community. Each week, about 1000 designs are submitted online and are put to a public vote. After seven days the staff reviews the top-scoring designs. Based on the average score and community feedback, about 10 designs are selected each week, printed on clothing and other products, and sold worldwide through the online store and at their retail store in Chicago. Designers whose work is printed receive $2000 in cash and $500 in Threadless gift cards, which can be exchanged for $200 cash. Each time a design is reprinted, the respective artist receives $500 cash.

Het disruptieve karakter van P2P-platformen

Het is te verwachten dat elke business op een bepaalde manier wordt geconfronteerd met het disruptieve karakter van deze P2P-platformen, maar eigenlijk ook verrijkt zal worden. En het maakt dan niet zoveel uit of deze P2P-platformen gedreven zijn door een winstoogmerk of een gemeenschappelijk nut. Zo heeft Airbnb ondertussen een netwerk van 200.000 slaapplaatsen in meer dan 34.000 steden in 192 landen. Naar eigen zeggen hebben ze meer kamerovernachtingen dan Hilton. Neem er nog de overnachtingen bij via het Couchsurfing netwerk, en je hebt een totaal alternatieve hotelbusiness.

Airbnb, Uber, Taskrabit, Snapcar, Zipcar, RealyRides, GetAround, carpooling.com, Thuisafgehaald, Etsy, Werkspot.nl, Peers, autodelen, Tapazz, Zencar, Peerby, buynothingnew.nl, Coursera, Etsy, Liquid, koopeenkoe.nl. Dit zijn maar enkele voorbeelden van P2P-alternatieven in diverse sectoren (mobiliteit, voeding, reizen, woningen, goederen).

Het aantrekkelijke van P2P-platformen is dat klanten en consumenten vaak kiezen voor deze alternatieve vorm omdat ze dan keuzes maken op basis van de ervaringen van degenen die men het meest vertrouwt, namelijk andere klanten of consumenten.

Niet alleen voor bestaande bedrijven die gebonden zijn aan allerlei regelgeving, maar ook voor de overheid betekenen deze platformen enorme uitdagingen. Hoe gaat men om met attesten, gezondheidsinspectie, vergunningen, belastingen enzovoort. Ook hier staan we aan het begin van een omwenteling waarbij nieuwe evenwichten moeten worden gezocht. Airbnb neemt bijvoorbeeld nu zelf initiatieven en zoekt mee naar oplossingen. Sinds 1 april 2014 heeft men een overeenkomst met de lokale overheid van San Francisco om ook hotelbelastingen te betalen. Ik ben benieuwd wat er in de rest van de wereld zal gebeuren.

Een sterk ik in een sterk wij

Tot slot kom ik nog even terug op het denkkader eerder in dit boek rondom het bouwen van een sterk ik in een sterk wij. Peer-to-peer-denken is niet alleen een wij-gebeuren. Actief zijn in verschillende peer-to-peernetwerken speelt voor veel mensen een cruciale rol in het opbouwen van een sterke individualiteit. Bauwens: 'Bij peer-productie heeft iedereen hetzelfde potentieel om bij te dragen tot het collectief project, vandaar dat we spreken over de "equipotentialiteit van peer-to-peer". Wij erkennen dat mensen verschillende capaciteiten hebben en dat de ene mens op bepaalde vlakken beter is dan de ander, maar die ander is dan weer beter in iets anders. Bovendien is geen enkel aspect "beter" of "slechter" dan het ander. In peer-productie komt het eropaan om, vertrekkende vanuit dit verrijkte beeld van het individu, zijn verschillende capaciteiten te koppelen aan welbepaalde taken van projecten waarmee het de meeste affiniteit heeft. Je bouwt je identiteit op basis van je bijdragen aan die respectievelijke commons op. En door te geven aan een bepaalde gemeenschap, bouw je die mee op. Vandaag ben je actief in verschillende netwerken en in elk van die netwerken bouw je een identiteit op via bijdragen. Je krijgt met andere woorden een collectieve samenstelling van je identiteit op basis van actieve contributies in verschillende netwerken.'

• • •

4. HAPPY PROFIT HIGHWAYS OP HET NIVEAU VAN MIJN MERK

Op dit niveau laat het merk het meest zijn ego los. Mensen kunnen er ook echt hun merk van maken. Ik kan er bijvoorbeeld Herman zijn merk van maken.

Op dit niveau maakt het merk zich echt ondergeschikt aan het individu. Het persoonlijk welzijn van het individu staat centraal en voorop. Merken moeten hier echt helpen om het leven van mensen te optimaliseren op persoonlijk niveau. In hun zoektocht naar The Happy Life vinden mensen steun en inspiratie bij merken. Merken fungeren als een soort persoonlijk platform voor mensen. Het merk inspireert, faciliteert en motiveert individuen.

Merken laten de mensen hier ook in de driver's seat zitten. Het merk is ontzettend bedreven in het kiezen van push en pull. Het merk 'weet' wanneer het mag pushen, maar weet ook wanneer het moet wachten op de pull van mensen. Het merk erkent de grenzen van mensen en erkent ook het belang van ethiek en vertrouwen in het opbouwen van persoonlijke relaties. Het merk laat toe dat klanten en consumenten zelf het ritme en het tempo van de relatie bepalen.

Uiteindelijk proberen merken op dit niveau dromen van mensen waar te maken, een supporter te zijn, een compagnon de route.

‘ Mensen kunnen er ook echt hun merk van maken.

A. PERSONAL RELATIONSHIPS

Van issue:
Mensen vinden dat ze gemanipuleerd worden door bedrijven en merken om steeds meer te kopen. De druk van het consumentisme
Naar opportuniteit:
Persoonlijke relaties opbouwen die vertrekken vanuit het persoonlijk welzijn van een individu. Op fysiek, emotioneel, mentaal en zingevend niveau

Immateriële waarde

- Het persoonlijk welzijn van mensen is het uitgangspunt. Helpen realiseren van persoonlijke dromen en verlangens.
- De relatie met de klant leidt ergens toe.
- De kunst van push en pull.

Materiële waarde

- Klanten willen zich engageren in een langetermijnrelatie.
- Product-service combinaties creëren meerdere vormen van toegevoegde waarde.
- Aanwezig in de evoked set van de klant.

Zijn allerlei vormen van nieuwe technologische ontwikkelingen, zoals internet of things, een nieuw soort doping voor marketeers om mensen te verleiden om te consumeren? Of gebruiken we deze nieuwe ontwikkelingen als instrumenten om positieve relaties op te bouwen met mensen, vertrekkend vanuit hun persoonlijk welzijn?

Eigenlijk is het gegeven heel simpel. Alleen bedrijven die erin slagen om klanten op lange termijn aan zich te binden en door deze relatie ook materiële en immateriële waarde weten te creëren, zullen over tien jaar nog bestaan. Mensen binden zich alleen als het bedrijf hen voldoende ondersteunt bij het creëren van persoonlijk welzijn.

Mensen staan bewuster in het leven, vertrekken meer vanuit hun eigen individualiteit, op ons lichaam dragen we technologie, overal waar we straks komen hebben we een persoonlijk scherm, augmented reality laat ons toe specifieke vragen te stellen, we raadplegen realtime onze peer-to-peernetwerken en tot slot hebben we straks allemaal onze eigen digital assistant. Wat een evolutie staat ons te wachten! Mensen willen dingen die op maat zijn. Wij als merk en bedrijf moeten produceren en maken wat mensen willen en nodig hebben. En niet wat wij denken als bedrijf dat we moeten maken omdat we die core competence hebben.

Bouw relaties met mensen, niet met consumenten

Merken moeten het leven van mensen makkelijker en aangenamer maken. Anders heeft het merk geen bestaansrecht. We hebben de voorbije jaren vaak gehandeld alsof mensen meer doen consumeren ons bestaansrecht was. De bewuste consument kijkt daar nu anders naar. Hij noopt ons tot een fundamentele paradigmawissel. Het is niet de consument die centraal moet staan in ons denken, maar de mens. We moeten relaties bouwen met mensen, niet met consumenten. We moeten kijken welke mens er achter de consument zit. We moeten ons er rekenschap van geven dat die mens steeds meer op zoek gaat naar echt geluk en zingeving. We moeten alle aspecten van zijn mens-zijn aanspreken: ratio, emotie en intuïtie. De centrale vraag is: raak ik de mensen met wat ik doe en waarom ik het doe?

Persoonlijk welzijn moet altijd het uitgangspunt zijn

Meer dan ooit moeten merken zich richten op het persoonlijk welzijn. Help je mij als merk om mijn eigen leven beter te organiseren? Help je mij om nog beter in het leven te staan? Ben je bekommerd om mijn welvaart en mijn welzijn? En dat van mijn gezin? Iedereen is op zoek naar zijn eigen invulling van The Happy Life en daarbij wordt alles persoonlijk, op maat. Zo zullen zelfs onze medicijnen gepersonaliseerd worden. Persoonlijk welzijn is een hyper belangrijk thema. Mentale en fysieke fitheid staan hoog op de agenda. Ook sociaal willen mensen gezond en in balans zijn. Mensen willen gewoon zien dat merken en organisaties ruimer denken over consumeren en zich ook actief bekommeren over hun welzijn. Mensen willen voelen dat merken uiteraard willen verkopen, maar niet ten koste van alles. Mensen zullen zich pas engageren in een relatie met een merk of bedrijf als er basisvertrouwen en verantwoordelijkheidszin is rond een algemeen welzijn. Geef je als merk om je klant?

Optimize life, not consumption

Ons uitgangspunt moet zijn om mensen gelukkiger te maken en niet om ze meer te doen consumeren. We moeten ook als bedrijfsleider en als marketeer een ander belang durven toekennen aan consumeren. We zitten te veel opgesloten in de consumptiecontext. We moeten consumeren meer plaatsen binnen een ruimere levenscontext. Dit betekent uiteraard niet dat kopen en consumeren niet belangrijk is. We moeten het alleen in een ander perspectief plaatsen: 'It's not about producing more stuff, it's about producing more happiness.' Anders gesteld: voor een bedrijf of merk gaat het niet zozeer over welke producten of diensten maak ik, maar wat maak ik dat ook echt bijdraagt aan de quality of life van mensen? Succes voor bedrijven en merken in de toekomst zal voortvloeien uit dit streven naar het verbeteren van de quality of life. Of nog anders gesteld: wellbeing zou een van de kernwaarden moeten zijn van ieder bedrijf in de toekomst.

In ons denkkader van het bewuste, autonome, geconnecteerde individu verwees ik naar The Happy Life en de zoektocht naar de Purpose in Life. Dit is wat optimizing life voor mensen betekent: Help je mij in mijn persoonlijke zoektocht naar The Happy Life? En help je mij in het zoeken en realiseren van mijn Purpose in Life?

Van consumptiecontext naar totale leefwereld

Consumenten kopen, maar mensen leven. We zullen ons als marketeers steeds meer moeten engageren in die totale levenscontext van mensen. Mark Pritchard (CMO van P&G): 'When you think about marketing to consumers, you sometimes bring a fairly narrow focus to it. You tend to think only about how they may relate to your brand in the context of how they buy it or what they consume. When you think the consumers you serve as people, you think about their whole lives. You think about them much more broadly in terms of how to make your brand more relevant on an everyday basis. It also helps you think about different products and different ways of doing things.' Marketing komt hier op het kruispunt van economie, antropologie, sociologie en psychologie. Mensen staan bewuster in het leven en zijn zich ook bewuster van de (leef)omgeving waarbinnen ze actief zijn. Merken moeten aantonen dat ze dit begrijpen. Een mooi voorbeeld hiervan is BWM Connected Drive: 'A technology packet full of services and apps that connects you closely to the world around you. It makes tasks easier and quicker to perform, giving you more time for what's really important: your family, friends and free time.'

Relaties bouwen vanuit een andere machtsverhouding

Indien we er als merk of bedrijf nog steeds van uitgaan dat we vanuit een top-down gedachte de *mindless* klant kunnen verleiden, dan hebben we het grondig mis. De geëmancipeerde, ontvoogde, autonome consument staat fundamenteel in een andere relatie tot bedrijven en merken. Mensen zijn zich meer bewust van hun plaats.
Bewuster consumeren, een tsunami aan persoonlijke technologische mogelijkheden, peer-to-peernetwerken en het gebrek aan vertrouwen hebben de controle helemaal omgedraaid. Mensen bepalen 'de terms of engagement' en niet bedrijven of merken. Als je als merk probeert 'in te breken' in het leven van mensen, dan zal dit vroeg of laat tegen je werken. Doug Stephens in The Retail Revival: 'Consumers will regulate their interests, control their privacy and dictate many of the terms of engagement.'

Technologie en data zijn ook wapens voor klanten en consumenten

Technologie en big data zijn niet alleen het alleenrecht van bedrijven en merken. Ook consumenten zullen, met de nodige hulp, heel beslagen ten ijs komen. Data en technologie zullen voor onze klanten de tools zijn om steeds meer zelf achter

het stuur te gaan zitten. Stephens: 'Consumers will rapidly begin to tap this entirely new and exponential level of computing and analytical power to guide their attention and buying decisions in a more effective and seamless way than ever before. They will use the power of big data and other emerging technologies to cut through the sea of products and services available and zero in on the one's that suit them best.'
David Veldt (strateeg bij LECTRIC Groep): 'De consument kan zelf bepalen wie wel of geen toegang heeft tot (een gedeelte van) zijn dataprofiel. In ruil voor persoonlijke, relevante aanbiedingen zal de consument met enkele organisaties en merken zijn persoonlijke gegevens over gezondheid, bezittingen en gedrag willen delen.'

Willen ze ons niet, dan blokken ze ons af. Adblocking, skippen van tv-commercials bij uitgesteld kijken, steeds strengere privacy wetgeving, het Snowden effect, het zijn allemaal ontwikkelingen die ervoor zorgen dat de consument ons straks perfect kan weren uit zijn leven als hij dat wenst. En ik denk dat we hier nog maar aan het begin staan van een fundamentele omwenteling. Meer dan ooit geldt dat we moeten worden uitgenodigd in het leven van onze klanten. Zijn we wel welkom? Mensen zijn niet tegen merken, maar wel tegen marketing die *'intrusive'* is.

En proberen we toch via allerlei big data trucks in te breken, dan zullen ze het steeds sneller weten. Ik verwacht hier een sterke toename aan producten en diensten die de klanten zullen helpen om te weten wanneer iemand oneigenlijk met hun persoonlijke data aan de haal gaat. Een voorbeeld hiervan is collusion. 'Collusion is an experimental add-on for Firefox and allows you to see all the third parties that are tracking your movements across the Web. It will show, in real time, how that data creates a spider-web of interaction between companies and other trackers.'

Het is een vreemde discussie die ik soms in mijn dagelijks professioneel leven voer. Steken we onze energie als marketeer in het ontwikkelen van allerlei big data tools die zelfs kunnen weten dat je zwanger bent nog voordat je dat zelf weet, of steken we onze energie in het opbouwen van constructieve relaties met klanten gebaseerd op wederzijds vertrouwen?

Niemand heeft meer een informatievoorsprong

Vroeger hadden we als fabrikanten, leveranciers en retailers vaak een informatievoorsprong. Het was een krachtig wapen om de rentabiliteit en het concurrentievermogen te garanderen. Maar ook dat zijn we kwijtgeraakt. Morgen wordt alles zeer transparant. En dat leidt fundamenteel tot meer empowerment bij de klant en de consument. Thuis op internet, op mobiele toestellen, in de winkel en via google-glass hebben mensen een wereld vol informatie tot hun beschikking. Realtime, om het even waar ze zijn. En bovendien kunnen ze ook nog ter plaatse hun peer-to-peernetwerken consulteren. Maar ook als je als verkoper iets beweert, kunnen mensen dat in realtime checken. There is no where to hide. We kunnen geen verhaaltjes meer vertellen die niet waar zijn en we kunnen ons daar als merk dan ook maar beter op voorbereiden.

Iedereen een digital assistant

Een toenemend aantal innovaties wijst erop dat we ons moeten voorbereiden op een wereld waarin iedereen een digital assistant heeft: een of ander slim device dat onze persoonlijke butler wordt bij het organiseren van ons leven. Dat device houdt bij hoe ons leven eruitziet, wat we echt belangrijk vinden, wat we kopen of niet kopen, waar we soms aan twijfelen, voor welke producten we al dan niet alternatieven willen zien, welke evenementen we belangrijk vinden, wat er belangrijk is voor het gezin enzovoort. De digital assistant zal filteren, selecteren, voorstellen formuleren, prioriteiten aangeven, bestellen, delisten enzovoort.

Een voorbeeld van deze ontwikkeling is Decide.com: ‘A recommendation engine that applies the same predictive pricing analyses to thousands of consumer items. Users can quickly determine if now is the best time to buy the thing they need or if they should wait for price to drop based on heaps of data. Decide.com also takes acillary considerations like rumors into account.’ Ondertussen is Decide.com opgekocht door eBay.

Volgens sommigen is dit trouwens de strijd die er op dit moment heerst tussen Google, Facebook en Amazon. Wie wordt onze digitale, persoonlijke butler? Doug Stephens: 'Which of these companies can stick together all the required applications to dependable and securely guide our consumer lives, and do so through an intuitive and simply user interface? Which has the power to guide us, learning more about us with every guery, comment and transaction, helping us to make the best decision in every circumstance and relieving us of much of the drudgery of search and evaluation. A company that knows me, my shopping habits, my schedule, movements and social graphs, and my budgetary constaints. A company that I willingly subscribe to in order to manage my consumer life.'

Maar zo komen we ook weer bij het element vertrouwen. Aan wie willen en durven we als klant onze persoonlijke gegevens toe te vertrouwen. Wie zal ons niet manipuleren of misleiden. Wie is echt betrokken bij mijn persoonlijk welzijn. Het zal de klant zelf zijn die bepaalt wie gebruik mag maken van zijn dataprofiel.

Bottom-up, consumer-to-business

Het ultieme van de andere machtsverhouding is het feit dat het niet business-to-consumer is, maar consumer-to-business. Mensen zullen alleen of samen met anderen stilstaan bij hun behoeften en kijken wie daar het beste aan beantwoordt. Mensen zullen zelf aangeven tegen welke prijs ze iets willen kopen en dan zien wie daarop ingaat.

Personalised technologies, personalised data, personalised offers

Alles wordt persoonlijk en op maat. Dit is een van de vijf fundamentele paradigmawissels die ik hiervoor besprak. Mensen zullen dit stilaan als een uitgangspositie gaan aannemen. Dit leidt tot een totaal andere consumptierealiteit, weg van de gestandaardiseerde oplossingen voor iedereen.

Mensen willen gepersonaliseerde oplossingen die hun persoonlijk welzijn en dat van hun gezin ondersteunen. In realtime, om het even waar men zich bevindt.

Uiteraard speelt technologie hier een fundamentele transformerende rol. Er worden nu al meer smartphones en tablets verkocht dan pc's. Zelfs in onderontwikkelde gebieden stijgt de penetratie van smartphones enorm. We worden ongelooflijk mobiel bereikbaar, overal in de wereld, met een realtime toegang tot alle mogelijke data en 3 miljard mensen.

Er is een aantal ontwikkelingen waar we als bedrijf op moeten inspelen om dichter bij onze klant te komen, om in zijn evoked set te komen. Om met onze klanten persoonlijke relaties op te bouwen. We moeten dit vandaag doen en niet morgen.

The internet of things. In alles gaan we een chip of een camera stoppen. Vooral de wireless chips zijn stilaan betaalbaar geworden voor alle mogelijke toepassingen, zelfs voor dagdagelijks verpakkingsmateriaal. Eigenlijk kun je het woordje 'smart' voor elke product of dienst zetten. We krijgen smart spiegels, smart meubilair, smart ijskasten, smart auto's, een smart bed enzovoort. Mijn advies is trouwens aan al mijn klanten: zet het woordje smart voor je product of dienst en zie wat er dan allemaal mogelijk wordt. En al die slimme dingen zullen gegevens verzamelen die ons kunnen helpen bij ons persoonlijk welzijn. En dan zullen die dingen met elkaar communiceren, gegevens uitwisselen en elkaar nog slimmer maken (*machine-to-machine communication*). Om ons vervolgens nog meer persoonlijk advies te geven en dit door te geven aan onze digital assistent.

Wearable technologies. Een onderdeel van het vorige aandachtspunt, maar toch een enorme transformatie op zich, is het feit dat we deze technologie ook letterlijk op ons lichaam gaan dragen. Ook daar zien we geweldige ontwikkelingen: smart kledij, smart schoenen, smart bril, smart watch enzovoort. We kennen ondertussen ook de Google lenzen die diabetici helpen. Het is niet toevallig dat we zo enthousiast worden over het Google glass, of dat er vandaag allerlei speculaties zijn over de Apple smart watch (dat een persoonlijk welzijnsdevice wordt). Technologie komt letterlijk op ons vel zitten. Vanuit ons unieke lichaam, via spraak- en gebaarherkenning, gezichtsherkenning of biometrische sensoren, krijgen we een ware revolutie op het vlak van personalisatie.

Persoonlijke data. Dit impliceert ook dat we in de toekomst over een enorme hoeveelheid persoonlijke data zullen beschikken. Of data op het niveau van ons gezin. En dit is technologisch nu meer dan ooit mogelijk vanwege de ongelimiteerde opslagcapaciteit in 'the cloud'. Dan resten natuurlijk wel enkele vragen: Hoe gaan we dit allemaal gebruiken? Worden we daar niet gek van? En dus kunnen we als individu hulp gebruiken. Wie gaat mij als persoon helpen om die data te gebruiken hoe en waar ik het wil? Wie gaat mij helpen om uit die ongelimiteerde data die dingen te selecteren die me ondersteunen in mijn leven?

Location based, realtime. Door smartphones, tablets en wearable technologies is het ook nog eens mogelijk om te weten waar ik ben als individu en met wie ik me ergens bevind. Ook daar zijn op dit ogenblik geweldige toepassingen, zoals iBeacon. Met als gevolg dat iemand, al dan niet gewenst (maar dan komen we bij de volgende highway van trust), een reeks boodschappen kan krijgen in functie van de plaats waar hij zich bevindt. Ook hier persoonlijk en op maat. Denk maar aan de ontwikkeling van 'push notifications', en ook retailers spelen hierop in. Winkels werken met een 'geo-fence', projecteren QR-codes op de buitenkant van hun winkel (bijvoorbeeld NBuilding Tokyo) of werken met location based diensten in de winkel zelf. Zo introduceerde Philips onlangs op de vakbeurs Euroshop een indoor gps-oplossing die klanten via hun smartphone wijst op de meest efficiënte route naar producten op hun boodschappenlijst. Philips gebruikt daarbij ledverlichting voor de navigatie. Een ander voorbeeld is Virgin dat recentelijk de persoonlijke NEST thermostaat lanceerde op zijn internationale vluchten. Dit alles zorgt ervoor dat we als merk realtime moeten worden uitgenodigd door onze klanten voor een realtime dialoog op basis van beschikbare gegevens die relevant zijn op dat specifieke moment voor die specifieke persoon.

Augmented reality. Ook augmented reality creëert geweldige personalisatiemogelijkheden. LEGO laat AR consumenten de producten uitproberen aan de hand van een 3D-voorstelling van het product. IBM creëerde een AR shopping app. Zo kun je voor het schap allerlei informatie over een product oproepen, bijvoorbeeld de voedingswaarde van een product, of je krijgt een virtuele coupon. Ikea biedt via zijn 'projected catalog' consumenten de mogelijkheid om realtime te kijken hoe het product er thuis uit zou zien. Hugo Boss experimenteert met AR reality in de winkelvitrines. Door voorbijgangers te entertainen met wat er zoal in de winkel te vinden is.

Videoherkenning. Face recognition software zorgt er straks voor dat een camera ons 'oppikt' op het moment dat we een winkel of een andere ruimte binnenkomen. Zo weet het personeel dat we in de winkel zijn en kan het ons op 'de meest gepaste' manier ontvangen, begeleiden, helpen, adviseren enzovoort. Uiteraard vind ik dat de klant daar zijn goedkeuring aan moet geven. Zo heeft Starbucks een deal met Square, waardoor personeel informatie krijgt over de voorkeuren van klanten. Het is zelfs de bedoeling dat mensen op termijn kunnen betalen op basis van facial recognition. Facedeals is ook een voorbeeld van een technologie die camera's gebruikt om klanten te herkennen op basis van hun Facebookfoto's. De consument krijgt dan voorstellen onder andere op basis van hun Facebook-'likes'.

Persoonlijke schermen. Vandaag is uiteraard onze pc, onze smartphone, en onze tablet een persoonlijk scherm. Maar laten we ons ook maar voorbereiden op een wereld waarin we bijna overal 'schermen tegenkomen die zich aan ons kunnen aanpassen en een persoonlijk scherm worden'. Een kijk in de toekomst is de Burberry concept store in Regent Street in Londen. Het uitgangspunt is dat alles op Burburry.com ook in de winkel mogelijk is. Het is het letterlijk 'blurren' van de fysieke en de digitale wereld. En zo transformeren interactieve spiegels zich tot persoonlijke schermen. In mijn visie is dit een van de ingrijpendste ontwikkelingen in de toekomst. Gepersonaliseerde schermen, overal waar ik kom, realtime, in dialoog, met toegang tot mijn persoonlijke gegevens en tot mijn P2P-netwerken en met data gefilterd in functie van mijn behoeften.

Persoonlijke transformationele relaties opbouwen: the segment of one

Het hierboven besprokene heeft voor marketeers enorme gevolgen op het gebied van segmentatie.

Segmentatie behoort tot het verleden, en ook persona's behoren tot het verleden. Dit is te algemeen en voornamelijk te statisch. Ook al is het helemaal niet evident in de praktijk, als merk en bedrijf moeten we leren denken in termen van segment of one. Er is geen andere weg. Personalisatie, persoonlijke dialoog, variabiliteit, slimme systemen, omarmen van complexiteit en flexibiliteit zijn de strategische contouren van de marketingtoekomst. Er is geen gemiddelde of typische consument meer. Mensen zijn multidimensionele wezens en de technologie laat marketeers toe om mensen daarin volledig te (h)erkennen.

Merken moeten persoonlijke transformationele relaties bouwen. Lange termijn, op trust gebaseerde één-op-éénrelaties die 'ergens toe leiden'. Bij transformationele relaties ontstaat er in en door de relatie ook een groeiproces bij beide partijen, een groeiproces dat betrekking heeft op de diepere verlangens en dromen van individuen en groepen. In dit opzicht onderscheiden transformationele relaties zich ook van de typische transactionele relaties waarbij een transactie centraal staat. Het basisidee is dat een transactie slechts een incidentele waarde heeft, terwijl een relatie in essentie gaat over het keer op keer aanbieden van klantgerichte oplossingen.

Doug Stephens in *The Retail Revival* spreekt over: 'True illumination: using all available information to point customers towards the things that are uniquely suited to their needs and no else's. Amazon calls the process "item-to-item collaborative filtering" – which involves providing customers with recommendations that are based on passed purchases, items in their digital wish list or other related data that is at the retailer's disposal. Amazon generates upwards of 30% of its sales based on these recommendations. Retailers use the technology that will allow them to recognize customers by name when they return to the store, access their past purchase history, wish lists and preferences instantly, and point them in a personalized way to the products that will delight them. They will also need to incorporate the influence of shoppers' social graphs to show them which items their friends who shop there have enjoyed.

Denken in termen van segment of one heeft een heel andere dynamiek dan het klassieke segmentatiedenken. Bedrijven zoals Amazon en Netflix zijn er ondertussen meesterlijk bedreven in. Het uitgangspunt is dat iedereen uniek is en op een eigen, uitzonderlijke manier behandeld moet worden. Uiteraard moet de relatie ergens beginnen en is er in het begin sprake van een generieke aanpak. Naarmate het bedrijf je echter beter leert kennen, worden aanbod en aanpak aangepast. En dan wordt het persoonlijker en tracht men een langetermijnrelatie op te bouwen door opeenvolgende interacties die voor jou als klant heel waardevol zijn. Bovendien ontstaat er ook nog een groepseffect, want je kunt kijken wie binnen de community op bepaalde gebieden een vergelijkbaar patroon heeft en de voorbeelden van anderen kunnen je dan inspireren.

Een ander voorbeeld dat inspireert, is Wholefoods: 'We have launched a Wellness Club program to help educate our customers about dietary patterns and choices that lead to optimal health and well-being. We can only do this knowing that customers ultimately decided what is valuable to them. They express their preferences every time they trade with our business. We have to satisfy those customers in terms of what they want in the moment, while steering them toward better choices over time. As their trust in us has grown, our customers increasingly look to Whole Foods Market to be their editors, as we carefully examine and evaluate the products we sell.'

Segment of one is als aanpak ontzettend dynamisch. Je zou zelfs kunnen stellen dat onze 'oudere' manier van segmenteren heel statisch, eenzijdig en top-down is (dat is het bekende STP-model: segmentatie, targeting, positioning). Als merk beslisten we eerst over onze segmentatievariabelen en vervolgens lieten we een marketingstrategie los op de gekozen segmenten.

Deze manier van persoonlijke transformationele relaties wordt gekenmerkt door zes belangrijke elementen: relatietouchpoints, vertrouwen, dialoog, intelligente systemen, geconnecteerd zijn en product-service combinaties. De relatie begint generiek via algemene *relatietouchpoints*. Dit zijn manieren waarop de prospect of klant met ons in contact komt, positief reageert op ons aanbod en al of niet openstaat voor een relatie. Tweede element is *vertrouwen*. De klant heeft voldoende vertrouwen in ons aanbod en in ons om transacties af te sluiten en eventueel over te gaan tot meerdere transacties of zelfs een relatie. Zo krijgen we meerdere interacties waardoor er *mogelijkheden tot dialoog* ontstaan. Zo komen we meer te weten over de dromen van de klant en wat hij belangrijk vindt. We kunnen dus *intelligente en wijze systemen* bouwen die nog meer in staat zijn om de klant te ondersteunen, te helpen en te inspireren in het realiseren van zijn dromen en verlangens. Tijdens deze relatie en op de verschillende interactiepunten is de klant uiteraard *geconnecteerd* en kan hij het peer-to-peernetwerk consulteren. Om te kunnen beantwoorden aan deze dromen en verlangens van de klant moeten we denken in termen van *product-service combinaties* die verder gaan dan de consumptiecontext en die zich engageren in de totale levenscontext van het individu of de groep.

Denk in termen van rollen en niet meer in termen van benefits

Denk in termen van rollen die je speelt of kunt spelen in het leven van mensen en niet meer in termen van benefits. Vertrekkend vanuit je purpose, definieer je rollen op vier niveaus: functioneel, emotioneel, mentaal en zingevend. Tracht ervoor te zorgen dat je op elk niveau maximaal drie rollen definieert. En dat alles tezamen één logische ladder vormt.

> ‘Het subtiele spel van geven en nemen moeten we ons als merk eigen maken.

Van push naar pull en push

Binnen segment of one transformationele relaties opbouwen leidt ertoe dat succesvolle merken echt bedreven moeten zijn in de complexiteit van pull en push. Want we moeten beide kunnen doen. Het is helemaal niet zo dat de machtswisseling waarover ik eerder sprak ertoe zal leiden dat we als merk alleen nog in de pull-modus actief mogen zijn.

Soms willen consumenten in controle zijn, actief aan het stuur zitten en heel bewust keuzes maken. Evenzeer willen mensen verrast worden en het plezier en spanning van *serendipity* ervaren. Kijk maar naar het huidig succes van serendipity bij jongeren.
Dit subtiele spel van geven en nemen moeten we ons als merk eigen maken. We moeten de enorme technologische mogelijkheden gebruiken om te weten wanneer we mogen pushen en wanneer we moeten luisteren en alleen iets mogen ondernemen als daar expliciet om gevraagd wordt.

B. TRUSTED FRIEND

Van issue:
Er is een fundamentele vertrouwensbreuk tussen mensen en bedrijven, zeker bij de grotere multinationals. Mensen zijn op hun hoede
Naar opportuniteit:
Transparant en eerlijk; we vragen toestemming en gaan in dialoog. We gedragen ons zoals een goede vriend zich zou gedragen

Immateriële waarde

- Trust wordt als een echt kapitaal beschouwd.
- Trust zorgt ervoor dat je uitgenodigd wordt in het leven van mensen.
- Trust ontstaat door andere mensen, door het netwerk.

Materiële waarde

- Meer trust betekent betere winstgevendheid, betere beurskoers, meer loyale werknemers.
- Trust is de wisselmunt van de nieuwe economische modellen.
- Trust zorgt ervoor dat je positief door een inflatie aan 'ratingsystemen' geraakt en deel uitmaakt van de evoked set van een klant of prospect.

‘Companies with high levels of trust enjoy improved profits, higher stock prices and better retention of key employees’ *(The Guardian)*.

Mijn merk betekent op dit niveau dat ik als consument beslis dat ik het merk toelaat in mijn inner circle. Dat ik het merk als *trustworthy* beschouw en me door het merk laat leiden in mijn persoonlijke keuzes. Deze highway is waarschijnlijk een van de belangrijkste, maar ook een van de moeilijkste voor bedrijven. There is no way to hide. Je bent trustworthy of je bent het niet ... er is niets tussenin. Trust capital is een van de belangrijkste kapitalen waar je over kunt beschikken.

Ik hoor het elke dag in marktonderzoek: klanten en consumenten vertrouwen bedrijven en merken niet meer. Mensen gaan uit van wantrouwen en hebben zeker geen vertrouwen in grote bedrijven, in multinationals. Ze maken voor heel veel klanten en consumenten ‘deel uit van het foute systeem’.

Mensen missen de menselijke factor. Ze hebben voornamelijk het gevoel dat ze op hun hoede moeten zijn. En daarom nemen klanten en consumenten ook meer zelf het heft in handen en ze gaan zelf, onder andere via hun netwerk, na of iets of iemand wel echt te vertrouwen is.

Vertrouwen moet verdiend worden, door mensen, door de community. WhatsApp is hiervan een perfecte illustratie. De dag dat Facebook WhatsApp kocht, regende het klanten op Twitter en duizenden mensen hebben die dag nog WhatsApp verwijderd omdat men Facebook niet vertrouwt en bang is voor misbruik.

Vertrouwen wordt een differentiërende factor. Vele bestaande bedrijven, en zeker multinationals, worden gewantrouwd. Start-ups, familiebedrijven en lokale bedrijven hebben daar veel minder last van. En ook de affaire Snowden lijkt een keerpunt te zijn. Mensen zijn nog meer op hun hoede en beseffen meer dan ooit dat hun data misbruikt kunnen worden. Het is een van mijn belangrijkste aanbevelingen voor elk bedrijf of merk: werk aan je trust capital en zorg er vooral voor dat je het niet verliest. Want het is zoals het spreekwoord zegt: vertrouwen komt te voet, maar gaat te paard.

Een nieuwe businessrealiteit: Je kunt je niet meer beter voordoen dan je bent.

Jarenlang was het motto van veel bedrijven: wat niet weet, wat niet deert. Dit is ook een realiteit bij veel van mijn klanten. Er zijn best wel een aantal dingen die men graag verborgen wil houden voor de buitenwereld. Vroeger kon dat ook, maar nu niet meer. We komen in de age of transparency. We kunnen ons niet meer beter voordoen dan dat we zijn en dat is voor veel bedrijven en merken een totaal nieuwe realiteit.

Ik doe met mijn klanten ook graag de Newspapertest: alles wat in de krant zou komen en dat je in verlegenheid zou brengen, kun je beter meteen aanpakken. Vroeg of laat komt het toch uit. Doug Stephens verwoordt dit scherp en puntig: 'Consumers now hold, in the palms of their hands, all the connectivity and computing power they require to learn just about anything they care to know about your brand, your stores, or your products – whether you want them to – or not. No matter what you are trying to hide, someone will find you out. It all amounts to a new and awkward era where businesses will be forced to come clean about their culpabilities, weaknesses and deficiencies before consumers discover them for themselves. There will simply be no feasible alternative but to tell the truth.'

Visser vat de uitdaging voor bedrijven heel goed samen met zijn Forensic Impact Analyses: 'But in a Web 2.0 world, these rogue businesses will be caught and exposed through what I call Forensic Impact Analyses: this will happen through a combination of traceability technology, forensic substance analyses (which can identify the source of fibres, chemicals and other product components) and vigilant activists and consumers (who will capture malpractices).'

Trust kan niet gekocht worden. Trust moet verdiend worden. Trust ontstaat niet omdat je het zelf zegt als merk of bedrijf of omdat je experts ingeschakeld hebt om dit over jou te zeggen, want ook die geloven mensen niet meer omdat ze weten dat je ze gekocht hebt. Trust ontstaat omdat mensen dat over jou zeggen, binnen een peer-to-peer context. Dit is een fundamentele paradigmawissel: trust wordt gegeven door de community en kan niet gekocht worden.

Mensen gaan straks online vooraleer ze bij jou kopen. En ze checken jouw trust capital. Alles wat je ooit gedaan hebt, wat mensen over je hebben verteld, positieve en negatieve elementen, hoe je gereageerd hebt op klachten, issues enzovoort. Alles is te zien online en alles wat online staat, blijft ook online. Mensen checken dingen binnen hun peer-to-peernetwork.

Trust rating systems; friends or enemies?

Het belang van transparantie en trust blijkt ook uit de opkomst van nieuwe ratingsystemen. Ze gaan na hoe trustworthy je bent als merk of bedrijf. Deze systemen werken ook met de stem van de community. Ik geef hier enkele voorbeelden.

Brandkarma. 'Brands live at the heart of the global economy and affect us all. The world's biggest brands touch millions of people and have a huge impact on the world for better and for worse. You may be a customer, an employee or someone who simply shares the same planet. Whoever you are, your opinion matters. We created Brandkarma to make it easy for you to see brands holistically and to share your opinions about them wherever and whenever you're on the web.'

Wikirating. 'A worldwide independent, transparent and collaborative rating organization. It offers an open, editable centralized place for all credit rating related topics, and credit ratings for countries, corporations and other financial products.'

WeGreen. 'Project Label strives to produce people-powered social nutrition labels. Just think food nutrition labels, but instead of only showing the impact on your health, our labels will show a company's social and environmental impact. Unlike many "green" labels out there, WE don't build these labels, YOU do. Using the power of the Web, we provide simple tools to allow consumers, businesses, and organizations to add, discuss, and vote on credible news, media, and research to help build our labels.'

Scryve. 'A green ranking for companies so that you can quickly and easily see how businesses rank in greenness, and compare companies to make more environmentally conscience purchasing decisions without having to spend hours looking up company info and doing your own analysis.'

Maak deel uit van de inner circle van je klant

Je hebt als bedrijf geen keuze meer. Opdat mensen ons als hun merk zullen beschouwen, en daarom ook niet naar een ander willen gaan, moeten we een *trusted friend* zijn. Een trusted brand is niet meer voldoende. Trust wordt een van de belangrijkste concurrentievoordelen. Consumenten stellen vragen: Sta je naast mij? Heb je het beste met mij voor? Tracht je de dingen echt beter voor mij te maken? Kan ik je echt vertrouwen? Je hoeft als merk niet perfect te zijn, maar je moet wel te vertrouwen zijn. Transparant, maar niet op het absurde af. Consumenten en klanten willen zelfs helemaal niet alles weten. Ze willen er alleen zeker van zijn dat je het goed met ze voor hebt.

Als merk willen we langetermijnrelaties aangaan met onze klanten. Daarvoor zullen mensen bereid moeten zijn om met ons in dialoog te gaan en dat willen ze alleen als ze ons ook echt vertrouwen. David Veldt: 'Data analyse en monitoring wordt nog belangrijker voor het naadloos volgen van de klant over alle touchpoints en kanalen heen. Om als merk dit optimaal te mogen blijven doen, moet je echt tot de inner circle van de klant (blijven) behoren en deze er absolute meerwaarde voor teruggeven.'

Transparantie is de basisvoorwaarde voor trust

Transparantie zorgt voor vertrouwen. Transparantie zowel op het niveau van het *waarom* je de dingen doet die je doet, op het niveau van het *hoe* je de dingen doet en het niveau van *wat* je doet. Dit is zeker ook belangrijk als er dingen fout lopen. Tracht niet perfect te zijn, dat willen de mensen niet. Mensen begrijpen dat er fouten gemaakt worden. Probeer je fouten niet te verdoezelen, geef de context aan en neem verantwoordelijkheid om ze te herstellen (verontschuldigen, de schade repareren, acties ondernemen om dingen recht te zetten).

Maak je hele proces transparant. Geef aan welke stappen er gevolgd worden. Geef mensen een inkijk in je proces en wie erbij betrokken zijn. Zorg ervoor dat mensen weten wat er met de producten of diensten die ze kopen zoal gebeurt. Gebruik transparantie als een motor om dingen nog beter te doen. Een voorbeeld is

Patagonia: 'Patagonia The Footprint Chronicles® examines Patagonia's life and habits as a company. The goal is to use transparency about our supply chain to help us reduce our adverse social and environmental impacts.'

Of geef mensen letterlijk een inkijk. Bijvoorbeeld Zappos, ze live streamen meetings van werknemers: 'Zappos relays the message that it really cares about it's customers' satisfaction; and that thought is baked into their beliefs, values, and their customer interaction, in a totally transparent way. They even stream live all employee quarterly meetings that include presentations by the CEO and other executives, and Q&A from associates.'
Michel Bauwens spreekt in deze context over holoptisme: 'Een zeer belangrijk kenmerk van peer-productie is de eigenschap dat alles van het project voor iedereen open, zichtbaar en transparant is. Dat betekent natuurlijk niet dat je altijd alles kunt weten wat er gaande is, maar je hebt alle middelen om het te weten te komen.'

Trust is de currency of the new economy

In de toekomst is er een belangrijke rol weggelegd voor verschillende vormen van 'open economieën': de deeleconomie, de peer-to-peer economie, de circulaire economie (met zijn verschillende lease- en performance modellen). In deze open economie van morgen speelt trust (vertrouwen, reputatie) een cruciale rol.

Rachel Botsman noemt trust de *currency of the new economy*. In de open, P2P- en deeleconomie is trust cruciaal. Als mensen je niet vertrouwen, dan heb je geen business. Dan willen mensen geen business met je doen. 'Succesvolle P2P-initiatieven zoals Airbnb of Taskrabbit draaien op concepten zoals trust, influence en reputation capital.' Volgens Botsman zitten we in de derde wave of trust. Na het vertrouwen om online informatie te delen en het vertrouwen om online betalingen te doen, krijgen we nu het vertrouwen om ons te verbinden met mensen die je niet kent. Ze definieert reputatie als 'the measurement of how much a community trusts you'. Volgens haar laten we een 'reputation trail' na waardoor anderen kunnen nagaan in hoeverre we al of niet trustworthy zijn en in hoeverre mensen al of niet met ons iets samen willen doen. Als je vertrekt vanuit vertrouwen, is de kans groot dat je het terugkrijgt.

Geert Noels beaamt dit: 'In de samenleving na de ICT-schok zal reputatie een grote rol spelen. Onze digitale voetafdruk op Facebook of Twitter zal mee bepalen of we een lening krijgen of een gegeerde job. Reputatie zal meer waard zijn dan de euro's op onze internetrekening. Reputatie of Trust is de munt op onze internetrekening.'

Je kunt ook slechts één keer de boel belazeren. Als je dit doet, weet het netwerk dit onmiddellijk en deelt men ook dat je niet 'trustworthy' bent. In deze open economieën zijn het vertrouwen in peer-to-peer platformen en het vertrouwen van peers onderling de cruciale, drijvende krachten.

In de toekomst zullen er zeker meer producten en diensten komen die iemands trust capital in kaart brengen. Een voorbeeld hiervan is TrustCloud. Ze gebruiken online data om een trust score te berekenen. Deze score krijg je mede op basis van je gedrag en wat er over jou gezegd wordt op sociale netwerken (Facebook, Twitter, Linked-In, eBay, Trip advisor, mobile/sms). Op basis hiervan krijg je een trust card die je vervolgens op allerlei peer-to-peernetwerken kunt gebruiken. Deze card moet ervoor zorgen dat mensen met jou business willen doen, dat je vaker gevraagd wordt voor je expertise, dat je betere financiële voorwaarden krijgt enzovoort.

Trust = Doen

Zeggen wat je doet, doen wat je zegt, maar ook zeggen wat je niet doet. In de toekomst gaat trust meer dan ooit over *doen*. Mensen, consumenten zullen nagaan of je ook voldoende doet. Ik heb het eerder ook al over de proof of purpose gehad, maar eigenlijk gaat dit over alle aspecten van een bedrijf of merk. Hoe ga je in de praktijk om met mens, milieu en maatschappij? Hoe ga je om met je eigen mensen? Wat doe je met beloningen en incentives? Alles wordt transparant en zichtbaar en kan of zal online gedeeld worden.

Zeker marketeers moeten leren om niet alleen maar verhaaltjes te vertellen. Trust moet een actieve variabele zijn, moet merkbaar zijn in alles wat het merk doet.

De opportuniteit van veilige omgevingen

Sommigen beweren dat we aan het einde staan van 'the age of openness', het einde van een tijdperk dat we zomaar alles delen en op internet gooien. We hechten weer meer belang aan veilige omgevingen en we worden ons bewuster van de omgevingen waar we al of niet alles kunnen delen. Dit merk je ook aan het succes van nieuwe start-ups die vertrouwen en veiligheid meenemen in het hart van hun propositie.

Het is voor elk merk of bedrijf zinnig om de 'omgevingen' waarin het relaties aangaat met mensen grondig te bekijken. Zijn er voldoende veilige omgevingen waarin mensen positieve interacties hebben met merken? Een voorbeeld is Whisper, met voornamelijk vrouwen tussen de 17 en 28 jaar: 'Users from around the world share their private thoughts through anonymous posts where their words are layered over a compelling image, and no profile is required to contribute a post. Whisper's founder says that the app provides a place for users to be, "who you are when no one is looking". The Editor in Chief of Whisper calls it "the anti-Facebook", a sentiment that is echoed in popular posts on the app that declare things like "I love Whisper because I'm not afraid to be myself", and "I remain filtered on Facebook while I can be completely candid on Whisper'.

Wees de stem die ik kan vertrouwen

Is het merk een stem waar ik naar wil luisteren? Ben jij een trusted voice, zodat ik niet op mijn hoede hoef te zijn? Mensen hebben behoefte aan mensen en instituties die ze kunnen vertrouwen. Politiek? Religie? Niet meer. De meeste instituten waar mensen op dachten te kunnen vertrouwen, blijken niet meer trustworthy.

Naar wie kan ik nog luisteren? Wat men mij als consument verteld heeft, bleek vaak niet te kloppen. Zogezegde experts waren 'gekochte' meningen. De voorbije jaren zijn mensen ontzettend ontgoocheld door alles en iedereen. Gevolg: nu luisteren ze voornamelijk naar peers. En dat is een opportuniteit voor elk bedrijf of merk om 'de meest betrouwbare' stem te zijn.

Een geweldig voorbeeld is de Deense bank Jyskebank. Op 1 oktober 2008 lanceerde deze bank haar eigen online tv-kanaal. Het uitgangspunt was: klanten, medewerkers en andere stakeholders kampen met een fundamentele vertrouwenscrisis ten opzichte van de financiële wereld. Welke berichtgeving kun je nog geloven? Dus lanceerde de bank zelf een tv-station om op die manier haar eigen verhaal te vertellen, haar eigen kijk op de (financiële) wereld. De bank wilde op die manier laten zien waarom ze doet wat ze doet. Jyskebank was het eerste niet-media bedrijf dat een eigen nieuwskanaal bracht. De bank heeft een eigen filmstudio in Denemarken en sinds 2013 ook een permanente correspondentiemedewerker bij NASDAQ. De bank kreeg al meerdere erkenningen, onder andere de Europan Digital Communication Award in 2013.

TRUST is ook een werkwoord

Trust is ook een actieve variabele, je kunt er actief aan werken. Meer nog: ieder bedrijf, ieder merk zou iemand moeten hebben die dicht bij de CEO staat en die fulltime bezig is met het trust capital, het reputation capital van een bedrijf of merk. Vertrouwen in mensen. Vertrouwen wordt ook gecreëerd door de mensen die het boegbeeld zijn van een bedrijf of merk. Wie zijn de leiders? Welke standpunten nemen ze in? Zijn ze trustworthy of niet? Welke waarden stralen ze uit? Voor welk soort leiderschap staan ze symbool?

Eerder sprak ik al over purpose, visie en principes. Wel, maak deze kenbaar. Maak duidelijk waarom je de dingen doet die je doet, zorg ervoor dat je stakeholders begrijpen waarom je bepaalde 'moeilijke' beslissingen neemt. En als er moeilijke beslissingen genomen moeten worden, neem ze dan, maar doe dat niet op een nietsontziende manier.

Creëer vertrouwen in de manier waarom je relaties aangaat met de buitenwereld. Wees open en eerlijk. Luister naar mensen, ga in dialoog, maar leg ook uit wanneer je aan iets geen positief gevolg kunt geven. De kans is zeer groot dat mensen dat ook zullen begrijpen, als je het maar uitlegt.

Werk met het 'opt-in only' principe

Begin nu al te werken volgens het opt-in only principe. Dus niet: ik verwacht van mijn klanten of prospecten dat ze een opt-out moeten doen en zolang ze dat niet doen, blijf ik ze bestoken.

Ga vanaf het begin een open en positieve relatie aan met je stakeholders. Vertel ze welke gegevens je graag wilt verzamelen, wat je ermee gaat doen en wat ze ervoor in return krijgen. Deze aanpak creëert niet alleen vertrouwen, maar zorgt in de toekomst ook voor een enorm concurrentieel voordeel.

Krijgen we als merk de persoonlijke gegevens van iemand en laat die persoon ook toe dat we via verschillende kanalen persoonlijke boodschappen sturen, dan zal dat in hoge mate ons succes in de toekomst bepalen. Klanten redeneren ongeveer als volgt: Als ik je vertrouw dan geef ik je mijn gegevens, mijn data, dan vertel ik je waar ik ben (location based services zoals iBeacon), dan stel ik me open voor push notifications of frictionless payments, dan accepteer ik dat je voorstellen doet.

Deze opvatting zie je ook terug bij Doug Stephens in *Reshaping Retail*: 'All that sharing of data, of course, raises the question of trust. In return for all the information, consumers are likely to demand some control over when, how, and by whom it is used. Earning the trust of customers will be vital if retailers are also to earn their loyalty. Therefore, we expect retailers to become more open about what data they retain and how they use the data, and to explain more fully how their use of customer data helps create value for consumers as well as the retailers' own business.'

Een voorbeeld is Connect.Me. Deze opt-in is de kern van hun propositie: 'Our mission: build a layer of trust for the social web. Connect.Me helps people and businesses get the most out of their social reputation. We put users back in control of their digital identities, reputation, and data. We never track, mine, or sell your social data. Period.'

C. INNOVATORS' CHOICE

Van issue:
Bedrijven denken bij innovatie vanuit hun eigen top-down structuur en processen. Daardoor worden ze te traag en te eng qua scope
Naar opportuniteit:
We helpen en ondersteunen mensen om hun dromen en ideeën waar te maken. En als beloning worden we als bedrijf ook innovatiever

Immateriële waarde

- Mensen helpen om hun droom te realiseren.
- De innovatiekracht van onderop omarmen en ondersteunen.
- Miljoenen nieuwe zelfstandigen die hun eigen toekomst creëren.

Materiële waarde

- Krachtiger innovatiebeleid via partnerships.
- Nieuwe, complementaire markten aanboren.
- Magneet zijn voor mensen met ideeën.

Mijn merk betekent hier: het merk helpt me mijn dromen en mijn ideeën waar te maken. Op dit niveau (h)erkennen het merk en het bedrijf volop de nieuwe realiteit dat er een enorme kracht van onderop komt. De ontwikkelingen op het gebied van open source, digitalisering van productie enzovoort (zeg maar de makersbeweging waar ik al uitvoerig over sprak), in combinatie met de hyperverbondenheid en met het feit dat steeds meer mensen hun eigen toekomst willen creëren, zorgen voor een enorme innovatiekracht die van 'gewone' mensen komt, veel meer dan van de hypergeorganiseerde innovatieafdelingen van grote bedrijven.

Chris Anderson: 'Enkele van de grootste bedrijven in het professioneel ontwerpen en bouwen van producten hebben hun focus verlegd naar de opkomende makersmarkt. Ze zien dat hun toekomst bij de gewone mensen ligt. Ze hebben een draai gemaakt van professionals naar de doorsneeconsument.'

Op dit niveau wil het bedrijf een partner en een platform zijn voor deze ontelbare innovators. Het bedrijf gaat actief samenwerken met deze bottom-up beweging. Verschillende dynamieken komen hier samen: open, samenwerken, bottom-up, makers.

Jan Jonker: 'Hoe meer mensen van buiten het bedrijf erbij betrokken worden, des te meer wordt het bedrijf een magneet voor mensen met goede ideeën. Een reputatie van openstaan voor co-creatie en strategische partnerships betekent regelmatig benaderd worden door externe partijen met inspirerende en innovatieve ideeën.'

Een totaal nieuwe generatie van zelfstandigen, start-ups

Al die makers, al die mensen die zelf creëren: er ontstaan miljoenen nieuwe zelfstandigen, innovators met geweldige ideeën die mogelijke oplossingen bieden voor veel grote problemen waarmee de wereld kampt ... ideeën die ontstaan uit het individuele en collectieve brein van een wereldwijde gemeenschap.

Wat gebeurt er als we al deze ideeën kunnen samenbrengen, elkaar laten versterken, ondersteunen? De makers met raad en daad bijstaan? Ze helpen met de kennis die je zelf al als bestaand bedrijf hebt? En dat vooral niet doen omdat je er zelf beter van wordt, maar omdat je gelooft in wat deze makers doen en hoe ze bijdragen aan een betere wereld? Dus ook de purpose, de intrinsieke motivatie ook ondersteunen? Actief zoeken naar de mogelijkheden voor het creëren van societal value en business value van onderop?

Er komt een totaal nieuwe generatie van makers, zelfstandigen, jonge mensen, die vanuit open source, miniaturisatie van productiemiddelen en digitale productie zelf aan de slag gaan. Zij hebben hulp nodig, willen partners zijn, willen geholpen worden. Een voorwaarde is dat je hen als traditioneel bedrijf niet moet overtuigen om het op jouw manier te doen, maar je moet hen helpen om hun dromen te realiseren.

Chris Anderson verwijst naar blogger Jason Kottke en de naam die hij gebruikt voor deze nieuwe generatie (SMALL BATCH): 'Nu ideeën regelrecht in een product kunnen worden omgezet zonder dat er iets gefinancierd hoeft te worden of dure apparaten aangeschaft, staat het collectieve potentieel van een miljoen knutselaars op het punt losgelaten te worden op de mondiale markten.'

Een magneet voor innovatief talent door partnerships

Ford heeft een eigen ruimte gecreëerd, onder andere voor makers onder de eigen werknemers. Chris Anderson: 'Ford is begin 2012 gaan samenwerken met TechShop om een gedeelde makerswerkplaats in hun thuishaven te vestigen. De TechShop in Detroit is met 1580 vierkante meter gigantisch en is voor 750.000 dollar voorzien van lasersnijders, 3D-printers en andere computergestuurde machines. Ford-werknemers mogen de ruimte dag en nacht gratis gebruiken voor projecten die gerelateerd zijn aan hun werk of privéprojecten en Ford is van plan om het eerste jaar 2000 lidmaatschappen uit te geven. In die nieuwe makerswerkplaats hebben Ford-werknemers allerlei ideeën uitgewerkt ... Sinds het programma van start is gegaan, zijn de patentaanvragen van het bedrijf met 30% gestegen wat volgens de managers te danken is aan de makerstimulans die TechShop heeft gegeven.'

General Electric heeft een partnership afgesloten met Quirky. Zo stelt GE veel van zijn patenten ter beschikking van de creatieve Quirky gemeenschap. Dit partnership is duidelijk een win-winsituatie voor Quirky en GE: 'GE's chief marketing officer, believes Quirky can create playful consumer products that GE simply isn't good at. She sees the first batch of jointly produced products as validation of the partnership, and the companies plan to collaborate on six products a year for each of the next five years. For its part, Quirky wants to move into more complicated things, like Internet-connected sprinklers.'
Philips werkt aan partnerships via een competitie format. In de Verenigde Staten creëerde Philips de Innovation Fellows Competition. Slava Rubin (CEO en cofounder van Indiegogo): 'Philips is asking people nationwide to submit their ideas for the "next big thing" that will help people live happy, healthier lives. Entrants will have the chance to tap into $100,000 in prize money from Philips, to help bring their innovation to life. Entrants can gain financial support for their idea on Indiegogo.com, a global web-based crowd funding site. Indiegogo is committed to helping innovators gain access to funds around the world who can provide validation of their ideas and the financial support they need to make their ideas become reality. We hope this competition will help make "the next big thing" grow from an idea to a real-world innovation.'

Dit initiatief beantwoordt ook perfect aan een van de kerncommitments van Philips, namelijk het creëren van meaningful innovations. De winnaar van de competitie was Maji: 'Maji is a revolutionary field hydration system for IV use that is shipped without water. Once on site, forward osmosis technology converts local water — even if it's not clean — to a sterile solution without requiring any electrical power.'

Nike lanceerde in juni 2013 MAKING: 'At Nike, we believe that MAKING is just the beginning of a larger ecosystem where designers throughout the world can contribute ideas and build new tools that support innovative, sustainable design. The platform is about making better things and making things better. We've created the MAKING app to empower any designer around the world to make better materials choices in the initial stages of the innovation process to ultimately create products that are better for consumers and better for the planet. Each material in the app is further ranked based on the specific environmental impact areas of chemistry, energy, water and waste, as well as whether the material uses recycled or organic content.'

Dit jaar lanceerde de Belgische bank KBC zijn initiatief Start-it. Hierbij stellen ze een iconisch gebouw in Antwerpen ter beschikking aan start-ups, creëren ze een community van start-ups die elkaar kunnen helpen, maar gaan hen mensen ook met raad en daad bijstaan. De start-ups krijgen persoonlijke begeleiding van experts, er zijn events voor starters en de start-ups hebben toegang tot het netwerk van KBC. De website van KBC vermeldt dit als volgt:

Is Start it @kbc iets voor jou? Start it @kbc is een project op maat van geëngageerde ondernemers, die iets voor elkaar willen betekenen in een hechte start-up community. Als je de ambitie en de drive hebt om te groeien, als je innoverende producten en diensten ontwikkelt, als jouw idee groeimarge heeft en je gaat voor een duurzaam bedrijf. Welke start-ups zoeken we? Alles kan! Maar werk je rond grote maatschappelijke thema's, dan heb je een streepje voor: denk maar aan mobiliteit, clean-tech, veroudering van de bevolking, digitalisering, bank en verzekeringen.

Telefonica lanceerde in 2011 Wayra en wil op deze manier een actief platform zijn voor startende ondernemingen. Wayra is ondertussen actief in twaalf landen in Europa en Latijns-Amerika. Ondertussen hebben via dat platform al meer dan 300 start-ups ondersteuning gekregen.

• • •

5. 13 NIEUWE BUSINESSMODELLEN

In het kielzog van de transformatie naar een nieuwe (bedrijfs)wereld ontstaan ook allerlei nieuwe businessmodellen. Deze businessmodellen zijn gegroeid uit de vijf eerder besproken nieuwe economische stromingen (circulaire economie, deeleconomie, peer-to-peer economie, makerseconomie en personalised economie) en ze vormen daarmee ook vaak een combinatie.

Alhoewel de hiervoor beschreven negen highways ook perfect Happy Profit kunnen realiseren binnen de bestaande businessmodellen, spreekt het voor zich dat deze nieuwe businessmodellen de negen highways alleen maar kunnen versterken én verankeren in het hart van elke onderneming of organisatie.

Het volgende overzicht van dertien businessmodellen is indicatief en zeker niet exhaustief. Toch denk ik dat dit de belangrijkste businessmodellen zijn die onze duurzame economische samenleving zullen helpen creëren.

Bedrijven kunnen natuurlijk niet zomaar hun bedrijfsmodellen en structuren overboord gooien en zich beroepen op de nieuwe businessmodellen (enkele modellen moeten trouwens hun duurzame winstgevendheid nog bewijzen). Een bestaand bedrijf moet een 'veilige' innovatieruimte creëren om te zoeken, te experimenteren, te proberen en fouten te maken.

1. Closed loop businessmodellen (circulaire economie)

Closed loop businessmodellen gaan voor zero-waste, door alle materialen opnieuw te gebruiken, te recyclen of te composteren. Deze aanpak vraagt om een fundamenteel re-design van de meeste bestaande processen. Het is een businessmodel waarbij samenwerken tussen en met verschillende value chains essentieel is. Materialen, componenten en producten hebben meer dan één levenscyclus.

Systeemdenken is bij deze modellen het uitgangspunt en men streeft ernaar om materialen zo lang mogelijk in het economisch systeem te houden en om componenten en producten zo duurzaam mogelijk te maken.

Desso is een leverancier van hoogwaardige tapijttegels en kamerbreed tapijt die zich richt op superieure vloerontwerpen en cradle-to-cradle. Alexander Collot d'Escury (CEO van de Desso Group): 'We zijn verheugd steeds meer interesse te zien in het circulaire-economiemodel als een nieuwe, positieve stap vooruit voor bedrijven en de maatschappij. Bij Desso hebben we al vijf jaar een uitgebreid programma om ons bedrijfsmodel op deze manier te veranderen. Het is direct gerelateerd aan onze kernvisie om producten te leveren die de gezondheid en het welzijn van mensen verbeteren en ook een positieve impact op het milieu hebben.'
De recent gelanceerde Fairphone werkt volgens de volgende circulaire principes: '*Precious materials*: conflict-free, fair resources that put people first. *Made with care*: building relationships for better practices, from working conditions to recycling. *Smart design*: open and responsible design for fair electronics. *Clear deals*: fair, transparent pricing and production plus an opportunity to support change en lasting value: addressing the entire life span of mobile phones.'
Puma lanceerde in 2013 een assortiment producten dat werkt volgens het closed loop principe. Het assortiment heet de InCycle-collectie en bestaat onder andere uit duurzame sportschoenen, t-shirts, een sportjas en rugzakken. De t-shirts zijn composteerbaar, de rugzakken kunnen ontmanteld worden om ze weer voor nieuwe rugzakken te gebruiken en de jassen zijn gemaakt van gerecycleerde plastic flessen die weer gebruikt kunnen worden als ruw materiaal voor polyester. Alle producten voldoen aan de cradle-to-cradle normen en zijn gemaakt van milieuvriendelijke en veilige materialen. De producten zijn ontworpen met het oog op hergebruik (recycling en composteerbaarheid). Daarnaast werkt men met hernieuwbare energie, gezond waterbeheer en zijn de producten gemaakt onder positieve sociale werkomstandigheden.

Ook Nike wil een voorloper zijn in deze ontwikkelingen naar een duurzame economie. Nike heeft beslist om de naam 'Corporate Responsibility' te vervangen door 'Sustainable Business and Innovation' (SB&I). De key business prioriteiten zijn: sustainable products, sustainable manufacturing and sustainable marketplaces. 'The Sustainable Business & Innovation (SB&I) function aims to enable Nike

Inc, to transition to a more sustainable, resilient and innovative businessmodel by decoupling the company's growth from constrained resources. Our vision for SB&I is to enable Nike, Inc. and our consumers to thrive in a sustainable economy, one where people, planet and profit are in balance. To do this, we will: innovate to deliver enterprise-level sustainability solutions, integrate sustainability into the heart of the Nike, Inc. businessmodel and mobilize key constituents (civil society, employees, consumers, government and industry) to partner in scaling solutions.'

2. Performance based businessmodellen (circulaire economie)

Het uitgangspunt van deze businessmodellen is dat je betaalt voor een resultaat, voor een performance. En niet voor bezit, herhaalaankoop, reparatie enzovoort.

Philips en architect Thomas Rau hebben samen een 'Pay per lux' proef opgestart, waarbij de gebruiker alleen voor de werkelijk verbruikte hoeveelheid licht betaalt en geen eigenaar van de verlichtingsinstallatie is. Philips blijft eigenaar van de producten en is ook hoofdaannemer waardoor zowel de installatie van de verlichting als de energienota voor rekening van Philips komt. Na afloop van het contract neemt Philips de verlichtingsproducten weer terug en herbruikt ze.

Thomas Rau: 'Bij RAU zijn wij alleen geïnteresseerd in voldoende verlichting in het kantoor, niet in het bezitten van de lichtproducten. Met deze vraag heb ik Philips benaderd, zij stonden hier meteen voor open. Vanaf nu betalen wij alleen nog maar voor de werkelijke hoeveelheid verbruikt licht (lux). Op ons kantoor maken wij nu gebruik van dynamisch licht, waarbij de lichthoeveelheid precies is afgestemd op de werkzaamheden in een bepaalde ruimte. We hebben gekeken naar waar we ons schaduw kunnen veroorloven binnen het bureau om zo effectief mogelijk in het genot te komen van de performance licht. Voor ons zijn de mensen die licht nodig hebben maatgevend en niet de wetgever die allerlei dingen voorschrijft waarvan wij zeggen: die zijn heel betrekkelijk of daar zit verlies in.'
Met andere woorden: Philips heeft er alle belang bij dat zijn producten zo duurzaam mogelijk zijn, in alle betekenissen van het woord. Het businessmodel draait

niet op herhaalaankopen, maar op de duurzaamheid van producten en diensten en het leveren van klantoplossingen binnen een langetermijnrelatie.

Een van de voorlopers op het gebied van performance based businessmodellen is Roll-Royce met zijn Power by the Hour TotalCare-programma voor luchtvaartmaatschappijen. Deze maatschappijen betalen niet voor onderhoud of reparatie, maar voor 'flying hours': 'Enter the Rolls-Royce "TotalCare" program, which flipped the conventional transaction-based approach on its head. The premise was to build a long-term relationship with customers by aligning the engine-service provider's goals with the airlines' goals of keeping the aircraft flying. Under this outcome-based approach, Rolls-Royce would be paid for "continuous uptime", rather than derive revenue from turning wrenches during aircraft downtime. The model is beneficial for each party: The airlines want planes that fly continuously, something that translates into a steady revenue stream. Any unexpected maintenance downtime disrupts the system and results in high levels of unplanned expenditures.'

3. Transparante en korte supply chains (circulaire economie)

Deze modellen stellen transparante en korte supply chains centraal. Klanten, consumenten en andere stakeholders krijgen inzicht in de distributieketen en ze weten waar hun producten vandaan komen, welke bewerkingen ze hebben ondergaan en waar ze zich bevinden.

Er zijn al verschillende bedrijven die binnen het bestaande businessmodel transparantie belangrijker gaan vinden. Ik verwacht dat in de toekomst transparantie de kerndrijfveer wordt van nieuwe soorten businessmodellen.

The Greenbee biedt boeren een platform om rechtstreeks in contact te komen met consumenten. Als consument krijg je op die manier rechtstreeks toegang tot verse, lokale, vaak biologische producten voor een eerlijke prijs.

In de Verenigde Staten is er een opmerkelijke opkomst van de versmarkten. Hun aantal is in enkele jaren gegroeid tot bijna 8000.

McDonald's werkt met een systeem van quality scouts (www.qualityscouts.nl). Quality scouts zijn gewone mensen die nieuwsgierig zijn naar de ingrediënten en de bereiding van de producten van McDonald's. Ze worden niet betaald en hebben geen banden met het bedrijf. Quality scouts ontmoeten boeren en leveranciers en ze nemen een kijkje in de keuken van de McDonald's restaurants. In hun verslagen vertellen ze precies wat ze zelf horen en zien.

4. Hergebruik van producten en materialen – swappen, recyclen en upcyclen (circulaire economie en peer-to-peer economie)

Deze businessmodellen zijn ontstaan als oplossing voor het weggooien van spullen. Deze businessmodellen stimuleren hergebruik en opwaardering van bestaande producten.

Het peer-to-peer platform Peerby zegt daarover: 'Peerby is a small company with ambitious goals. We believe in the "we" instead of the "I". We try to establish an alternative for our consumption driven throw away culture, by connecting people with each other and encouraging collaborative consumption. By connecting people and their items with each other, we do something good for you, your wallet and the environment.'

Als je spullen wilt swappen, kun je het beste naar Swap.com gaan. Je kunt je spul len swappen voor andere spullen, of je kunt je eigen spullen verkopen. Swap.com werkt via een service fee.

H&M installeerde een H&M Clothing Recycle Plan. Als je je spullen binnenbrengt, krijg je een kortingbon voor een volgende aankoop. H&M recyclet zelf de binnengebrachte kleren in hun productieproces.

Upcycling geeft extra meerwaarde aan bestaande producten. Upcycling is een ander proces dan recycling omdat het extra waarde geeft aan een product door het onder meer een andere functie te geven. Een platform en community is HetVindingrijk.be waar je terechtkunt voor informatie, events en tips en tricks. Hipcycle en Efikio zijn online retail platformen rond het thema Upcycling.

The Freecycle Network is een non-profitorganisatie. Het is een wereldwijd netwerk dat bestaat uit ongeveer 8 miljoen leden: 'It's a grassroots and entirely nonprofit movement of people who are giving (and getting) stuff for free in their own towns. It's all about reuse and keeping good stuff out of landfills. Each local group is moderated by local volunteers.'

5. Toegang tot producten en niet het bezit ervan (circulaire economie, peer-to-peer economie en deeleconomie)

Dit businessmodel stelt toegang tot producten en diensten centraal en niet het eigendom van producten. Voorbeelden zijn verschillende vormen van leasing, huur en abonnementen. Op zich zijn dit geen nieuwe concepten, maar de mogelijke combinatie met nieuwe technologieën en peer-to-peernetwerken zorgen voor verrassende nieuwe businessmodellen.

Uiteraard zijn Spotify en Netflix hier heel bekende voorbeelden.

Bij MUD jeans kun je je jeansbroek leasen: 'Mud Jeans initiated the fashion concept Lease A Jeans. The concept represents a new consuming philosophy that is about using instead of owning. Mud Jeans wants to accelerate the transition to a circular economy in the fashion industry and recycles or upcycles all their materials.'

Sinds kort kun je in België een bijenkast leasen. Een honingbedrijf levert aan bedrijven kasten met zo'n 40.000 bijen. Na een jaar krijgt het bedrijf circa 15 kilo honing.

RentFrockRepeat uit Toronto wil luxemode toegankelijk maken voor zoveel mogelijk mensen. Je kunt er haute couture huren, bijvoorbeeld een jurk ter waarde van $500 kun je huren voor $80.
Zipcar is een bedrijf dat zich bezighoudt met het gebruik van auto's (en niet het hebben of traditioneel huren van een auto). Het bedrijf werkt op basis van lidmaatschap en met een persoonlijke Zipcard. De klant gaat rechtstreek naar de auto wanneer hij die nodig heeft. Hij betaalt per uur of per dag. Zoals eerder vermeld is Zipcar gekocht door Avis.

6. Peer-to-peer deelplatformen (peer-to-peer economie en deeleconomie)

Deze peer-to-peer modellen maken gebruik van de peer-to-peer dynamiek in combinatie met elementen van de deeleconomie. Mensen vinden elkaar meestal op basis van beschikbare capaciteit of beschikbare producten of materialen.

Zeer bekende voorbeelden zijn uiteraard Airbnb en Uber.

Getaround.com maakt gebruik van beschikbare autocapaciteit. De app en het netwerk faciliteren autogebruik van mensen in dezelfde buurt of regio. Hun motto: 'Share your car. Earn money. Save the planet. Earn money while doing good.'

Bymywardrobe.com, Vestiaire Collective en Grand Circle zijn P2P-netwerken gespecialiseerd in mode-items. Mensen kopen, verkopen of swappen tweedehands modeartikelen.

Via thuisafgehaald.nl of thuisafgehaald.be is het mogelijk om je kookkunsten te delen met mensen in jouw buurt. Zowel culinaire hoogstandjes als de gewone keuken. Volgens hun website kun je ook op culinaire ontdekkingstocht gaan in je eigen buurt.

Wil je je eigen parkeerplaats ter beschikking stellen, dan kun je in de Verenigde Staten terecht bij Parking Panda.

7. Peer-to-peer marktplaatsen (peer-to-peer economie)

Peer-to-peer marktplaatsen gebruiken de peer-to-peer community als ultieme manier om vraag en aanbod op elkaar af te stemmen. Heb je iets aan te bieden, dan vind je via deze marktplaatsen wel iemand die geïnteresseerd is, en omgekeerd. Zoek je iets, dan is het ergens wel te vinden. Dit gaat zowel over producten als diensten.

Eerder sprak ik al over eBay en bol.com als zeer bekende marktplaatsen.

Werkspot.nl is de marktplaats voor al je klussen in en om het huis. Via Taskrabit.com vind je veilige en betrouwbare hulp in je buurt. Ben je op zoek naar een ervaren en deskundig freelancer om een bepaalde opdracht voor je te doen, kijk dan eens naar Peopleperhour.com.

Zopa is marktleider op het gebied van peer-to-peer lending in Groot-Brittannië. Zopa bestaat sinds 2005 en via Zopa.com is er ondertussen al voor meer dan 500 miljoen pond uitgeleend. De peer-to-peer community bestaat uit meer dan 50.000 actieve spaarders en meer dan 80.000 mensen die geld geleend hebben.

8. Extreme personalisatie als businessmodel (personalised economie)

Eerder gaf ik al aan dat het bouwen van persoonlijke relaties met daarbij op maat gemaakte producten en diensten voor elk bedrijf of markt cruciaal is. Klanten en consumenten willen klantoplossingen die het best bij hen en hun gezin passen.

Dit perspectief van personalisatie inspireert ook om businessmodellen te ontwikkelen die op een buitengewone manier willen beantwoorden aan de personalisatievraag van klanten en consumenten. Mensen kunnen op deze manier die producten en diensten creëren die ze echt willen en waarmee ze hun persoonlijkheid kunnen uitdrukken.

Twee geweldige voorbeelden zijn CafePress en Zazzle. De purpose van Zazzle is simpel, maar tegelijkertijd ongelooflijk uitdagend: 'To Enable Every custom, on-demand product in the world on our platform.' Het staat perfect uitgelegd op hun website: 'Zazzle, The Make Engine™, is creating both the tools and the marketplace for anything you can imagine – customized. Simple concept, but very hard to do! The good news: we're getting closer to this reality every single day. And we're having a blast doing it. First and foremost, Zazzle is a company that's all about people ... our employees, our customers, our sellers and our partners. We believe that having extraordinary people is the greatest possible asset and sustainable advantage for a company. Our products let you ... be you! We're deeply passionate about providing you with an opportunity to be yourself through customization. And we're committed to offering the highest quality custom products.' CafePress.Inc noemt zichzelf 'The World's Customization Engine®'. Het begon allemaal in 1999 met het idee om het mensen makkelijker te maken om zichzelf uit te drukken via gepersonaliseerde t-shirts. Mensen konden zelf ook hun eigen shop creëren om hun eigen unieke producten te verkopen. Ondertussen zijn er meer dan 2 miljoen CafePress shops en deze hebben alle samen al meer dan 300 miljoen unieke producten gecreëerd in verschillende soorten productcategorieën. Meer dan 11 miljoen mensen bezoeken maandelijks de CafePress.Inc websites om producten te vinden die hun eigen persoonlijkheid uitdrukken.

9. Trust businessmodellen (peer-to-peer economie, personalised economie en deeleconomie)

Dit zijn businessmodellen die vertrouwen en privacy verkopen.

The Respected Network is het bedrijf achter Connect.Me: 'Connect.Me turns your existing social networks into your personal reputation and referral network. When you connect an existing social account like Facebook, we import your connections, auto-organize them for you, and create your social business card. We use a mix of peer-to-peer (P2P) vouching and smart algorithms to organize people around interests and skills.'
Andere voorbeelden van dit soort nieuwe businessmodellen zijn TrustCloud en WhyTrusted.
Volgens trust expert Charles H. Green kunnen we enorme economische opportuniteiten verwachten: 'Trust metrics will offer even greater economic value down the road, when massive economic gains can be reaped by applying them to things like:

- Improving actuarial science for auto insurance companies.
- Improving management control systems for corporate organizations.
- Altering bonding requirements for positions of responsibility.
- Lowering default rates on credit cards and mortgage lending.'

10. Crowdfunding (personalised economie, makerseconomie en circulaire economie)

Dit zijn platformen waarbij mensen, organisaties, start-ups, bedrijven, overheidsinstellingen enzovoort, hun projecten kunnen presenteren aan 'de crowd' en waarbij de crowd (of ontelbare kleine investeerders) ook daadwerkelijk kunnen investeren in het voorgestelde project.

In de Verenigde Staten zijn de meeste crowdfundingplatformen bedoeld voor creatieve of filantropische doeleinden. In Europa richt crowdfunding zich meestal op startende ondernemingen die geen of onvoldoende startkapitaal hebben.
Wikipedia onderscheidt vier soorten investeringen via crowdfunding:
1. Donaties. De investeerder doneert geld voor een bepaald doel. Doneren impliceert dat de investeerder er niets voor terugkrijgt. Crowdfunding via donaties komt voornamelijk voor bij filantropische doeleinden.

2. Sponsoring. Het verschil tussen donaties en sponsoring is dat de investeerder een niet-financiële beloning krijgt van de ondernemer. Sponsoring is de vorm die veelal wordt toegepast bij creatieve projecten.

3. Vreemd vermogen. De investeerder leent een (kleine) som geld uit aan de ondernemer. De ondernemer betaalt de investeerder na verloop van tijd het ingelegde bedrag met rente terug.

4. Eigen vermogen. De investeerder neemt een participatie in het project van de ondernemer. Zo krijgt de ondernemer zijn startkapitaal en in ruil daarvoor delen de investeerders in de waardeontwikkeling van de onderneming.

Beheerders van crowdfundingplatformen verkrijgen op drie manieren hun inkomsten:
1. De ondernemer betaalt een bedrag van enkele honderden euro's om zijn project op het platform te mogen plaatsen.

2. De ondernemer staat een bepaald percentage van het totaal ontvangen kapitaal af aan de beheerders.

3. Soms betalen de investeerders ook een klein percentage van het geïnvesteerde bedrag dat toekomt aan de beheerders.

De meest bekende internationale crowdfunding platformen zijn Kickstarter en Indiegogo. Via Kickstarter, dat werd opgericht in 2009, hebben al bijna 6 miljoen mensen geïnvesteerd voor een totaal bedrag van $1 biljoen in bijna 60.000 creatieve projecten.

Crowdfunding platformen zijn trouwens ook een perfecte manier om aan marktonderzoek te doen. Als je project er niet in slaagt om voldoende middelen te verzamelen bij de crowd, dan kun je met behoorlijk grote zekerheid concluderen dat jouw idee nog niet rijp is voor de markt.

11. Partners en marktplaatsen voor makers (makerseconomie)

Dit zijn businessmodellen die ontstaan zijn uit de opportuniteit om de miljoenen makers over de hele wereld te helpen, te ondersteunen en hun dromen en ideeën ook waar te maken.

Ponoko is een vorm van online dienstverlening. Het is een internetschakel tussen desktoptools en mondiale productiecapaciteit: 'We are reinventing the future of products by making it easier to make things. We see a future when you download your products from the Internet and make them locally. Just as the Internet revolutionized the exchange of digital photos, music and movies, Ponoko pioneered the creation and exchange of downloadable products.'
Mensen met een idee kunnen ook altijd terecht bij TechShop. Techshop helpt mensen om hun idee te verwezenlijken.

Een geweldig platform om je ideeën te realiseren is Quirky. Hun bestaansrecht omschrijven ze als volgt: 'We make invention accessible. We believe the best ideas in the world aren't actually in the world ... they're locked inside people's heads. We exist to solve that problem.' Hiervoor bieden ze alle stappen binnen een productontwikkelingsproces: (1) Submit your idea. (2) Help us decide. (3) Influence and earn. (4) Make it real. (5) The world prospers. Hun platform kent een community van meer dan 800.000 *'inventors'* en al meer dan 400 producten zijn effectief gerealiseerd en naar de markt gebracht.

Mookum.com gelooft in het potentieel en talent van jonge designers. Ze scouten talent en produceren en vermarkten vervolgens unieke designproducten. Door bij hen te kopen ondersteun je ook deze jonge, beloftevolle designers.

Zoals ik al opmerkte in de Happy Profit highway craftsmanship 3.0 zijn er heel succesvolle marktplaatsen voor vakmanschap en voor mensen die producten weer handmatig vervaardigen. De meest succesvolle platformen zijn Etsy en DaWanda. Etsy draagt hierbij ook de visie uit dat handgemaakte producten, ambachten en vakmanschap meer aandacht verdienen. Etsy is ondertussen actief in meer dan 200 landen en kent meer dan 20 miljoen leden.

12. CO-OP (peer-to-peer economie, deeleconomie, circulaire economie)

De Verenigde Naties riepen 2012 uit als het internationaal jaar van de coöperatieve. Volgens de World Co-operative Monitor 2013 zijn er meer dan één miljard mensen lid van een coöperatie en hebben deze coöperaties een aandeel van ongeveer 32% van de landbouw, 25% van de verzekering en 18% van de retailmarkten. Niet weinig mensen zien in coöperaties één van de oplossingen om de problemen van de wereld aan te pakken. Vandaar dat coöperaties ook terug in belang winnen en meer aandacht krijgen. Een initiatief in België om een coöperatieve bank (NewB) op te starten kon in juli 2013 op ontzettend veel bijval rekenen. Bijna 50.000 mensen stonden actief achter het idee om een dergelijke bank op te richten.

We zien dat steeds meer bedrijven en organisaties de 'coop'-gedachte integreren in hun businessmodel en verrassende nieuwe formules opstarten. De coop-gedachte wordt hierbij gebruikt om langetermijnrelaties te bouwen met klanten, waarbij klanten actief deelnemen, samenwerken en risico's en opportuniteiten delen met het bedrijf.

The People's Supermarket in London werd opgericht in 2010 en telt ondertussen al meer dan 1000 leden. De leden betalen een jaarlijkse fee van 25 pond en werken elke 4 weken 4 uren in de winkel. In ruil krijgen de leden 20% korting bij de aankoop van hun producten.

Een zeer succesvolle beweging in de US en ondertussen ook in andere delen van de wereld is CSA of Community Supported Agriculture. De klanten kunnen zich hierbij structureel verbinden met het landbouwbedrijf. Doelstelling is om zowel de risico's als de opportuniteiten te delen. De coöperanten nemen een oogstaandeel en krijgen het jaar rond hun aandeel in de oogst. Een goede oogst betekent een goede return, een slechte oogst betekent een slechte return op de investering. De jaarlijkse bijdragen van de leden worden vooruitbetaald. Zo neemt ook de boer niet alle risico's. Daarenboven krijgen de deelnemers ook inzage in de boekhouding. Een voorbeeld hiervan in België is Open Veld in Leuven. Het ledenaantal is op 5 jaar tijd sinds de oprichting gestegen van 50 deelnemers tot 320 deelnemers. Bovenop de principes van Community Supported Agriculture werkt het Open Veld ook met een zelfoogstsysteem. Door heel de voedselketen te vereenvoudigen wordt een win-win-winsituatie gecreëerd waarbij zowel de boer, de leden als de natuur profiteert.

Färm is een biowinkel in Brussel. Het aandeelhouderschap van de winkel staat open voor iedereen. De aandelen zijn te koop aan 20 EUR per aandeel en geven recht op een algemene korting van 2% op alle aankopen bij Färm. Daarenboven krijgen de aandeelhouders toegang tot de activiteiten alvorens ze bekendgemaakt worden aan het grote publiek. Daarnaast moeten de coöperanten ook actief samenwerken. De coöperanten verplichten zich ertoe om hun competenties ook ter beschikking te stellen aan Färm. Zo worden mensen die houden van koken uitgenodigd om deel te nemen aan workshops met als doel leuke receptjes voor te stellen aan de klanten.

13. Social enterprises

De populariteit van social enterprises is de jongste maanden in de hele wereld sterk in opkomst. En terecht. Non-profitondernemers ondernemen om van de

wereld een beetje een betere plaats te maken. Non-profitorganisaties bieden ook producten en diensten aan en ontwikkelen duurzame verdienmodellen. Ze willen zichzelf kunnen bedruipen en onafhankelijk zijn van subsidie, sponsoring of giften. Geld verdienen mag, maar is voor deze ondernemers ondergeschikt aan het realiseren van hun maatschappelijke missie.
Hier zit ook het onderscheid met hoe ik Happy Profit betekenis geef. Bij Happy Profit zijn het creëren van societal value en business value even belangrijk. Ze zijn met elkaar verbonden en versterken elkaar. De ondernemer tracht beide te optimaliseren. Non-profitondernemers stellen hun maatschappelijk doel boven het ondernemersdoel en zijn vaak tevreden met een bepaald niveau van financieel rendement (om de continuïteit te verzekeren), maar ze streven in principe niet naar optimalisatie van het financieel rendement.

Social Enterprise NL is een Nederlands platform dat non-profitorganisaties vertegenwoordigt, verbindt en ondersteunt. Doel is de sector van non-profitorganisaties in Nederland te versterken en zo de maatschappelijke impact van deze bedrijven te vergroten.

Waarschijnlijk een van de meest bekende voorbeelden is de Grameen Bank, bekend als de 'bank van de armen'. Muhammad Yunus, de oprichter van de Grameen Bank, staat bekend als de 'vader van de microkredieten'.

Ragbag gaat aan de slag met afval uit verschillende sloppenwijken in India: 'Ragbags are upcycled, fair and fashionable bags and accessories made in different places in India. Ragbags are made of recycled plastic bags, big teabags and cotton rags. These are collected and fabricated by "ragpickers" in the slums of New Delhi and Calcutta and in a village in Tamil Nadu.'

Unieke fietsen met een uniek verhaal vind je bij www.blackstarbikes.nl. De frames zijn gemaakt van bamboe, geproduceerd door Ghanese ambachtslieden.

‘Iedere CEO of marketeer moet
vandaag experimenteren
met nieuwe businessmodellen.

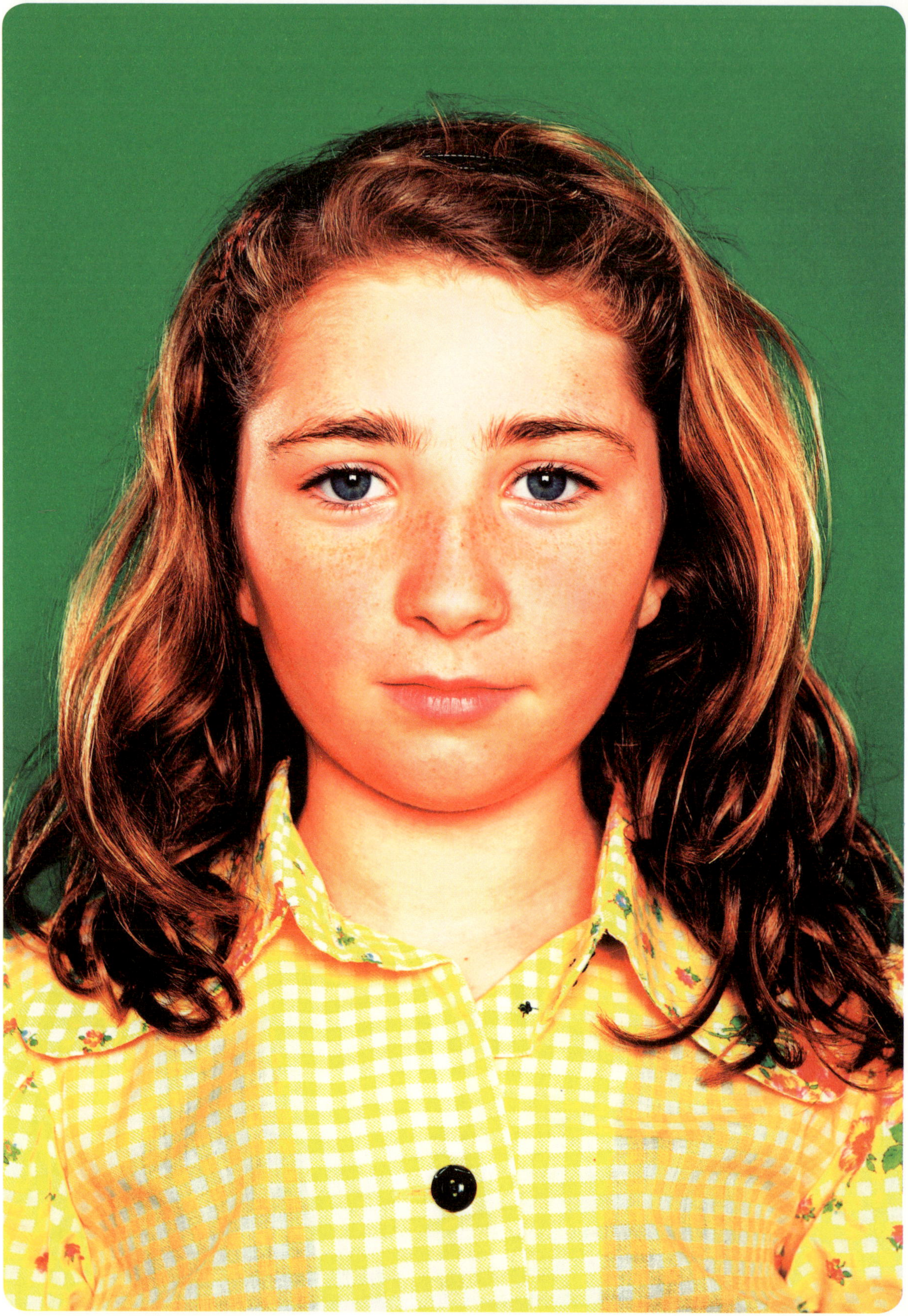

6. DOEN

Aan het slot van dit boek is de boodschap: doen, doen en nog eens doen. Experimenteren, proberen, leren, aanpassen, enzovoort.

Meer dan ooit zijn we in het tijdperk van het doen. Ik heb dat al een paar keer in dit boek aangekaart. De toekomst is onzeker. Hoe de wereld er binnen vijf à tien jaar uit zal zien is onmogelijk te voorspellen. De paradigmawissels, de Happy Profit highways en de nieuwe businessmodellen geven de vectoren aan waarlangs elke onderneming of organisatie zijn eigen toekomst opnieuw kan dromen. Maar dan moeten we er gewoon ook aan beginnen. Vanuit de dromen, vanuit de onzekerheid, maar ook in de wetenschap dat het morgen totaal anders zal moeten. Geen storytelling meer, maar *storydoing* (check out storydoing.com). Geen denktanks meer, maar doetanks. Veel bedrijven hebben de voorbije jaren best wel veel aandacht besteed aan hun *why*. Nu staan we aan de vooravond van het *how* en het *what*.

We zullen onze organisatie opnieuw moeten uitvinden en we zullen ervoor moeten zorgen dat we het juiste talent aan boord hebben. Het zal intern in elke organisatie voor de nodige beroering en onzekerheid zorgen. Maar we hebben geen keuze. Als we bereid zijn om los te laten, te zien en te dromen moeten we erin slagen om onze huidige organisatie door deze geweldige boeiende en uitdagende tijd te loodsen. Jan Rotmans: 'De leider van een succesvol transformatieproces is zowel visionair en krachtig als praktisch en dienstbaar. Ondanks de altijd overheersende kortetermijnbelangen, is deze leider in staat de onderneming op sleeptouw te nemen naar een nieuwe toekomst die verder weg ligt dan het volgende boekjaar.'

• • •

1. TRANSITIEMANAGEMENT

Om een dergelijk transformatieproces succesvol te doorlopen, moeten we heel veel aandacht besteden aan het management ervan. Zelf ben ik heel enthousiast over de transitiefilosofie van Jan Rotmans.

Rotmans: 'Eigenlijk zou men vaak het huidige systeem willen afbreken en opnieuw willen beginnen. Dat kan in de praktijk uiteraard niet, dus ontwikkel je best een schaduwsysteem. Zo'n schaduwsysteem bevat de kiemen van een nieuwe toekomst: visie, paden en experimenten. Door te starten met experimenten op kleine schaal kan het risico worden verkleind en wordt herhaling en opschaling van deze experimenten mogelijk. Bij gebleken succes kan het schaduwsysteem stap voor stap worden overgenomen door het regime.'

Dit is volgens mijn gevoel trouwens ook de insteek van BMWi in relatie tot het grotere BMW regime. BMWi als schaduwsysteem.

Rotmans stelt dat een mengvorm van top-down en bottom-up sturing, waarbij verandering quasigepland is én spontaan optreedt de meest wenselijke sturingsvorm is voor transitiemanagement. En dus niet alleen top-down of bottom-up. In deze mengvorm betekent sturing dan vooral aanpassen en beïnvloeden. Transities kunnen hierbij alleen gestuurd worden vanuit reflexiviteit, dieper inzicht in de oorzaken van transities en de gevolgen van de voorgestelde interventies.

Om de dynamiek van transities weer te geven ontwikkelde Rotmans een S-curve met als belangrijkste boodschap dat transities geen lineaire processen zijn. De S-curve heeft voornamelijk beschrijvende waarde, geen voorspellende waarde. Aan de hand van deze curve en per transitiefase zijn verschillende sturingsmechanismes wenselijk.
Een transitieproces kent in de curve van Rotmans de volgende fasen:

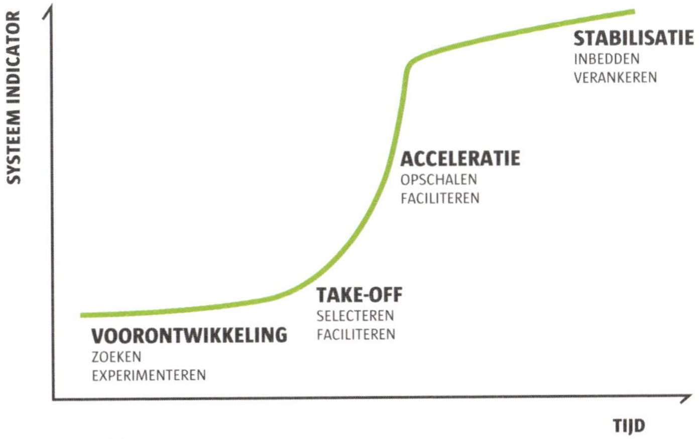

BRON: DRIFT

1. Voorontwikkeling. Op kleine schaal op zoek gaan naar mogelijke oplossingen, door zoveel mogelijk te leren van kleinschalige experimenten. Er wordt pas gekozen als er voldoende geleerd en bekend is. Transitiesturing is dus: zoeken, leren en experimenteren.
2. Kantelfase of take-off. Het accent ligt op selecteren en faciliteren. Strenge selectie van experimenten dient in deze fase plaats te vinden, bij voorkeur door mensen met systeeminzicht en overzicht. Faciliteren houdt in dat bestaande belemmeringen worden weggenomen, innovatieruimte blijft bestaan of zelfs wordt vergroot, coalities worden gevormd rondom koplopers en slimme financiële arrangementen worden opgezet om de radicale innovatieruimte optimaal te benutten.
3. Versnellingsfase. In de fase is het vooral zaak op te schalen. Steeds duidelijker wordt hier welke experimenten rijp zijn voor opschaling op het niveau van het regime.
4. Stabilisatiefase. Hier ligt het accent op inbedding en verankering van nieuwe praktijken, routines, regels, patronen en structuren. Voorkomen moet worden dat negatieve bijwerkingen optreden van de nieuwe doorbraken en dat een terugslag optreedt.

Belangrijk is ook de betekenis die Rotmans geeft aan koplopers en de transitiearena: 'Koplopers zijn voorlopers met geheel eigen opvattingen over toekomstige ontwikkelingen in het gebied waar ze werkzaam zijn. Ze denken anders dan anderen, onconventioneel en "out of the box". Dit betekent niet dat ze de wijsheid in pacht hebben, maar wel dat ze een grote drift hebben tot experimenteren en daarvan te leren. Een transitiearena is een beschermde innovatieruimte. Het is een virtuele plek waar koplopers veilig zijn, ze naar hartenlust hun frisse blik kunnen tonen en dwarse ideeën kunnen spuien. Een arena is een netwerk dat ruimte biedt voor zoeken, leren en experimenteren: ruimte voor langetermijnperspectieven, die ver uitstijgen boven de alledaagse ruis, en ruimte voor radicale doorbraakprojecten, die kiemen in zich dragen van een toekomst die nog ver weg lijkt. In de transitiearena vindt een proces plaats van co-creatie en coproductie met een select groepje koplopers.'

• • •

2. DE VERSCHILLENDE TALEN VAN HET MERK

Ik ving het boek aan met dromen en ik benadrukte het belang om je eigen toekomst en dat van je merk of bedrijf opnieuw te dromen. Maar dromers moeten ook doen. Dromen zonder doen heeft geen zin en blijft steken op niveau van fantasie. Ook dromers moeten aandacht hebben voor de details van het doen.

Ik haal hier nog eens Paul de Blot aan: 'Realisme en inspiratie zijn verschillende dingen. Dat maakt dat veel organisaties zich richten op één aspect en de andere te weinig of zelfs geen aandacht geven. In het ene geval is er veel deskundigheid zonder inspiratie en in het andere geval veel inspiratie zonder deskundigheid. Deze beide werelden zijn verbonden door interactie en samenwerken door de betrokken mensen. En zo ontstaat een uitgebalanceerd organisatiemodel waarin doen, realisme en deskundigheid enerzijds door samenwerking en interactie is verbonden met inspiratie en idealisme anderzijds.' Volgens de Blot zit het geheim van een bezield bedrijf in drie dingen: deskundigheid, samenwerking en zelfkennis. Het zijn processen die respectievelijk plaatsvinden op het niveau van het doen, het niveau van de waarden en het niveau van het zijn. Je vak, de ander en jezelf.

Ik stel daarom ook voor dat marketeers bij het opmaken van hun marketing- of merkplannen drie talen spreken: de taal van het *zijn*, de taal van het *doen* en de taal van het *samen*. Deze drie talen samen zijn Happy Profit. De taal van het *zijn* zorgt ervoor dat het merk authentiek is. De taal van het *doen* zorgt ervoor dat het merk relevant is. De taal van het *samen* zorgt ervoor dat het merk verbonden is. De drie talen samen creëren een transformationeel merk dat vanuit zijn kracht opereert en straalt. Het lijkt me de ideale structuur van het marketingplan van de toekomst.

Als je vanuit je kracht deze drie talen spreekt als merk, dan creëer je naar mijn mening een succesvol, aantrekkelijk merk dat echt impact heeft op het alledaagse leven van mensen. Je creëert dan een merk dat er voor mensen echt toe doet.

En zo komen we weer terug bij ons wheel of happy fortune. Hopelijk ben je door dit boek voldoende geïnspireerd om je eigen wheel te dromen en ook echt te bouwen. Een *wheel* dat voor jou en voor jouw bedrijf leidt tot een wereld vol Happy Profit.

'Dromen zonder doen
heeft geen zin.

I FEEL ATTRACTED TO THE BRAND'S PURPOSE & ITS VISION OF THE WORLD
THE BRAND HAS MEANINGFUL INNOVATIONS. RELEVANT FOR ME, AND FOR THE WORLD
I TRUST THE BRAND IT'S A TRUSED FRIEND
I FEEL INVOLVED BECAUSE I CAN CO-CREATE WITH THE BRAND
THE BRAND SUPPORTS MY PERSONAL WELFARE AND HELPS ME REALIZE MY DREAMS
THE BRAND IS HELPING ME TO CONNECT WITH LIKE-MINDED PEERS
THE BRAND IS RIGHT THERE WHEN I WANT IT
BOTH THE BRAND & I ARE WORKING TO OUR STRENGTHS
RELATIONSHIP DRIVEN ORGANISATION
BUILDING TRANSFORMATIONAL RELATIONSHIPS WITH STAKEHOLDERS

BIBLIOGRAFIE

Bron- en inspiratieboeken

A whole new mind - Daniel H. Pink
Blauwe Economie – Gunter Pauli
Brand relevance - David A. Aaker
Business spiritualiteit – Paul de Blot
Conscious capitalism – John Mackey, Raj Sisodia
CSR 2.0 – Wayne Visser
De conversation company - Steven Van Belleghem
De conversation manager - Steven Van Belleghem
De groeimotor - Roland & Rogier Van Kralingen
De kracht van het nu - Eckhart Tolle
De menseneconomie - Krist Pauwels
De mystiek van het zakendoen – Paul de Blot
De wereld redden – Michel Bauwens
De zeven eigenschappen van effectief leiderschap - Stephen R. Covey
De zin van het geven - Stefan Klein
Digitaal is het nieuwe normaal - Peter Hinssen
Drive - Daniel H. Pink
Econoshock - Geert Noels
Econoshock 2.0 – Geert Noels
Eerlijke winst - Jeffrey Hollender en Bill Breen
Einde aan de groei - Richard Heinberg
Emotional branding - Marc Gobé
Emotionomics - Dan Hill
Flow en de kunst van het zakendoen – Jan Bommerez en Kees van Zijtveld
Focus op gedrag - Pol Craeynest
Geluk - Leo Bormans
Global vision - Mark Gerzon
Good to great - Jim Collins
Grow - Jim Stengel
Het merk mens - Fons van Dyck
In het oog van de orkaan – Jan Rotmans
Innovate or die – Jan Kriekels
Kun je een rups leren vliegen - Jan Bommerez en Kees van Zijtveld
Live long and prosper – Dan Gray
Makers – Chris Anderson
Man's search for meaning - Viktor E. Frankl
Marketing 3.0 - Philip Kotler
Marketing in the moment - Michael Tasner
No Way – Bruno Rouffaer
Obliquity - John Kay
Passies van het brein - Margriet Sitskoorn
Product <-> Dienst. Innovatie in de circulaire economie – Plan C
Reshaping retail – Stefan Niemeier, Andrea Zocchi, Marco Catena
Servant-Leadership & Business Spiritualiteit – Paul de Blot, Ed Voerman
Strategisch merkenmanagement - K. L. Keller
The age of absurdity - Michael Foley
The Buying Brain - Dr. A.K. Pradeep
The empathic civilization - Jeremy Rifkin
The experience economy - B. J. Pine II en J.H. Gilmore
The experience economy - A. Boswijk, T. Thijsen en E. Peelen
The great disruption - Paul Gilding
The great stagnation - Tyler Cowen
The law of succes - Napoleon Hill
The master key system - Charles Haamel
The new age of innovation - C.K. Prahalad
The new capitalist manifesto - Umair Haque
The next evolution of marketing – Bob Gilbreath
The power of co-creation - V. Ramaswamy en F. Gouillart
The power of pull - J. Hagel III, J. Seely Brown en L. Davison
The precariat - Guy Standing
The relationship age - Mari Smith
The retail revival – Doug Stephens
The second machine age – Erik Brynjolfsson, Andrew McAfee
The secret - Rhonda Byrne
The thank you economy - Gary Vaynerchuk
The wisdom of the crowd: new business models – The crowd
Transformationeel leiderschap – Stephen Hacker & Tammy Roberts
Vreemd gaan voor managers – Elke Jeurissen, Cato Léonard
WE first - Simon Mainwaring
Werken aan de WEconomy – Jan Jonker
What matters now - Gary Hamel
Wikinomics: how mass collaboration changes everything – Tapscott, Williams
Wiki brands - Sean Moffitt and Mike Dover

Tot slot wens ik je een goede Happy Profit-reis:
Je zult zien dat het meer dan de moeite waard is ...
althans dat was het voor mij tot nu toe. Ciao!

Herman Toch